© Hatier, Paris, juin 2011 **ISSN** 2101-1249 **ISBN** 978-2-218-94524-3

Conception graphique et réalisation :
c-album, Jean-Baptiste Taisne
Illustrations : Emmanuel Kerner (pp. 8-161), Camille Pot (pp. 218-298)
Suivi éditorial : Anne-France Poissonnier

Bescherelle

l'allemand pour tous

René Métrich
Professeur émérite à l'université de Nancy
Anne Larrory-Wunder
Maître de conférence à l'université Paris-III

Hatier

PRÉSENTATION

L'Allemand pour tous est un ouvrage de référence **accessible à tous ceux qui veulent consolider leur allemand** pour des raisons professionnelles, scolaires ou personnelles.
Il réunit en **un seul volume** les outils indispensables pour accompagner un apprentissage efficace de l'allemand.

Cet ouvrage correspond aux niveaux **B1-B2** du Cadre Européen Commun de Référence pour les Langues.

Un ouvrage en quatre parties

- Grammaire
  Elle est organisée en 43 chapitres, chacun traitant le point concerné de façon **synthétique** et clairement **hiérarchisée.**
  L'exemple, adapté au niveau visé, relaie et éclaire l'explication.
  La rubrique « **Notez bien** » cible les sources d'erreurs fréquentes.

- Du français à l'allemand : trouver le mot juste
  Classés par ordre alphabétique depuis le français, **95 points de passage** « délicats » vers l'allemand avec, pour chaque entrée, les solutions et leurs exemples. En fin de partie, une liste de **faux amis** et de **confusions fréquentes** avec l'anglais.

- Vocabulaire
  Organisé en 21 thèmes, le vocabulaire courant avec, pour chacun :
  – un test de **prononciation** (« **Vous les connaissez. Savez-vous les prononcer ?** ») ;
  – des **listes** de mots classés par sous-thèmes et une série d'**énoncés** pour les apprendre en contexte (« **Un peu de conversation** ») ;
  – un « **mini quiz** » pour réactiver les mots clés.

- Conjugaison
  20 tableaux de conjugaison et les listes des verbes irréguliers.

Des compléments multimédia @

Sur le site www.bescherelle.com, vous trouverez, pour vous entraîner **à l'oral,** l'enregistrement intégral des rubriques « Vous les connaissez. Savez-vous les prononcer ? » et « Un peu de conversation ».

Tous ces contenus sont **accessibles gratuitement** par la saisie de mots clés figurant dans l'ouvrage.

SOMMAIRE

GRAMMAIRE

DU FRANÇAIS À L'ALLEMAND : trouver le mot juste

VOCABULAIRE

CONJUGAISON

INDEX

Grammaire

Abréviations utilisées

N : nominatif
A : accusatif
D : datif
G : génitif

adj. : adjectif
adj. subst. : adjectif substantivé

sing. : singulier
plur. : pluriel

qqch. : quelque chose
qqn : quelqu'un

jdn : *jemanden*
jdm : *jemandem*
etw. : *etwas*

° : marque de l'accentuation

1 Accent de mot et prononciation

▷ **L'accentuation est particulièrement importante en allemand : mal accentuer un mot gêne plus la compréhension que mal prononcer une voyelle ou une consonne.**

ACCENT DE MOT

Dans tout mot, une syllabe est plus fortement accentuée que les autres : elle porte **l'accent principal** ou **accent de mot**.
Pour repérer la syllabe accentuée, il faut s'appuyer sur la forme du mot.

- **Les mots simples** sont accentués sur la 1re syllabe

  der °Garten — le jardin
  °mager — maigre
  °spielen — jouer

  Exceptions : *die Fo°relle* (la truite), *die Kla°motten* (les fringues).

- **Les préfixes accentués** (surtout les préverbes séparables) attirent à eux l'accent de mot.

  °aufpassen — faire attention
  °abfahren — démarrer
  die °Abfahrt — le départ
  der °Ursprung — l'origine
  °angenehm — agréable
  °unmöglich — impossible

- **Avec les préfixes non accentués** (surtout les préverbes inséparables), l'accent reste sur la 1re syllabe du radical.

  be°kommen — recevoir
  er°finden — inventer
  ver°stehen — comprendre
  er°staunlich — étonnant
  das Ge°bäude — le bâtiment
  zer°fallen — se délabrer

- **Quelques suffixes** attirent à eux l'accent de mot.

  -ant : der Fabri°kant
  -ion : die Produkti°on
  -ei : die Bäcke°rei (la boulangerie)
  -oge : der Bio°loge
  -ieren : sich ra°sieren
  -ur : die Repara°tur

- **L'accentuation des mots composés** se fait sur celui qui se trouve le plus à gauche.

  der °Sportwagen — la voiture de sport
  °himmelblau — bleu ciel
  kon°taktfreudig — qui aime les contacts
  °hochmodern — très moderne

  Les exceptions sont rares :

  das Jahr°zehnt — la décennie
  das Jahr°hundert — le siècle

Cas particuliers

Les mots d'emprunt sont généralement accentués comme dans leur langue d'origine : *der Ka°nal*, *der Ro°man*, *die Apri°kose*.

Les mots grammaticaux composés de deux éléments ou plus sont accentués sur le dernier.

ob°wohl bien que	so°bald dès que	zu°sammen ensemble

Exceptions : *°darum*, *°deshalb* (c'est pourquoi).

Les sigles qui se prononcent lettre après lettre sont accentués sur la dernière.

das AB°C l'alphabet	der LK°W le poids lourd

Les sigles et abréviations qui se prononcent comme des mots sont accentués sur la première syllabe.

die °NATO l'OTAN	die °UNO l'ONU	der °Krimi le polar

PARTICULARITÉS DE PRONONCIATION

Par rapport au français, l'allemand présente quelques particularités de prononciation.

Voyelles

Les voyelles sont **brèves et ouvertes** quand elles sont suivies de deux ou plusieurs consonnes. Il existe toutefois des exceptions. Par exemple, le *u* de *husten* (tousser) est long et fermé bien que suivi de deux consonnes.	helfen, öffnen, Luft
Les voyelles sont **longues et fermées** dans les autres cas. Il existe toutefois des exceptions. Par exemple, le *e* de *weg-* est toujours bref et ouvert bien que suivi d'une seule consonne : *wegfahren*.	hören, Hut
Les voyelles redoublées ou suivies d'un *h* sont longues.	leer, hohl
Un *i* suivi d'un *e* est toujours long.	lieben, Krieg
Le *y* se prononce comme le *u* français.	Typ

Diphtongues

Les diphtongues *ai* et *ei* se prononcent un peu comme « aille » dans « maille ».	Mai, heiß
La diphtongue *au* se prononce un peu comme *aou* dans « maous (costaud) ».	Haus, laufen
Les diphtongues *äu* et *eu* se prononcent un peu comme « oil » dans « la langue d'oil ».	träumen, heute

Consonnes

Consonnes	Prononciation	Exemples
b	[p] (à la fin d'un mot)	Lob
d	[t] (à la fin d'un mot)	Hund
g	[k] (à la fin du mot)	Tag
c	[k] (devant a, o et u) [ts] [s]	Café Centrum City
g	[ʒ] dans les mots en *-age* empruntés au français [ç] dans la suite *ig* à la fin d'un mot	Courage, Garage Honig, König
h	aspiré en début de mot muet dans les autres positions	haben hohl
j	« -ill » comme dans « fille » [dʒ] dans les mots anglais	ja, jeder Job
s	toujours [z] en début de mot et entre voyelles	sieben Rosen
ss	indique que la voyelle qui précède est brève	Fluss, küssen
ß	indique que la voyelle qui précède est longue	Fuß, Soße
t	généralement [t] dans les mots à finale *-tie* [ts] dans le suffixe *-tion*	Demokratie Produktion
v	toujours [f]	voll, Eva
w	[v] [ɥ] dans les mots anglais	Wasser Whisky
x	[ks] et non [gs] comme en français	exakt
z	toujours [ts]	zählen

Groupes de consonnes

GROUPE	PRONONCIATION	EXEMPLES
ch	[x] après *a*, *o* et *u* [ç] après *i*, *e*, *ä*, *ö* et *ü*	Dach, Loch, Buch sich, Dächer, Löcher, Bücher
chs	[ks]	Lachs, wachsen
ng	[ŋ] sans prononcer [g]	fangen
nk	[ŋk]	trinken
qu	[kv] avec un [v] comme dans « vélo »	Qualität
sch	comme [ch] en français	Schaf
sp	« schp » en début de mot	sprechen
st	« scht » en début de mot	stoßen
tz	[ts]	sitzen

EXERCICE

Indiquez la syllabe accentuée dans les mots suivants.

1 *verbinden* (relier)
2 *aufheben* (ramasser)
3 *der Monat* (le mois)
4 *erstaunlich* (étonnant)
5 *der Heizkörner* (le radiateur)
6 *der Biologe* (le biologiste)
7 *das Ufo* (l'OVNI)
8 *die Metzgerei* (la boucherie)

RÉPONSES

1 *ver**bin**den* 2 ***auf**heben* 3 *der **Mo**nat* 4 *er**staun**lich* 5 *der **Heiz**körper*
6 *der Bio**lo**ge* 7 *das **U**fo* 8 *die Metzge**rei***

2 Sein

▷ *Sein* se traduit par « être ».
Il peut être verbe plein ou auxiliaire.
Aux temps composés, il se conjugue avec lui-même.

▸ CONJUGAISON P. 300

SEIN VERBE PLEIN

Sein : « être »

Sein + localisation

- Ich **bin** in München / vor dem Bahnhof / auf dem Strand.
  Je suis à Munich / devant la gare / sur la plage.

NOTEZ BIEN
En allemand, on ne se contente généralement pas de localiser la personne ou l'objet, on indique en même temps sa position en utilisant l'un des trois verbes *stehen*, *liegen*, *sitzen*.
Ich habe Durst. – Bedien' dich, die Flasche **steht** auf dem Tisch in der Küche.
J'ai soif. – Sers-toi, la bouteille est sur la table de la cuisine.
Seine Wohnung **liegt** zentral.
Son appartement est situé dans le centre.

Sein + date ou jour

- Welcher Tag ist heute? Heute **ist** Donnerstag.
  On est quel jour aujourd'hui ? Aujourd'hui on est jeudi.
- Der Wievielte **ist** heute? Heute ist der 8. Juli.
  On est le combien aujourd'hui ? Aujourd'hui, on est le 8 juillet.

Sein + qualité, état, métier

- Sie **ist** jung und ungeduldig.
  Elle est jeune et impatiente.
- Sie **ist** Pilotin bei der Lufthansa.
  Elle est pilote à la Lufthansa.

Sein : autres sens

Sein + mesure

- Ich **bin** 32 Jahre alt, 1 m 70 groß und ungefähr 60 Kilo schwer.
  J'ai 32 ans, je fais 1 m 70 et pèse environ 60 kilos.

Sein dans des tournures impersonnelles

- Es **war** kalt und windig.
  Il faisait froid et il y avait du vent.
- Was hast du denn? – Ich weiß nicht, mir **ist** nicht wohl.
  Qu'est-ce que tu as ? – Je ne sais pas, je ne me sens pas bien.

Sein (au singulier) + résultat d'un calcul

- 3 mal 7 **ist** 21.
  3 fois 7 font 21.
- Zweiundvierzig weniger fünfundzwanzig **ist** siebzehn.
  Quarante-deux moins vingt-cinq font dix-sept.

Sein... zu + infinitif

« *Sein... zu* + infinitif » exprime la possibilité ou l'obligation à valeur passive.

- Das Problem **ist** nicht **zu lösen**. [*Das Problem kann nicht gelöst werden.*]
  Le problème ne peut pas être résolu.
- Hunde **sind** an der Leine **zu führen**. [*Hunde müssen an der Leine geführt werden.*]
  Les chiens doivent être tenus en laisse.

Sein dans des locutions

Sein dans des locutions peut exprimer un état ou une action en cours.

- Miniröcke **sind** wieder Mode. [*Mode sein*]
  La mini-jupe est de nouveau à la mode.
- Wir **waren** am Packen, als wir einen Schuss hörten. [*am* + inf. subst. + *sein*]
  Nous étions en train de faire nos valises quand nous avons entendu un coup de feu.

SEIN AUXILIAIRE

Sein auxiliaire du parfait

De *sein*, *werden* et *bleiben*

- **Bist** du schon in Berlin **gewesen**?
  As-tu déjà été à Berlin?
- Tim **ist** rot **geworden**.
  Tim a rougi.
- Anna **ist** zu Hause **geblieben**.
  Anna est restée à la maison.

Des verbes intransitifs exprimant un déplacement

- Sie **ist** zu uns **gekommen**.
  Elle est venue chez nous.
- Er **ist** die Treppe **heruntergefallen**.
  Il a dégringolé dans l'escalier.

Des verbes intransitifs exprimant un changement d'état

- Ich **bin** sofort **aufgestanden/eingeschlafen**.
  Je me suis levé/endormi aussitôt.
- Die alte Brücke **ist zusammengebrochen**.
  Le vieux pont s'est effondré.

NOTEZ BIEN

Aufhören et *enden* sont des exceptions et s'emploient avec *haben*.

Der Regen **hat** aufgehört.
Il s'est arrêté de pleuvoir.

Der Streit **hat** tragisch geendet.
La bagarre s'est terminée tragiquement.

De quelques autres verbes intransitifs comme *begegnen*, *geschehen*, *passieren*.

- Emma ist aus dem Urlaub zurückgekommen; ich **bin** ihr auf dem Markt **begegnet**.
  Emma est rentrée de vacances; je l'ai rencontrée sur le marché.
- Es **ist** ein Unfall **geschehen**.
  Il y a eu un accident.

Sein auxiliaire du « passif-état »

Avec le participe passé des verbes transitifs, *sein* exprime le résultat d'une action. Comparez.

- Man **hat** den Bahnhof renoviert.
  On a rénové la gare.
- Nun **ist** der Bahnhof renoviert.
  Maintenant la gare est rénovée.

Expressions idiomatiques

Mag **sein**!
Possible !

Nein, das kann nicht **sein**!
Non, c'est impossible ! [Je me refuse à le croire.]

Das muss nicht **sein**!
Ce n'est pas nécessaire. [Ne vous donnez pas cette peine.]

Wer ist da? – Ich **bin's**!
Qui est là ? – C'est moi !

Das **wär's**!
C'est tout ! / Ce sera tout ! [dans un magasin]

▸ *HABEN* OU *SEIN*, AVEC CHANGEMENT DE SENS P. 17
▸ EXERCICE P. 17

3 Haben

▷ ***Haben* se traduit souvent par « avoir ».**
Il peut être verbe plein ou auxiliaire.
La conjugaison de *haben* comporte quelques irrégularités dans le radical.

▸ CONJUGAISON P. 301

HABEN VERBE PLEIN

Haben exprime la **possession**.

- **Hast** du keinen Führerschein?
  Tu n'as pas ton permis ?
- Sie **hat** blaue Augen.
  Elle a les yeux bleus.

Haben s'emploie pour exprimer la **date**, le **jour**.

- Den Wievielten **haben** wir heute?
  – Heute **haben** wir den 8. Juli.
  On est le combien aujourd'hui ? – On est le 8 juillet.

▸ *SEIN* P. 12

Haben + *können* signifie *bekommen* (recevoir, obtenir).

- **Kann** ich mal das Fernglas **haben**? – Gleich.
  Je peux avoir les jumelles ? – Tout de suite.

« *Haben* ... *zu* + infinitif » exprime l'obligation (avoir à).

- Ich kann nicht mit, ich **habe** noch **zu** viel zu tun.
  Je ne peux pas vous accompagner, j'ai encore trop de choses à faire.

HABEN AUXILIAIRE DU PARFAIT

Avec les verbes **transitifs**

- Du **hast** ja fast nichts **gegessen**. Schmeckt es dir nicht?
  Tu n'as presque rien mangé. Ça ne te plaît pas ?

Avec les verbes **intransitifs** n'exprimant ni déplacement ni changement d'état

- **Hast** du gut **geschlafen**? – Ausgezeichnet!
  Tu as bien dormi ? – Parfaitement.

▸ *SEIN* P. 13

Avec les verbes **pronominaux**

- Die Rechnung stimmt nicht, du **hast dich geirrt**.
  Le calcul est faux, tu t'es trompé.
- **Hast** du **dich** nach den Öffnungszeiten **erkundigt**?
  Tu t'es renseigné sur les horaires d'ouverture ?

HABEN DANS DES LOCUTIONS

Haben entre dans un grand nombre de constructions.

Avec des **noms** (généralement sans article)

- Hunger/Durst/Angst/Kopfweh/Glück/Zeit **haben**
  avoir faim/soif/peur/mal à la tête/de la chance/du temps
- Morgen **hat** sie Geburtstag.
  Demain, c'est son anniversaire.

Avec ***es* + adjectif**

- Er ist gleich wieder weg, er **hatte** es eilig! [*es eilig haben*]
  Il est reparti tout de suite, il était pressé !
- Ein großes Haus, ein schweres Auto: die **haben** es wirklich schön! [*es schön haben*]
  Une grande maison, une grosse voiture : ils ont vraiment la belle vie !

Dans des **expressions idiomatiques**

- Die Verteuerung der Energie hat etwas für sich: die Leute verbrauchen weniger. [*etw. für sich haben*]
  Le renchérissement de l'énergie a du bon : les gens en consomment moins.
- Banken nach der Finanzkrise: weiter wie gehabt. [*wie gehabt*]
  Les banques après la crise financière : ça continue comme avant !
- Für eine Grillparty ist er immer zu haben. [*für etw. zu haben sein*]
  Il est toujours partant pour un barbecue.

HABEN OU *SEIN* AVEC CHANGEMENT DE SENS

Certains verbes se conjuguent avec *haben* ou *sein* mais en changeant de sens.

Fahren signifie « conduire quelqu'un » avec *haben* et « se déplacer » avec *sein*.

- Sie **hat** ihren Bruder zum Bahnhof **gefahren**.
  Elle a conduit son frère à la gare.
- Ist Stefan nicht zu Hause? – Nein, er **ist** heute Morgen in die Alpen **gefahren**.
  Stéphane n'est pas à la maison? – Non, il est parti dans les Alpes ce matin.

Folgen signifie « obéir à quelqu'un » avec *haben* et « suivre quelqu'un » avec *sein*.

- Warum hast du ihn bestraft? – Weil er mir nicht **gefolgt hat**.
  Pourquoi tu l'as puni? – Parce qu'il ne m'a pas obéi.
- Der Hund **ist** mir bis nach Hause **gefolgt**.
  Le chien m'a suivi jusque chez moi.

EXERCICE

Complétez avec *sein* ou *haben* à la forme qui convient.

1 *Wo ... du denn gestern Abend? Ich ... mehrmals vergebens bei dir angerufen.*
2 *Markus ... seit drei Tagen verreist. – Das ... ich gar nicht gewusst.*
3 *... du gut geschlafen? – Nein, ich ... in der Nacht mehrmals aufgewacht.*
4 *Wir ... am Essen, als es an der Tür geklingelt ... .*
5 *Welchen Tag ... wir heute? – Heute ... Freitag.*
6 *Wie alt ... sie denn? – Gestern ... sie ihren 30. Geburtstag gefeiert.*
7 *Einmal ... ich im Restaurant. Als ich bezahlen wollte, ... ich gemerkt, dass ich keine Kreditkarte bei mir ... . Das ... peinlich!*

RÉPONSES

1 *Wo warst du denn gestern Abend? Ich habe mehrmals vergebens bei dir angerufen.*
2 *Markus ist seit drei Tagen verreist. – Das habe ich gar nicht gewusst.*
3 *Hast du gut geschlafen? – Nein, ich bin in der Nacht mehrmals aufgewacht.*
4 *Wir waren am Essen, als es an der Tür geklingelt hat.*
5 *Welchen Tag haben wir heute? – Heute ist Freitag.*
6 *Wie alt ist sie denn? – Gestern hat sie ihren 30. Geburtstag gefeiert.*
7 *Einmal war ich im Restaurant. Als ich bezahlen wollte, habe ich gemerkt, dass ich keine Kreditkarte bei mir hatte. Das war peinlich!*

4 Werden

▷ *Werden* signifie « devenir ». Il peut être verbe plein ou auxiliaire. Il se conjugue au présent comme les verbes forts à voyelle radicale *e*. Son parfait se construit avec *sein* et son futur avec lui-même. ▸ CONJUGAISON P. 302

WERDEN VERBE PLEIN

Werden exprime toujours le devenir, l'évolution, la transformation.

Avec des **adjectifs** (seuls, au comparatif ou avec des compléments)

- Wer möchte nicht reich **werden**?
  Qui ne voudrait pas devenir riche ?
- Die Maßnahmen gegen Immigranten **werden** immer schärfer.
  Les mesures prises contre les immigrants sont de plus en plus dures.
- Ich müsste Sport treiben, ich bin in den letzten Jahren zu dick **geworden**.
  Il faudrait que je fasse du sport, j'ai trop grossi ces dernières années.

Avec des **noms** (sans article)

- Ich wollte Schauspielerin **werden** und mein Traum ist Wirklichkeit **geworden**.
  Je voulais devenir actrice et mon rêve s'est réalisé.
- Es **wird** bald Frühling.
  C'est bientôt le printemps.

Avec des **compléments prépositionnels en *zu*.**

- Unter Null Grad **wird** das Wasser **zu** Eis.
  Au-dessous de zéro degré, l'eau se transforme en glace.
- Die Arbeitslosigkeit ist **zum** Hauptproblem unserer Gesellschaft **geworden**.
  Le chômage est devenu le problème numéro un de notre société.

Avec ***aus* + compléments**

- **Aus** diesem Plan **wird** nichts.
  Ce projet n'aboutira pas.
- Was soll nun **aus** mir **werden**?
  Qu'est-ce que je vais devenir ?

WERDEN AUXILIAIRE

Pour former le **futur de l'indicatif** : *werden* + infinitif.

- Ich **werde** ihm meine Meinung **sagen**, verlass dich darauf!
  Je lui dirai ma façon de penser, tu peux me faire confiance !

NOTEZ BIEN

Werden verbe plein peut se mettre au futur avec *werden* auxiliaire.

Morgen **wird** es sehr heiß **werden**.
Demain, il fera très chaud.

Pour exprimer la **probabilité** : *werden* + infinitif.

- Ruf ihn doch an, um diese Zeit **wird** er zu Hause **sein**.
  Tu n'as qu'à l'appeler, à cette heure, il est sans doute à la maison.
- Woher weiß er das? – Das **wird** ihm Emma gesagt **haben**.
  Comment il a appris ça ? – C'est sans doute Emma qui le lui a dit.

Pour former le **passif** : *werden* + participe passé.

- Das erste „richtige" Auto **wurde** von Otto Benz **gebaut**.
  La première « vraie » voiture a été construite par Otto Benz.
- Morgen **wird** das neue Stadion **eingeweiht**.
  Demain on inaugure le nouveau stade.

NOTEZ BIEN

À l'oral, on emploie la forme « *würde* + infinitif » dans des phrases conditionnelles.

Wenn du besser aufpassen **würdest**, **würdest** du nicht so viele Fehler machen.
Si tu faisais plus attention, tu ne ferais pas autant de fautes.

▸ SUBJONCTIF II P. 30

TRADUCTION EXPRESS

1 Son rêve est devenu réalité.
2 Le jour se lève.
3 Le temps va s'améliorer à partir de demain.
4 Les fruits et légumes sont de plus en plus chers.
5 Il est devenu le plus grand coureur automobile de tous les temps.
6 L'appareil ne fonctionne plus, il faut le réparer.
7 Elle ne t'a pas appelé ? Elle a dû oublier.

RÉPONSES

1 *Sein Traum ist Wirklichkeit geworden.*
2 *Es wird Tag.*
3 *Ab morgen wird das Wetter besser.*
4 *Obst und Gemüse werden immer teurer.*
5 *Er ist zum größten Renn(wagen)fahrer aller Zeiten geworden.*
6 *Das Gerät funktioniert nicht mehr, es muss repariert werden.*
7 *Hat sie dich nicht angerufen? Sie wird es vergessen haben.*

5 Présent et futur de l'indicatif

▷ **Le présent allemand a souvent une valeur de futur.**
Le futur allemand s'emploie moins souvent que le futur français.

▸ CONJUGAISON PP. 310-315

CONJUGAISON DU PRÉSENT

	VERBE FAIBLE *kaufen*	VERBE FORT EN *A* *fahren*	VERBE FORT EN *E* *nehmen*	VERBE MODAL *können*
ich	kauf**e**	fahr**e**	nehm**e**	kann
du	kauf**st**	fähr**st**	nimm**st**	kann**st**
er/sie/es	kauf**t**	fähr**t**	nimm**t**	kann
wir	kauf**en**	fahr**en**	nehm**en**	könn**en**
ihr	kauf**t**	fahr**t**	nehm**t**	könn**t**
sie/Sie	kauf**en**	fahr**en**	nehm**en**	könn**en**

- Tous les verbes ont les mêmes marques de personnes : ***-e*, *-st*, *-t*, *-en*, *-t*, *-en***, sauf les verbes modaux et *wissen*, qui n'ont pas de marque aux 1re et 3e personnes.

- Beaucoup de verbes forts changent de voyelle aux **2e et 3e personnes du singulier**.
  Se conjuguent comme *fahren* : *tragen* (porter), *wachsen* (croître)...
  Se conjuguent comme *nehmen* : *brechen* (briser), *empfehlen* (recommander)...

NOTEZ BIEN

Pour quelques verbes, la voyelle de change pas :
gehen (aller) → er geht ; stehen (être debout) → er steht

- À l'oral, la marque ***-e*** de la 1re personne est généralement élidée : *ich kauf* (j'achète).

- Quand le radical du verbe (faible ou fort) se termine par ***-d*** ou ***-t***, on ajoute un ***-e-*** intercalaire avant les marques ***-st*** et ***-t*** :
  bluten → du blut**est** (saigner) ; leiden → er leid**et** (souffrir).

CONJUGAISON DU FUTUR

Il existe un futur **simple**, qui exprime ce qui **est** à venir par rapport au présent, et un futur **antérieur**, qui exprime ce qui **était** à venir par rapport à un moment du passé.

- Le futur simple se forme avec ***werden* au présent + infinitif** du verbe à conjuguer.

  einschlafen (s'endormir) → Er **wird** bald **einschlafen**.

  lesen (lire) → Er **wird** das Buch **lesen**.

- Le futur antérieur se forme avec ***werden* au présent + participe passé** du verbe + ***haben*** ou ***sein***.

  einschlafen (s'endormir) → Er **wird** bald **eingeschlafen sein**.

  lesen (lire) → Er **wird** das Buch **gelesen haben**.

EMPLOIS DU PRÉSENT

Le présent allemand peut rendre tous les emplois du présent et une partie de ceux du futur simple français. Il est utilisé pour :

- **Situer** un fait dans le présent

  - Er **telefoniert** gerade.
    Il est en train de téléphoner.

- **Exprimer** une habitude, une vérité générale

  - Wasser **kocht** bei 100 Grad.
    L'eau bout à 100 degrés.

- **Relater** des faits passés de façon plus vivante

  - Ich stand am Straßenrand und wartete auf den Bus. Plötzlich **hält** ein Auto **an** und…
    J'étais debout au bord de la route et j'attendais le car. Soudain, une voiture s'arrête et…

- **Exprimer** un ordre sec et définitif

  - Du **gehst** jetzt ins Bett und damit basta!
    Tu vas te coucher, un point c'est tout !

- **Remplacer** le futur pour situer un événement dans l'avenir

  - Nächsten Sommer **fahren** wir an die Ostsee.
    L'été prochain, nous irons sur la Baltique.

EMPLOIS DU FUTUR

Le futur allemand a deux emplois qui comportent toujours une nuance **subjective.**

- L'événement peut être présenté comme **certain.**

  - Bald **wird** es kein Erdöl mehr **geben**.
    Bientôt, il n'y aura plus de pétrole.

L'événement peut être présenté comme **probable.**
Dans le présent, on utilise le futur **simple** ; dans le passé, le futur **antérieur.**

- Er sieht fiebrig aus, er **wird** die Grippe **haben**.
  Il a l'air fièvreux, il a sans doute la grippe.
- Ist er noch nicht da? Dann **wird** er den Zug **verpasst haben**.
  Il n'est pas encore là? Il a dû rater son train.

Conjugaison express

1 *ich gebe, du ...*
2 *er schläft, sie* [plur.]...
3 *du hörst, ihr ...*
4 *ich finde, er ...*
5 *ich werde es versuchen, du ...*

Réponses
1 *du gibst* 2 *sie schlafen* 3 *ihr hört* 4 *er findet* 5 *du wirst es versuchen*

Traduction express

1 Je fais de la randonnée tous les étés (*wandern*).
2 Je passerai te voir (*bei jdm vorbeikommen*) la semaine prochaine.
3 [au téléphone] Je peux parler à Paul ? – Non, il est en train de prendre sa douche (*duschen*).
4 Tu vas éteindre ton portable et faire tes devoirs, c'est compris ?
5 Les femmes vivent plus longtemps que les hommes.

Réponses
1 *Ich wandere jeden Sommer.*
2 *Nächste Woche komme ich bei dir vorbei.*
3 *Kann ich Paul sprechen? – Nein, er duscht gerade.*
4 *Du stellst jetzt dein Handy ab und machst deine Aufgaben, verstanden?*
5 *Frauen leben länger als Männer.*

6 Les temps du passé de l'indicatif

▷ **Il y a trois temps du passé en allemand : le prétérit, le parfait et le plus-que-parfait.** ▸ CONJUGAISON PP. 310-315

CONJUGAISON DU PRÉTÉRIT

	VERBE FAIBLE *kaufen*	VERBE FORT* *nehmen*	VERBE « MIXTE » *denken*	VERBE MODAL *können*
ich	kauf**te**	nahm	dach**te**	konn**te**
du	kauf**test**	nahmst	dach**test**	konn**test**
er/sie/es	kauf**te**	nahm	dach**te**	konn**te**
wir	kauf**ten**	nahmen	dach**ten**	konn**ten**
ihr	kauf**tet**	nahmt	dach**tet**	konn**tet**
sie/Sie	kauf**ten**	nahmen	dach**ten**	konn**ten**

* Il existe d'autres verbes forts, dont la voyelle radicale change aussi.

- **La marque du prétérit** est pour les verbes forts le changement de voyelle dans le radical ; pour les autres verbes, c'est le suffixe ***-te-***.
- **Les marques de personne** sont les mêmes pour tous les verbes : ***ø, -st, ø, -(e)n, -(e)t, -(e)n*** (ø = pas de marque).
- **Les verbes « mixtes »** sont peu nombreux : ils changent de voyelle comme les verbes forts mais ont une marque en ***-te-*** comme les verbes faibles.
- Quand **le radical du verbe** se termine par ***-d*** ou ***-t***, on ajoute un ***-e-*** intercalaire avant la marque ***-te*** :

  bluten (saigner) → er blut**e**te ; dulden (tolérer) → er duld**e**te es nicht.

EMPLOIS DU PRÉTÉRIT

On emploie le prétérit :

- Pour faire le récit, oral ou écrit, **d'événements passés.**
  - Er **saß** auf dem Sofa und **blätterte** in einem Magazin, als er einen Schrei **hörte**.
    Assis sur le canapé, il feuilletait un magazine, quand il entendit un cri.

NOTEZ BIEN
Le prétérit allemand correspond aussi bien à **l'imparfait**, qui décrit « la toile de fond » du récit, qu'au **passé simple**, qui relate les événements nouveaux.

À l'oral, pour faire référence à une intention **immédiatement** antérieure au moment présent.

- Ach, du bist es, Paul. Das trifft sich gut, ich **wollte** dich gerade anrufen.
  Ah, c'est toi, Paul. Ça tombe bien, je voulais justement t'appeler.

CONJUGAISON DU PARFAIT

Les verbes **faibles** se construisent avec *haben* ou *sein* + ***ge-*** + radical + ***-t***.

aufwachen (se réveiller) → Sie **ist** früh **aufgewacht**.

kaufen (acheter) → Sie **hat** ein Buch **gekauft**.

Les verbes **forts** se construisent avec *haben* ou *sein* + ***ge-*** + radical avec changement de voyelle + ***-(e)n***.

schmelzen (fondre) → Der Schnee **ist** schnell **geschmolzen**.

sprechen (parler) → Ich **habe** mit ihm **gesprochen**. ▸ *HABEN* P. 15

Certains verbes ont un participe passé sans ***ge-***.

Verbes non accentués sur la 1re syllabe et leurs dérivés

- Ich habe die Suppe **pro°biert**: es fehlt noch ein bisschen Salz.
  J'ai goûté la soupe : ça manque un peu de sel.
- Ich habe dein Rezept **°ausprobiert**: es ist fabelhaft!
  J'ai essayé ta recette : elle est géniale !

Verbes à préverbe inséparable (et non accentué) et leurs dérivés

- Er hat ein Bier / ein Taxi **be°stellt**.
  Il a commandé une bière / appelé un taxi.
- Um nicht an der Kasse Schlange stehen zu müssen, haben wir die Karten **°vorbestellt**.
  Pour ne pas être obligés de faire la queue, nous avons réservé les billets à l'avance.

NOTEZ BIEN

Certains verbes, notamment les modaux, ont un participe passé identique à l'infinitif quand ils ont eux-mêmes un complément à l'infinitif.
Hast du ihn verständigen können?
Tu as pu le prévenir ?
Nur wenige Wirtschaftsexperte haben die Finanzkrise kommen sehen.
Peu d'économistes ont vu venir la crise financière.

▸ LES VERBES MODAUX PP. 33-34
▸ INFINITIF ET PARTICIPES P. 142

EMPLOIS DU PARFAIT

À l'oral, le parfait remplace le prétérit, notamment dans le Sud de l'Allemagne, pour relater des événements passés.

- Letzten Sommer **haben** wir unseren Urlaub in Bayern **verbracht**. Wir **haben** die ganze Zeit schönes Wetter **gehabt** und **sind** fast jeden Tag **gewandert**.
  L'été dernier, nous avons passé nos vacances en Bavière. Il a fait beau tout le temps et nous avons fait des randonnées presque tous les jours.

Le parfait peut aussi exprimer qu'une action située dans le présent est **achevée** au moment considéré ; le prétérit est alors impossible.

- Möchtest du nicht mit uns zu Abend essen? – Danke, ich **habe** schon **gegessen**.
  Tu ne veux pas dîner avec nous ? – Non, merci, j'ai déjà dîné.

LE PLUS-QUE-PARFAIT

Le plus-que-parfait se construit avec le prétérit de *haben* ou *sein* + le participe passé du verbe.

▸ PARTICIPES P. 142

Le plus-que-parfait sert à présenter un fait comme antérieur à un autre, lui-même passé.

- Ich **hatte** schon über eine Stunde **gewartet** und wollte gehen, als sie plötzlich erschien.
  J'avais attendu plus d'une heure et m'apprêtais à partir quand elle apparut soudain.

EXERCICE

Conjuguez au prétérit, puis au parfait.

1 *ich hoffe* → *ich ...*

2 *er ruft* → *er ...*

3 *er kommt* → *er ...*

4 *er verspricht es* → *er ... es*

RÉPONSES

1 *ich hoffte, ich habe gehofft*

2 *er rief, er hat gerufen*

3 *er kam, er ist gekommen*

4 *er versprach es, er hat es versprochen*

TRADUCTION EXPRESS

1 [au téléphone] Ah, c'est toi, j'allais t'appeler.

2 Cette année, nous avons passé nos vacances dans les Alpes.

3 Es-tu déjà allé en Grèce ?

4 Tu n'as pas reçu ma carte postale ?

5 Quand j'ai fait sa connaissance, il travaillait encore chez Bosch.

RÉPONSES

1 *Ach, du bist es, ich wollte dich gerade anrufen.*

2 *Dieses Jahr haben wir unsere Ferien in den Alpen verbracht.*

3 *Warst du schon einmal in Griechenland?*

4 *Hast du meine Postkarte nicht bekommen* (ou : *erhalten*)?

5 *Als ich ihn kennen lernte, arbeitete er noch bei Bosch.*

7 Le subjonctif I

▷ **Le subjonctif I est le mode de la virtualité. Il exprime ce qui existe en puissance, mais pas encore dans la réalité.**

CONJUGAISON DU SUBJONCTIF I

Le subjonctif I n'a que trois temps : le présent, le parfait, le futur.

Présent du subjonctif I

	VERBE FAIBLE *kaufen*	VERBE FORT *sprechen*	VERBE MODAL *können*
ich	kaufe	spreche	könne
du	kauf**est**	sprech**est**	könn**est**
er/sie/es	kauf**e**	sprech**e**	könn**e**
wir	kauf**en**	sprech**en**	könn**en**
ihr	kauf**et**	sprech**et**	könn**et**
sie/Sie	kauf**en**	sprech**en**	könn**en**

La marque du subjonctif I est ***-e-***.
Les marques de personnes sont : ***ø***, ***-st***, ***ø***, ***-n***, ***-t***, ***-n*** (ø = pas de marque).
Les verbes forts ne changent pas de voyelle aux 2e et 3e personnes.

▸ LE PRÉSENT ET LE FUTUR P. 20

NOTEZ BIEN

À la 1re personne du singulier et du pluriel ainsi qu'à la 3e personne du pluriel des verbes faibles et forts, le présent du subjonctif I ne se distingue pas du présent de l'indicatif.

Parfait du subjonctif I

Le parfait du subjonctif I se forme avec *haben* ou *sein* au présent du subjonctif I + participe passé du verbe.

scheitern (échouer) → Der Versuch **sei gescheitert**.
aufpassen (faire attention) → Er **habe** nicht **aufgepasst**.

▸ CONJUGAISON PP. 310-315

Futur du subjonctif I

Le futur simple se forme avec *werden* au présent du subjonctif I + infinitif du verbe.

kaufen (acheter) → Er **werde** sich neue Schuhe **kaufen**.

▸ CONJUGAISON PP. 310-315

EMPLOI DANS LE DISCOURS INDIRECT

Le subjonctif I sert à **rapporter les paroles ou le point de vue d'un tiers,** mais ne s'emploie que dans les médias, en langue écrite ou en langue orale soutenue.

- Er erklärte, dass er sich nicht in diese Sache einmischen **wolle**, sie **sei** ihm zu heikel.
  Il déclara qu'il ne voulait pas se mêler de cette affaire, elle lui paraissait trop délicate.

▸ LE DISCOURS RAPPORTÉ P. 152

Contrairement au français, le temps du discours indirect dépend uniquement du **temps du discours direct,** et non de celui du verbe introducteur.

INTRODUCTEUR	DISCOURS DIRECT	DISCOURS INDIRECT
Er sagt/sagte/hat gesagt/ wird sagen:	Ich weiß es nicht. [présent]	dass er es nicht wisse. [présent]
	Ich wusste es nicht. / Ich habe es nicht gewusst. [passé]	dass er es nicht gewusst habe. [passé]
	Ich werde es nicht sagen. [futur]	dass er es nicht sagen werde. [futur]

EXPRESSION DE LA VIRTUALITÉ

Le subjonctif I exprime surtout la **virtualité.**

Le souhait **incantatoire** se retrouve surtout dans le genre littéraire et les expressions toutes faites.

- Es **lebe** die Freiheit!
  Vive la liberté !
- Gott **sei** Dank!
  Dieu merci !

La **concession** est destinée à renforcer une affirmation.

- Ich werde es tun, **komme, was wolle.**
  Je le ferai, quoi qu'il arrive.
- Du musst ihm antworten, und **sei** es nur aus Höflichkeit.
  Il faut lui répondre, ne serait-ce que par politesse.

EXERCICE

Conjuguez au présent puis au parfait du subjonctif I.

1 *Er kommt mit dem Zug.* → *Er ...*

2 *Sie weiß es.* → *Sie ...*

3 *Er sagt, er glaubt nicht daran.* → *Er sagt, er ...*

4 *Sie sagt, sie versteht es nicht.* → *Sie sagt, sie ...*

RÉPONSES

1 *Er komme mit dem Zug. Er sei mit dem Zug gekommen.*

2 *Sie wisse es. Sie habe es gewusst.*

3 *Er sagt, er glaube nicht daran. Er habe nicht daran geglaubt.*

4 *Sie sagt, sie verstehe es nicht. Sie habe es nicht verstanden.*

TRADUCTION EXPRESS

1 Vive la république !

2 Dieu protège (*schützen*) la reine !

3 Dieu te bénisse (*segnen*) !

RÉPONSES

1 *Es lebe die Republik!*

2 *Gott schütze die Königin!*

3 *Gott segne dich!*

8 Le subjonctif II

▷ **Le subjonctif II est le mode de l'irréel, de l'imaginaire.**

CONJUGAISON DU SUBJONCTIF II

Le subjonctif II a trois temps : le présent, le parfait, le futur.

Présent du subjonctif II

	VERBE FAIBLE *kaufen*	VERBE FORT *sprechen*	VERBE MODAL *können*
ich	kauf**te**	spräch**e**	könnt**e**
du	kauf**test**	spräch**est**	könnt**est**
er/sie/es	kauf**te**	spräch**e**	könnt**e**
wir	kauf**ten**	spräch**en**	könnt**en**
ihr	kauf**tet**	spräch**et**	könnt**et**
sie/Sie	kauf**ten**	spräch**en**	könnt**en**

Les verbes faibles ont la même forme au présent du subjonctif II qu'au prétérit de l'indicatif.
Pour les verbes forts, la marque du subjonctif II est ***-e-*** ajouté au radical du prétérit ainsi que la transformation des voyelles ***a***, ***o***, ***u*** en : ***ä***, ***ö***, ***ü***.
Les marques de personnes sont : ***ø***, ***-st***, ***ø***, ***-n***, ***-t***, ***-n***.

Parfait du subjonctif II

Le parfait se forme avec *haben* ou *sein* au présent du subjonctif II + le participe passé du verbe.

merken (remarquer) → Er **hätte** es nicht **gemerkt**.

platzen (éclater) → Der Luftballon **wäre** nicht **geplatzt**.

▸ CONJUGAISON PP. 310-315

Futur du subjonctif II

Le futur se forme avec *werden* au subjonctif II + infinitif du verbe.

- Sie hatte mir versichert, dass sie **kommen würde**.
  Elle m'avait assuré qu'elle viendrait.

▸ CONJUGAISON PP. 310-315

Cette construction est surtout employée dans la langue courante pour **remplacer les formes « simples »** du présent, quand celles-ci ne se distinguent pas du prétérit ou sont perçues comme trop soutenues.

- Ich **bliebe** gern noch eine Woche, wenn ich könnte.
  Ich **würde** gern noch eine Woche **bleiben**, wenn ich könnte.
  Je resterais volontiers encore une semaine, si je pouvais.

EXPRESSION DE L'IRRÉEL

Le subjonctif II a divers emplois, dans lesquels on retrouve presque toujours la notion d'**irréel.**

Hypothèse ou condition irréelles

Le verbe de la principale et celui de la subordonnée introduite par *wenn* ou avec le verbe en 1re position sont au subjonctif II.

- Wenn ich das **gewusst hätte**, **hätte** ich ganz anders **gehandelt.**
  Si j'avais su, j'aurais agi tout autrement.
- Was **würdest** du an meiner Stelle tun?
  Que ferais-tu à ma place?

NOTEZ BIEN

Avec les verbes autres que *sein*, *haben* et les verbes modaux, on emploie, à l'oral, le plus souvent *würde* + infinitif.

Wenn du besser **aufpassen würdest**, wäre es nicht passiert.
Si tu faisais plus attention, ça ne serait pas arrivé.

Souhait ou regret

On emploie souvent des particules comme *doch* ou *nur* sans les accentuer.

- Wenn du **nur** etwas geduldiger wärst!
  Si seulement tu étais un peu plus patient!
- Hättest du es mir **doch** gesagt!
  Si seulement tu me l'avais dit!

Invitation, ordre poli

- **Würden** Sie mir bitte das Salz reichen?
  Voudriez-vous me passer le sel, s'il vous plaît?

Comparaison irréelle

La situation imaginaire qui sert de point de comparaison est introduite par *als ob* + verbe à la fin ou *als* + verbe en 1re position.

- Er tut, **als ob** er mich nicht **gesehen hätte.**
  Il fait comme s'il ne m'avait pas vu.
- Du siehst aus, **als hättest** du die ganze Nacht nicht **geschlafen.**
  On dirait que tu n'as pas fermé l'œil de la nuit!

EXPRESSIONS IDIOMATIQUES

Sonst noch einen Wunsch? – Nein, das wär's. [*im Geschäft*]
Il vous faut autre chose? – Non merci, ce sera tout. [dans un magasin]

So, das wäre geschafft.
Voilà une bonne chose de faite.

AUTRES EMPLOIS DU SUBJONCTIF II

Le subjonctif II **remplace le subjonctif I** dans le discours indirect. C'est le cas dans la langue soignée, quand le subjonctif I est identique au présent de l'indicatif.

- Sie behaupteten, sie haben es nicht gewusst.
  → Sie behaupteten, sie **hätten** es nicht gewusst.
  Ils ont prétendu qu'ils ne le savaient pas.

C'est quasiment systématique dans la langue courante, même si le subjonctif I diffère du présent de l'indicatif.

- Mir hat er gesagt, er **hätte** nichts gewusst.
  Moi, il m'a dit qu'il n'était pas au courant.

Le subjonctif II **exprime le futur** dans une subordonnée en contexte passé : *würde* + infinitif.

- Ich wusste, dass es so **kommen würde**.
  Je me doutais qu'on en arriverait là.

Exercice

Conjuguez au présent puis au parfait du subjonctif II.

1 *Er findet es nicht gut. → Er ...*
2 *Du arbeitest zu viel. → Du ...*
3 *Sie kommt gern mit. → Sie ...*
4 *Sie betrügen uns. → Sie ...*

Réponses

1 *Er fände es nicht gut. Er hätte es nicht gut gefunden.*
2 *Du arbeitetest zu viel. Du hättest zu viel gearbeitet.*
3 *Sie käme gern mit. Sie wäre gern mitgekommen.*
4 *Sie betrögen uns. Sie hätten uns betrogen.*

Exercice

Traduisez avec *würde* à la forme qui convient.

1 J'aimerais lui offrir quelque chose, mais quoi ?
2 Si tu faisais plus attention, tu ne ferais pas tant de fautes.
3 Que ferais-tu à ma place ?
4 Pourrais-tu fermer la fenêtre, s'il te plaît ?

Réponses

1 *Ich würde ihm gern etwas schenken, aber was?*
2 *Wenn du besser aufpassen würdest, würdest du nicht so viele Fehler machen.*
3 *Was würdest du an meiner Stelle tun?*
4 *Würdest du bitte das Fenster schließen?*

9 Les verbes modaux : vue d'ensemble

Les six verbes modaux expriment les notions de nécessité, de possibilité ou de volonté.
Certains expriment par ailleurs le degré de probabilité qu'a l'énoncé d'être vrai.

▸ NÉCESSITÉ, POSSIBILITÉ, VOLONTÉ PP. 36-39
▸ L'EXPRESSION DE LA PROBABILITÉ PP. 40-42

CONJUGAISON DES VERBES MODAUX

Présent de l'indicatif

Les modaux ont au présent de l'indicatif les mêmes marques de personnes que les verbes forts au prétérit : ***ø***, ***-st***, ***ø***, ***-en***, ***-t***, ***-en***.

singen (chanter)
→ ich sang, du sang**st**, er sang, wir sang**en**, ihr sang**t**, sie sang**en**
können (pouvoir)
→ ich kann, du kann**st**, er kann, wir könn**en**, ihr könn**t**, sie könn**en**

Prétérit de l'indicatif

Le prétérit des verbes modaux est semblable à celui des verbes faibles.

spielen (jouer)
→ ich spiel**te**, du spiel**test**, er spiel**te**, wir spiel**ten**, ihr spiel**tet**, sie spiel**ten**
können (pouvoir)
→ ich konn**te**, du konn**test**, er konn**te**, wir konn**ten**, ihr konn**tet**, sie konn**ten**

NOTEZ BIEN
Au prétérit, le ***ö*** de *können* et de *mögen* devient ***o***, le ***ü*** de *dürfen* et de *müssen* devient ***u*** : *er konnte/mochte/durfte/musste*.

Parfait et plus-que-parfait

Le parfait et le plus-que-parfait des verbes modaux se forment avec l'auxiliaire *haben*. Au parfait et au plus-que-parfait, les modaux ont deux formes de participe passé.

Sans infinitif complément, ils ont la forme normale : ***ge-*** + radical + ***-t***.

- Sie hat es so **gewollt**.
  Elle l'a voulu ainsi.
- Sie hat früher gut Deutsch **gekonnt**.
  Autrefois, elle savait bien l'allemand.

Avec un infinitif complément, le participe passé a la même forme que l'infinitif.

- Sie hat nicht kommen **wollen**.
  Elle n'a pas voulu venir.
- Sie hat am Wochenende arbeiten **müssen**.
  Elle a dû travailler ce week-end.

Les subjonctifs I et II
Les subjonctifs I et II des modaux se construisent sur le modèle des verbes faibles. ▸ CONJUGAISON PP. 303-308

VERBE MODAL + INFINITIF COMPLÉMENT

Les modaux ont presque toujours un infinitif complément, qui n'est jamais accompagné de *zu*.

- Sie kann **schwimmen**.
  Elle sait nager.
- Er wollte nicht Stellung **nehmen**.
  Il n'a pas voulu prendre position.

L'infinitif complément d'un verbe modal a lui-même souvent des compléments.

- Sie kann **sehr gut schwimmen**.
  Elle sait très bien nager.
- Bei diesem Regen solltest du nicht **so schnell fahren**.
  Avec cette pluie, tu ne devrais pas rouler aussi vite.

Quand l'infinitif complément est un verbe de déplacement (*gehen*, *fahren*...) accompagné d'un complément de direction, l'infinitif est souvent sous-entendu.

- Ich möchte jetzt **nach Hause (gehen)**.
  Je voudrais rentrer à la maison.
- Ich muss **in die Stadt (fahren)**, soll ich dir etwas mitbringen?
  Il faut que j'aille en ville, veux-tu que je te rapporte quelque chose?

MODALITÉ ET MODALISATION

Tout en conservant le même sens de base, les verbes modaux ont deux types d'emploi, selon qu'ils s'appliquent au sujet de la proposition ou qu'ils expriment un jugement du locuteur.

- Si le verbe s'applique au sujet grammatical, il exprime une **obligation** (*müssen*, *sollen*), une **possibilité** (*können*, *dürfen*), une **volonté** ou un **désir** (*wollen*, *mögen*).

  - Niels **muss** zum Arzt.
    Niels doit aller voir le médecin. [Sa santé l'exige.]
  - Paul **kann** schwimmen.
    Paul sait nager. [Il en a la capacité.]
  - Lena **darf** in die Disco.
    Lena peut aller en boîte. [Elle a la permission.]

- Si le verbe exprime un jugement du locuteur, il indique le **degré de probabilité** que celui-ci accorde à l'énoncé d'être vrai (*müssen*, *dürfen*, *können*, *mögen*) ou correspond à une sorte de **discours rapporté** (*sollen*, *wollen*).

  - Lucas **muss** zu Hause sein, sein Auto steht vor der Tür.
    Lucas doit être à la maison, sa voiture est devant la porte.
  - Er hat es mit der Justiz zu tun bekommen und **soll** nach Südamerika geflüchtet sein.
    Il a eu affaire à la justice et on dit qu'il s'est enfui en Amérique du Sud.

EXERCICE

Conjuguez à la forme demandée de l'indicatif.

1 *können* (1re et 3e pers. du sing. du présent) : ...
2 *müssen* (1re et 3e pers. du sing. du prétérit) : ...
3 *wollen* (2e pers. du sing. et du plur. du présent) : ...

Conjuguez à la forme demandée du subjonctif II.

4 *können* (2e pers. du sing. et du plur.) : ...
5 *mögen* (1re et 3e pers. du sing.) : ...
6 *sollen* (2e pers. du sing. et 1re pers. du plur.) : ...

RÉPONSES
1 *ich/er kann* 2 *ich/er musste* 3 *du willst/ihr wollt*
4 *du könntest/ihr könntet* 5 *ich/er möchte* 6 *du solltest/wir sollten*

TRADUCTION EXPRESS

1 Elle n'a pas pu venir.
2 Elle a dû s'adapter (*sich anpassen*).
3 Il a voulu faire le travail tout seul.

RÉPONSES
1 *Sie hat nicht kommen können.*
2 *Sie hat sich anpassen müssen.*
3 *Er hat die Arbeit allein machen wollen.*

10 Nécessité, possibilité, volonté

Les verbes modaux expriment une nécessité, une possibilité ou une volonté. À chacune de ces modalités correspondent deux verbes, qui expriment chacun une nuance particulière de la modalité.

MÜSSEN : LA NÉCESSITÉ MATÉRIELLE

Müssen exprime une **obligation** liée à la situation, à l'ordre des choses.

- Ich **muss** jetzt gehen, sonst verpasse ich den Zug.
  Il faut que je parte, sinon je vais rater mon train.
- Sie **musste** lachen.
  Elle n'a pas pu s'empêcher de rire.

SOLLEN : L'OBLIGATION LIÉE À LA VOLONTÉ D'UN TIERS

Sollen exprime une **obligation** liée à la volonté d'une personne ou à une instance autre que le sujet du verbe.

- Du **sollst** zum Chef.
  Le patron te demande.
- Du **sollst** mir die Wahrheit sagen.
  Tu dois me dire la vérité.

Sollen au subjonctif II peut exprimer un simple **conseil**.

- Du **solltest** weniger naschen.
  Tu ne devrais pas grignoter autant.
- Eine schwangere Frau **sollte** keinen Alkohol trinken.
  Une femme enceinte ne devrait pas boire d'alcool.

« *Sollen* + négation » exprime une **interdiction** et non pas l'absence d'obligation.

- Du **sollst** nicht töten. [5e commandement]
  Tu ne tueras point.
- Du **sollst** nicht lügen.
  Tu ne dois pas mentir.

Par extension, *sollen* exprime ce qui est **prévu** (parce qu'une instance l'a voulu) ou le **futur** dans le passé (parce que c'était la volonté du destin).

- Hier **soll** ein neues Krankenhaus gebaut werden.
  Ici, il est prévu de construire un nouvel hôpital.
- Ein Jahr später wanderte er aus und **sollte** seine Heimat nie wieder sehen.
  Un an après il émigra et ne devait plus jamais revoir sa patrie.

KÖNNEN : LA POSSIBILITÉ MATÉRIELLE

Können exprime la **possibilité** liée à :

Une capacité inhérente ou acquise

- Auf dem Rhein **können** auch große Schiffe fahren.
  Même les gros bateaux peuvent circuler sur le Rhin.
- Mit elf Monaten **konnte** er schon gehen.
  À onze mois, il marchait déjà.

Une absence d'obstacle

- Ich **kann** dich zum Bahnhof fahren, wenn du willst.
  Je peux t'emmener à la gare, si tu veux.

« *Können* + négation » exprime **l'incapacité,** inhérente ou ponctuelle.

- Er **kann nicht** kochen.
  Il ne sait pas faire la cuisine.
- Da **kann** ich dir **nicht** helfen.
  Là, je ne peux pas t'aider.

Können peut aussi exprimer la **permission.**

- Papa, **kann** ich jetzt an den Computer?
  Papa, je peux utiliser l'ordinateur maintenant?

DÜRFEN : LA PERMISSION

Dürfen exprime la **permission** (une possibilité découlant d'une autorisation).

- Ich frage mich, ob man hier parken **darf.**
  Je me demande si on a le droit de stationner ici.

Dürfen dans une question exprime une **demande polie.**

- Darf ich Sie **fragen,** wie alt Sie sind?
  Est-ce que je peux vous demander votre âge?

« *Dürfen* + négation » exprime **l'interdiction.**

- In öffentlichen Gebäuden **darf** man **nicht** rauchen.
  On n'a pas le droit de fumer dans les lieux publics.

L'interdiction peut être simulée ou liée à des conséquences désagréables.

- Das Buch **darf** ich **nicht** vergessen, ich habe es ihm schon lange versprochen.
  Il ne faut pas que j'oublie le livre, ça fait longtemps que je le lui ai promis.

Quand l'interdiction concerne une réalité contrariante, elle se fait exclamation.

- Das **darf** doch **nicht** wahr sein!
  C'est pas possible !

WOLLEN : LA VOLONTÉ

Wollen exprime une **volonté forte**, une intention ferme.

- Er **will** den Beruf wechseln.
  Il veut changer de métier.

« *Wollen* + négation » exprime le **refus.**

- Sie **wollte** es mir **nicht** sagen.
  Elle n'a pas voulu me le dire.

Wollen peut exprimer un **futur imminent,** dans le présent ou le passé.

- Ich **will** ihn mal anrufen.
  Je vais l'appeler.
- **Wollen** wir gehen?
  On y va ?
- Sie **wollte** ausgehen, als das Telefon klingelte.
  Elle allait sortir quand le téléphone sonna.

« *Wollen* + sujet non animé » exprime une **exigence ou un refus métaphoriques.**

- Das **will** überlegt sein.
  Ça demande réflexion.
- Diese Pflanze **will** Sonne und Wärme.
  Cette plante exige du soleil et de la chaleur.
- Der Wagen **will** nicht anspringen.
  La voiture ne veut pas démarrer.

MÖGEN : LE DÉSIR, LE PENCHANT

Mögen exprime un **penchant** pour quelque chose, une **envie.**

- Ich **mag** ihn.
  Je l'aime bien.
- Ich **mag** jetzt keinen Tee.
  Un thé, ça ne me dit rien, là pour le moment.

« *Mögen* au subjonctif II » exprime un **désir**, une **demande polie.**

- Ich **möchte** noch ein bisschen Apfelsaft.
  Je voudrais encore un peu de jus de pommes.

AUTRES FAÇONS D'EXPRIMER L'OBLIGATION OU LA POSSIBILITÉ

« *Haben* + *zu* + infinitif » exprime **l'obligation.**

- Ich **habe** für morgen zwei Aufgaben **zu schreiben**.
  J'ai deux devoirs pour demain.

« *Sein* + *zu* + infinitif » exprime :

L'obligation

- Der Beitrag ist vor dem 15. (fünfzehnten) Januar zu entrichten.
  La cotisation est à payer avant le 15 janvier.

La possibilité, généralement pour la nier

- Die Folgen dieser Katastrophen sind nicht abzusehen.
  Les conséquences de cette catastrophe sont incalculables.

La construction *brauchen* + *nicht* (ou : *nur*) exprime l'absence d'obligation et dérive souvent vers le reproche.

- Er **braucht** heute **nicht zu** arbeiten.
  Il n'est pas obligé de travailler aujourd'hui.
- Wenn du noch mehr willst, **brauchst** du es **nur zu** sagen.
  Si tu en veux plus, tu n'as qu'à le dire.

TRADUCTION EXPRESS

1 Tu sais compter jusqu'à cent ?
2 Je ne peux pas vous en dire plus.
3 Tu devrais faire plus attention (*aufpassen*).
4 La porte ne veut pas s'ouvrir (*aufgehen*).
5 Tu n'as pas besoin de m'aider, j'y arriverai (*es schaffen*) tout seul.
6 Est-ce que je peux vous déranger (*stören*) un instant ?

RÉPONSES

1 *Kannst du bis hundert zählen?*
2 *Mehr kann ich Ihnen nicht sagen.*
3 *Du solltest besser aufpassen.*
4 *Die Tür will nicht aufgehen.*
5 *Du brauchst mir nicht zu helfen, ich schaffe es allein.*
6 *Darf ich Sie einen Augenblick stören?*

11 Expression de la probabilité

▷ **Les verbes modaux allemands peuvent exprimer un jugement du locuteur qui évalue la probabilité qu'a l'énoncé d'être vrai. Dans ce type d'emplois, les verbes modaux ne s'utilisent guère qu'au présent de l'indicatif ou (pour certains) au présent du subjonctif II.**

MÜSSEN : C'EST QUASI CERTAIN

Müssen exprime une **probabilité proche de la certitude.**

- Er **muss** krank sein, hast du gesehen, wie bleich er war?
  Il doit être malade, tu as vu comme il était pâle ?
- Nach seinem Auto zu urteilen, **muss** er gut verdienen.
  À en juger par sa voiture, il doit bien gagner sa vie.

NOTEZ BIEN

Quand le fait dont il s'agit d'évaluer la probabilité est situé dans le passé, le verbe complément est au **parfait**, mais *müssen* reste au **présent.**

Er **muss** es **gewusst haben**, sonst hätte er ganz anders reagiert.
Il devait le savoir, sinon il aurait réagi tout différemment.

WERDEN : C'EST PROBABLE

Werden comme auxiliaire du futur exprime souvent une **probabilité élevée.**

- Wie alt sie ist? – Sie **wird** so um die 40 **sein**.
  Quel âge elle a ? – Je pense qu'elle doit avoir autour de 40 ans.
- Mach dir keine Sorgen um sie. Sie **wird** schon **wissen**, was sie tut.
  Ne te fais pas de souci pour elle. Elle doit bien savoir ce qu'elle fait.

DÜRFEN : C'EST VRAISEMBLABLE

Dürfte (*dürfen* au subjonctif II) exprime une **probabilité reposant sur des indices fiables et concordants.** Il est très employé dans la presse écrite ou parlée, car il permet au journaliste de ne pas prendre position.

- Die Preise **dürften** in den nächsten Monaten stabil bleiben.
  Les prix devraient rester stables dans les mois à venir.

KÖNNEN : C'EST POSSIBLE

Kann (présent de l'indicatif) et surtout *könnte* (subjonctif II) expriment une **possibilité à laquelle le locuteur croit vraiment.**

- Das **kann** sein. Das **könnte** sein.
  Ça se peut. Ça se pourrait bien.
- Auch eine geringe Erwärmung der Erde **könnte** verheerende Folgen haben.
  Même un léger réchauffement de la Terre pourrait avoir des conséquences catastrophiques.

MÖGEN : C'EST POSSIBLE MAIS PEU CRÉDIBLE

Mögen exprime une **possibilité à laquelle le locuteur ne semble pas croire vraiment,** d'où son emploi dans la concession.

- Das **mag** sein, aber andererseits…
  C'est possible, mais d'un autre côté…
- **Mag** sein, dass er wirklich verhindert war, aber er hätte uns verständigen können.
  Il a peut-être vraiment eu un empêchement, mais il aurait pu nous prévenir.

SOLLEN : C'EST CE QU'ON DIT

Sollen exprime que le locuteur ne fait que **rapporter une rumeur, une information non vérifiée** (notamment dans la presse).

- Das Restaurant **soll** sehr gut sein, ich war aber noch nie drin.
  Il paraît que ce restaurant est très bon, mais je n'y suis jamais allé.
- Das Erdbeben **soll** über zweitausend Menschenleben **gefordert haben**.
  Le tremblement de terre aurait fait plus de deux mille victimes.

WOLLEN : C'EST CE QU'IL PRÉTEND

Avec *wollen*, le locuteur **prend ses distances** par rapport à l'affirmation qu'il rapporte.

- Er **will** zu diesem Zeitpunkt zu Hause **gewesen sein**, aber niemand kann es bestätigen.
  Il prétend avoir été chez lui à ce moment-là, mais personne ne peut le confirmer.

NOTEZ BIEN

Cet emploi ne concerne que des faits passés, car avec des faits présents ou à venir, *wollen* reprend le sens de «vouloir».

Er **will** ihn **benachrichtigt haben**. [passé]
Il prétend l'avoir informé.

Er **will** ihn benachrichtigen. [présent]
Il veut l'informer.

TRADUCTION EXPRESS

1 Il a dû oublier le rendez-vous (*der Termin*).
2 On vit peut-être plus tranquille au village, mais cela a aussi ses inconvénients (*der Nachteil*).
3 Il paraît qu'il a gagné au loto.
4 Il prétend n'avoir rien su.
5 Il ne devrait pas être trop difficile de le prouver.
6 Il doit bien avoir ses raisons (*der Grund*).
7 Cette affaire pourrait mal se terminer (*schlimm enden*).

RÉPONSES

1 *Er muss den Termin vergessen haben.*
2 *Mag sein, dass man auf dem Dorf ruhiger lebt, es hat aber auch seine Nachteile.*
3 *Er soll im Lotto gewonnen haben.*
4 *Er will nichts gewusst haben.*
5 *Es dürfte nicht zu schwer sein, das zu beweisen.*
6 *Er wird schon seine Gründe haben.*
7 *Diese Affäre könnte schlimm enden.*

12 Le passif

▷ On distingue habituellement le passif en *werden* (ou passif action), dans lequel le sujet subit l'action exprimée par le verbe, et le passif en *sein* (ou passif état), qui exprime le résultat de l'action.

PASSIF ACTION : *WERDEN* + PARTICIPE PASSÉ

Dans cette construction, *werden* se conjugue à tous les temps, modes et personnes. Le participe passé ne varie pas.

Présent/prétérit

- Das Gebäude **wird** zurzeit **umgebaut**.
  Le bâtiment est en cours de transformation.
- Die Veranstaltung **wurde** wegen des schlechten Wetters **abgesagt**.
  La manifestation a été annulée à cause du mauvais temps.

NOTEZ BIEN

Ne confondez pas le passif (*werden* + **participe passé**) avec le futur (*werden* + **infinitif**).

Nächstes Jahr **werden** wir unser Haus **umbauen**.
L'année prochaine, nous ferons des transformations dans notre maison.

Parfait/plus-que-parfait

- Die Liste der Gewinner **ist** noch nicht **aufgestellt worden**.
  La liste des gagnants n'a pas encore été établie.
- Das neue Gesetz **war** damals noch nicht **verabschiedet worden**.
  À l'époque, la nouvelle loi n'avait pas encore été votée.

CORRESPONDANCE ACTIF ←→ PASSIF

Le sujet au passif correspond au complément d'objet à l'actif ; le complément d'agent au passif correspond au sujet à l'actif.

- **Robert Koch** [sujet] hat den Erreger der Tuberkulose [complément d'objet accusatif] entdeckt.
  Robert Koch a découvert l'agent de la tuberculose.
- Der Erreger der Tuberkulose [sujet] wurde **von Robert Koch** [complément d'agent] entdeckt.
  L'agent de la tuberculose a été découvert par Robert Koch.

COMPLÉMENT D'AGENT : *VON* OU *DURCH* ?

Von s'emploie lorsque l'agent est **l'initiateur de l'action,** qu'il soit une personne ou non.

- Er wurde **vom Direktor** selber benachrichtigt.
  Il a été informé par le directeur lui-même.
- Das Haus wurde **vom Blitz** getroffen.
  La maison a été frappée par la foudre.

Durch s'emploie lorsque l'agent n'est qu'un **moyen** ou un **intermédiaire**.

- Er wurde **durch** eine Mail / **durch** einen Freund benachrichtigt.
  Il a été informé par un courriel / par l'intermédiaire d'un ami.

AVEC OU SANS COMPLÉMENT D'AGENT

Le complément d'agent est omis lorsque l'information importante est l'action.

- 2007 ist der Nobelpreis für Physik an einen Franzosen und einen Deutschen verliehen worden.
  En 2007, le prix Nobel de physique a été attribué à un Français et un Allemand.
- Der Kölner Dom wurde erst im 19. Jahrhundert zu Ende gebaut.
  La cathédrale de Cologne n'a été achevée qu'au XIXe siècle.

Lorsqu'il y a un complément d'agent, c'est lui qui constitue l'information importante.

- Der Erreger der Tuberkulose wurde **von Robert Koch** entdeckt.
  L'agent de la tuberculose a été découvert par Robert Koch.
  [On répond à la question : *von wem wurde… entdeckt?* Qui a découvert… ?]

PASSIF IMPERSONNEL EN *WERDEN*

Le passif est dit **impersonnel** quand il est sans sujet et sans complément d'agent. Il ne fonctionne qu'à la 3e personne du singulier.

- In Deutschland **wird** gern gefeiert.
  En Allemagne, on aime faire la fête.

Le passif impersonnel n'est possible qu'avec des verbes qui s'emploient à **l'actif avec un sujet humain** et **sans complément d'objet à l'accusatif.**

- Ihm **wurde** sofort **geholfen**.
  On lui vint immédiatement en aide.

Les phrases avec passif impersonnel commencent souvent par un ***es* explétif,** qui disparaît lorsqu'on met un autre élément en 1re position.

- **Es wurde** viel über diese Affäre **geredet.**
  Über diese Affäre **wurde** viel **geredet.**
  On a beaucoup parlé de cette affaire.

Au présent, le passif impersonnel sert à exprimer un **fait habituel,** une **norme** ou un **ordre** qui ne se discute pas.

- Bei uns **wird** um acht Uhr zu Abend **gegessen.**
  Chez nous, on dîne à huit heures.
- Hier **wird** nicht **geraucht.**
  Ici, on ne fume pas.

Au prétérit, le passif impersonnel permet d'attirer l'attention sur l'action sans mentionner l'agent ou l'objet concerné.

- Den ganzen Tag **wurde** nur **gegessen** und **getrunken.**
  On n'a fait que manger et boire toute la journée.

NOTEZ BIEN

Le passif est bien plus **fréquent** en allemand qu'en français. Il a donc différents équivalents.

Diese Brücke **wurde** von den Römern **gebaut.** [le passif]
Ce pont a été construit par les Romains.

Unsere Stadt **wird** von vielen Deutschen **besichtigt.** [l'actif]
Beaucoup d'Allemands visitent notre ville.

Letztes Jahr **wurde** ihm eine führende Stelle in Afrika **angeboten.** [le pronom personnel « on »]
L'an dernier, on lui a proposé un poste important en Afrique.

PASSIF ÉTAT : *SEIN* + PARTICIPE PASSÉ

« *Sein* + participe passé » exprime le **résultat d'une action** tandis que le passif en *werden* exprime l'action dans son déroulement.

- Die Brücke **wird** gebaut. ➔ Die Brücke **ist** gebaut.
  Le pont est en construction. ➔ Le pont est construit.

« *Sein* + participe passé » peut néanmoins avoir un **complément d'agent.**

- Sie war **von seiner Geste** gerührt.
  Elle fut très touchée par son geste.

NOTEZ BIEN

« *Sein* + participe passé » peut aussi correspondre au **parfait** des verbes intransitifs de déplacement ou de transformation.

Der Zug fährt ab. ➔ Der Zug **ist abgefahren**.
Le train démarre. ➔ Le train est parti.

Das Kind schläft ein. – Das Kind **ist eingeschlafen**.
L'enfant s'endort. – L'enfant s'est endormi.

▸ *SEIN* PP. 13-14

EXERCICE

Conjuguez les verbes à la 3e personne du présent, du prétérit, puis du parfait de l'indicatif passif.

1 *verkaufen* (vendre) : ..., ..., ...
2 *umleiten* (dévier) : ..., ..., ...
3 *betrügen* (tromper) : ..., ..., ...

RÉPONSES

1 *wird/wurde verkauft, ist verkauft worden*
2 *wird/wurde umgeleitet, ist umgeleitet worden*
3 *wird/wurde betrogen, ist betrogen worden*

TRADUCTION EXPRESS

1 La femme du dissident chinois a été arrêtée (*verhaften*) hier.
2 La maison a été détruite (*zerstören*) par une bombe.
3 D'après les statistiques, on boit de plus en plus de vin en Allemagne.
4 L'étude (*die Untersuchung*) montre que les femmes sont toujours moins bien payées que les hommes.

RÉPONSES

1 *Die Frau des chinesischen Dissidenten ist gestern verhaftet worden.*
2 *Das Haus ist durch eine Bombe zerstört worden.*
3 *Laut Statistik wird in Deutschland immer mehr Wein getrunken.*
4 *Die Untersuchung zeigt, dass Frauen immer noch schlechter bezahlt werden als Männer.*

13 Les constructions actives à sens passif

Il existe en allemand des constructions grammaticalement actives dont le sujet désigne la personne ou la chose qui subit l'action et non celle qui l'accomplit. Le français n'a pas toujours de constructions équivalentes ou les utilise moins.

BEKOMMEN + PARTICIPE PASSÉ

La construction « *bekommen* + participe passé » ne s'emploie qu'avec des verbes qui expriment ou impliquent l'idée de **donner**. Elle est très fréquente.

- Wir kaufen viel Tiefkühlkost und **bekommen** sie ins Haus **geliefert**.
  Nous achetons beaucoup de surgelés, on nous les livre à la maison.
- Herta Müller **bekam** den Nobelpreis für Literatur **verliehen**.
  Herta Müller a reçu le prix Nobel de littérature.

Le sujet de *bekommen* correspond au **complément au datif** dans le passif en *werden* correspondant.

- **Er** bekam einen Motorroller geschenkt.
  [***Ihm** wurde ein Motorroller geschenkt.*]
  On lui a offert un scooter.

La construction peut recevoir un **complément d'agent** introduit par *von*.

- Er bekam den Motorroller **von seinem Onkel** geschenkt.
  C'est de son oncle qu'il a reçu le scooter en cadeau.

NOTEZ BIEN
La construction existe aussi avec le synonyme familier et très courant ***kriegen***.
Wir **kriegen** zu viel Werbung ins Haus **geschickt**.
Nous recevons trop de publicités par la poste.

CONSTRUCTIONS RÉFLÉCHIES

Le passif peut aussi être exprimé par des **constructions réfléchies**.

Verbe réfléchi + adjectif

- Das Buch **verkauft sich** nicht sehr gut.
  Ce livre ne se vend pas très bien.

Verbe réfléchi avec *es* + adjectif

- In diesem Bett **schläft** es **sich** gut.
  On dort bien dans ce lit.
- In Berlin **lebt** es **sich** viel angenehmer als in Paris.
  La vie est bien plus agréable à Berlin qu'à Paris.

Sich lassen + (adjectif +) infinitif

Cette construction exprime la **possibilité.**

- Die Tür lässt sich nicht öffnen. [*Die Tür kann nicht geöffnet werden.*]
  On n'arrive pas à ouvrir la porte.
- Das lässt sich nicht vermeiden. [*Das kann nicht vermieden werden.*]
  On ne peut pas l'éviter.

SEIN... ZU + INFINITIF

«*Sein... zu* + infinitif» exprime la **possibilité** (surtout avec la négation) ou l'**obligation.**

▸ LES VERBES MODAUX PP. 33 ET 35

- Sein Verhalten **ist** nicht **zu erklären.** [*Sein Verhalten **kann** nicht erklärt werden.*]
  Son comportement est inexplicable.
- Diese Rechnung **ist** noch **zu bezahlen.** [*Diese Rechnung **muss** noch bezahlt werden.*]
  Il y a encore cette facture à payer.

Le sujet correspond au **complément à l'accusatif** de l'actif.

- Bei dem Nebel ist **der Turm** nicht zu sehen. [*Man kann **den Turm** nicht sehen.*]
  Avec ce brouillard, on ne peut pas voir la tour.

NOTEZ BIEN

Hors contexte, les deux sens, possibilité et obligation, sont parfois possibles.

Was **ist** noch **zu tun**? [*Was **kann/muss** noch getan werden?*]
Qu'y a-t-il encore à faire ?

TRADUCTION EXPRESS

1 J'achète sur Internet et on me livre la marchandise (*die Ware*) à la maison.
2 On est vraiment bien assis dans ce fauteuil.
3 La facture (*die Rechnung*) est à payer sous quinzaine.
4 Le problème ne peut pas être résolu en un tour de main (*im Handumdrehen lösen*).

RÉPONSES

1 *Ich kaufe im Internet ein und bekomme die Ware ins Haus geliefert.*
2 *In diesem Sessel sitzt es sich wirklich gut.*
3 *Die Rechnung ist innerhalb von zwei Wochen zu bezahlen.*
4 *Das Problem lässt sich nicht im Handumdrehen lösen.*

14 La formation des verbes

À côté des verbes simples, il existe en allemand un grand nombre de verbes complexes.

Les verbes complexes sont le plus souvent construits en ajoutant un **préverbe séparable** ou **inséparable** à :
– un verbe simple : *machen* (faire) → *auf/machen* (ouvrir) ;
– un nom : *das Bild* (l'image) → *bebildern* (illustrer) ;
– un adjectif : *arm* (pauvre) → *verarmen* (s'appauvrir).

VERBES À PRÉVERBES INSÉPARABLES

Les préverbes inséparables ne sont **jamais** accentués. L'accent de mot se trouve sur la première syllabe du radical. Les préverbes inséparables sont au nombre de huit : *be-*, *emp-*, *ent-*, *er-*, *ge-*, *miss-*, *ver-*, *zer-*.

EXEMPLES DE PRÉVERBES INSÉPARABLES

be-	bekämpfen (combattre) ; befreien (libérer) ; beschimpfen (injurier) ; beantworten (répondre à) [produit de nombreux verbes, tous suivis de l'accusatif]
emp-	empfangen (accueillir, recevoir) ; empfinden (éprouver, ressentir) ; empfehlen (recommander) [seuls verbes en *-emp*]
ent-	entführen (kidnapper) ; sich entkleiden (se déshabiller) ; entlassen (licencier)
er-	erschießen (abattre) ; ersticken (étouffer) ; erbleichen (pâlir) ; erröten (rougir)
ge-	gefallen (plaire) ; gehorchen (obéir) ; gehören (appartenir) [seuls verbes courants]
ver-	verarmen (s'appauvrir) ; verändern (transformer) ; vergrößern (agrandir) ; sich verfahren (se tromper de route) ; sich verirren (se perdre)
zer-	zerstören (détruire) ; zerschlagen (casser) ; zerreißen (déchirer)

VERBES À PRÉVERBES SÉPARABLES

Les préverbes séparables sont le plus souvent des **prépositions**, mais on trouve aussi parmi eux les adverbes **directionnels** (*hin-* et *her-*), des **adjectifs** (*fest-*, *fern-*, *frei-*...) ou des **combinaisons** de prépositions (*voran-*, *vorbei-*...).

Quand le verbe conjugué est en 1re ou 2e position dans la phrase, les préverbes séparables sont **à la fin**. Au participe passé, le préfixe ***ge-*** vient se placer entre le préverbe et le radical.

- Das Auto **bog** nach links **ab**. Das Auto ist nach links **ab**ge**bogen**.
  [*abbiegen*]
  La voiture tourna à gauche. La voiture a tourné à gauche.

EXEMPLES DE PRÉVERBES SÉPARABLES

ab-	détachement, départ, descente ou négation abreißen (arracher); abtrennen (détacher, séparer); das Radio abstellen (éteindre la radio); abfahren (démarrer, commencer à rouler); vom Rad absteigen (descendre de vélo); eine Einladung ablehnen (décliner une invitation)
an-	commencement ou contact ansehen (regarder); ansprechen (adresser la parole à); anfassen (saisir); angreifen (attaquer)
auf-	mouvement vers le haut ou venant d'en haut, ouverture, soudaineté aufstehen (se lever); aufblicken (lever les yeux); die Brille aufsetzen (mettre ses lunettes); aufreißen (ouvrir en déchirant); auffahren (sursauter); aufschreien (pousser un cri)
aus-	sortie ou achèvement ausbeuten (exploiter); ausgehen (sortir le soir); ausdrucken (imprimer); austrinken (vider son verre); Techniker ausbilden (former des techniciens); einen Fragebogen ausfüllen (remplir un questionnaire)
bei-	assistance ou idée de joindre jdm das Schwimmen beibringen (apprendre à qqn à nager); jdm beistehen (assister qqn); einem Brief ein Bild beifügen (joindre une photo à une lettre)
ein-	entrée, début ou cessation d'activité sich einarbeiten (s'initier à un nouveau travail); einstellen embaucher); das Radio einstellen (allumer la radio); die Produktion einstellen (cesser la production)
fern-	éloignement fernsehen (regarder la télé); eine Maschine fernsteuern (télécommander une machine)
fest-	fixation, au propre comme au figuré festbinden (attacher); festhalten (tenir); festnageln (clouer); feststellen (constater)
frei-	idée de liberté et, par extension, idée d'absence d'obstacle freihaben (avoir congé); einen Gefangenen freilassen (libérer un prisonnier); Den Durchgang bitte freihalten. (Ne pas obstruer le passage, s'il vous plaît)
her- *hin-*	rapprochement, éloignement par rapport au locuteur herschauen (regarder par ici) hinschauen (regarder là-bas)

herab-, herauf-, heraus-...	rapprochement + relation exprimée par la préposition associée die Kosten herabsetzen (diminuer les coûts) die Treppe heraufkommen (monter l'escalier vers le locuteur) ; etw. aus der Tasche herausziehen (sortir qqch. de sa poche)
hinauf-, hinaus-...	éloignement + relation exprimée par la préposition associée die Treppe hinaufgehen (monter l'escalier en s'éloignant du locuteur) ; aus dem Fenster hinausblicken (regarder par la fenêtre) ; in den Keller hinuntergehen (descendre à la cave)
mit-	mitfahren (accompagner en voiture) ; mitkommen (accompagner) ; mitmachen (participer)
nach-	(D) nachfahren (suivre en voiture) ; (D) nachblicken (suivre des yeux) ; (A) nachprüfen (vérifier)
vor-	vorbestellen (réserver) ; vorstellen (présenter) ; sich auf etw. (A) vorbereiten (se préparer à qqch.)
voran-	vorangehen (marcher devant) ; vorankommen (avancer, progresser) ; voranbringen (faire avancer)
voraus-	vorausgehen (précéder) ; voraussagen (prédire)
vorbei-	vorbeifahren, vorbeigehen (passer devant en voiture, à pied) ; bei jdm vorbeikommen (passer voir qqn)
wieder-	wiederfinden (retrouver) ; wiedersehen (revoir)
zu-	zumachen (fermer) ; den Hahn zudrehen (fermer le robinet) ; auf jdn, etw. zugehen (aller vers qqn, qqch.) ; jdm bei der Arbeit zusehen (regarder qqn travailler)
zurück-	zurücktreten (faire un pas en arrière, démissionner) ; an etw. zurückdenken (repenser à qqch. dans le passé)

VERBES À PRÉVERBES « MIXTES »

Les préverbes « mixtes » sont tantôt **séparables** et **accentués** tantôt **inséparables** et **non accentués.** Cette différence va de pair avec des nuances de sens plus ou moins importantes.

°umfahren	um°fahren
renverser qqn [en voiture]	contourner

- Er hat einen Fußgänger °**umgefahren**.
  Il a renversé un piéton.
- Eine Schnellstraße **um°fährt** die Stadt.
  Une voie rapide contourne la ville.

EXEMPLES DE PRÉVERBES « MIXTES »

durch-	°durchregnen (pleuvoir à travers) ; seine Meinung °durchsetzen (imposer son point de vue) ; eine Gegend durch°wandern (parcourir une région à pied en long et en large)
über-	°überlaufen (déborder) ; eine Katze über°fahren (écraser un chat) ; über°holen (dépasser, doubler) ; über°treiben (exagérer) ; eine Verantwortung über°nehmen (assumer une responsabilité) ; über°schätzen (surestimer) ; über°setzen (traduire)
um-	°umbauen (transformer un bâtiment) ; °umfallen (tomber à la renverse) ; um°fahren (contourner) ; ein Gesetz um°gehen (contourner une loi)
unter-	°untergehen (sombrer, se coucher [soleil]) ; unter°stützen (soutenir, aider) ; das Volk unter°drücken (opprimer le peuple) ; unter°schätzen (sous-estimer)
wider-	°widerspiegeln (refléter) ; wider°stehen (résister) ; wider°sprechen (contredire) ; wider°legen (réfuter)

EXERCICE

Traduisez en utilisant un verbe dérivé de celui qui est donné entre parenthèses.

1 Je me suis trompé dans mon estimation. (*schätzen*)
2 Il m'a souri. (*lächeln*)
3 L'appareil est télécommandé. (*steuern*)
4 La circulation a été déviée. (*leiten*)
5 Il faut que je note ça. (*schreiben*)
6 Papa, tu peux me gonfler le ballon ? (*blasen*)
7 Nous sommes descendus dans un petit hôtel. (*steigen*)

RÉPONSES

1 *Ich habe mich verschätzt.*
2 *Er hat mich angelächelt.*
3 *Das Gerät wird ferngesteuert.*
4 *Der Verkehr wurde umgeleitet.*
5 *Das muss ich mir aufschreiben.*
6 *Papi, kannst du mir den Luftballon aufblasen?*
7 *Wir sind in einem kleinen Hotel abgestiegen.*

15 Les compléments du verbe

Outre le sujet et le verbe, la phrase comporte généralement des compléments plus ou moins étroitement liés au verbe.

PRINCIPE

- Le verbe est le plus souvent employé avec des compléments. Ces compléments sont soit « programmés » par le verbe dont ils complètent le sens, soit « libres » et servent alors généralement à situer l'action dans l'espace ou le temps.
  - **Zum Geburtstag** hat mein Onkel mir **einen Laptop** geschenkt.
    [situe dans l'espace ou le temps] [complète le sens de *geschenkt*]
    Pour mon anniversaire, mon oncle m'a offert un ordinateur portable.
- Selon leur sens, les verbes « programment » un ou deux compléments, rarement trois. On dit que ces compléments sont « régis » par le verbe, car celui-ci leur impose un cas (accusatif, datif, rarement génitif) et/ou une préposition.

EXEMPLES DE COMPLÉMENTS DU VERBE

Verbes + accusatif

- Ich habe **den Zug** verpasst.
  J'ai raté mon train.
- Zum Lesen brauche ich **eine Brille**.
  Pour lire, j'ai besoin de lunettes.
- Hier gab es vor dem Sturm **einen schönen Wald**.
  Ici, avant la tempête, il y avait une belle forêt.

Verbes + datif

- Ich bin **ihm** gestern in der Stadt begegnet.
  Je l'ai rencontré en ville hier.
- Ich danke **Ihnen** sehr herzlich.
  Je vous remercie vivement.
- Sie gleicht mehr **ihrem Vater** als ihrer Mutter.
  Elle ressemble plus à son père qu'à sa mère.
- Hier muss ich **dir** widersprechen.
  Sur ce point, je ne peux que te contredire.

Verbes + accusatif et datif

- Mein Onkel hat **mir ein Fahrrad** geschenkt.
  Mon oncle m'a offert un vélo.
- Er hat **mir ein schlimmes Geheimnis** anvertraut.
  Il m'a confié un terrible secret.
- Die Lehrerin hat **ihm das Handy** weggenommen.
  La professeur lui a pris son portable.

Verbes réfléchis

- Er hat **sich** sehr herzlich bei ihnen bedankt.
  Il les a remerciés très chaleureusement.
- Das muss ich **mir** noch überlegen.
  Il faut que j'y réfléchisse.

Verbes + génitif (rares)

- Das bedarf **einer Erklärung**, meinst du nicht?
  Ça nécessite une explication, tu ne crois pas ?
- Er wurde **des Diebstahls** beschuldigt.
  Il a été accusé de vol.

Verbes + préposition (avec souvent un complément accusatif)

- Woran denkst du? – **An dich.**
  À quoi tu penses ? – À toi.
- Ich kann mich **an diese Hitze** nicht gewöhnen.
  Je n'arrive pas à m'habituer à cette chaleur.
- Ich möchte auch **am Fest** teilnehmen.
  Moi aussi, je voudrais participer à la fête.
- Habt ihr euch gut **auf die Prüfung** vorbereitet?
  Vous vous êtes bien préparés à l'examen ?
- Ich warte schon lange **auf Post** von ihm.
  Cela fait longtemps que j'attends une lettre de lui.
- Es handelt sich **um einen Liebesroman**.
  Il s'agit d'un roman d'amour.
- Er kümmert sich kaum **um den Haushalt**.
  Il ne s'occupe guère du ménage.
- Dank dem GPS braucht man nicht mehr **nach seinem Weg** zu fragen.
  Grâce au GPS, on n'a plus besoin de demander son chemin.
- Ältere Leute wissen oft nicht, wie man **mit Computern** umgeht.
  Les personnes âgées ne savent souvent pas se servir d'un ordinateur.

TRADUCTION EXPRESS

1 Ce soir, on va regarder le film à la télé (*sich etw. ansehen*).
2 Elle est si charmante qu'on ne peut pas lui résister (*jdm widerstehen*).
3 Il m'a promis (*jdm etw. versprechen*) de faire plus attention la prochaine fois.
4 L'appareil se compose (*aus etw. bestehen*) de plus de cent pièces.
5 Est-il bien conscient (*sich einer Sache bewusst sein*) des risques ?
6 Il a participé (*sich an etw. beteiligen*) activement à la préparation de la fête.

RÉPONSES

1 *Heute Abend sehen wir uns den Film im Fernsehen an.*
2 *Sie ist so charmant, dass man ihr nicht widerstehen kann.*
3 *Er hat mir versprochen, das nächste Mal besser aufzupassen.*
4 *Das Gerät besteht aus mehr als hundert Einzelteilen.*
5 *Ist er sich auch der Risiken bewusst?*
6 *Er hat sich aktiv an der Vorbereitung des Fests beteiligt.*

16 Le genre des noms

▷ Il y a trois genres en allemand : le masculin (*der*), le féminin (*die*) et le neutre (*das*). Comme en français, ils sont le plus souvent arbitraires, mais sont parfois liés au sens du nom ou à sa forme.

LE GENRE SELON LE SEXE

- Les noms de personne ont généralement le genre correspondant au **sexe de la personne désignée.**

der Bruder le frère	die Schwester la sœur
der Zeuge le témoin	die Zeugin la témoin

- Certains noms désignent des personnes **sans référence** à leur sexe.

das Kind l'enfant	die Geisel l'otage [homme ou femme]

- Pour les **animaux**, les noms désignant l'espèce peuvent avoir indifféremment un des trois genres.

der Storch la cigogne	die Maus la souris	das Pferd le cheval

- Les noms du mâle ou de la femelle ont le **genre correspondant**, le nom du petit étant au neutre.

der Stier le taureau	die Kuh la vache	das Kalb le veau

LE GENRE SELON LE SENS

- Sont généralement **masculins**, les noms désignant :

Les jours, les mois et les saisons

der Montag le lundi	der Juni le mois de juin	der Frühling le printemps

Mais : *die Woche* (la semaine), *das Jahr* (l'année)

Les phénomènes atmosphériques

der Wind le vent	der Regen la pluie	der Schnee la neige

Mais : *das Gewitter* (l'orage)

Les marques de voitures

der alte Mercedes la vieille Mercedes	der kleine Renault la petite Renault	der neue VW [faou-vé] la nouvelle Volkswagen

Sont généralement **féminins,** les noms désignant :

Les arbres et les fleurs

die Eiche le chêne	die Linde le tilleul	die Tulpe la tulipe

Mais : *das Veilchen* (la violette)

Les chiffres

die Eins le un	die Fünf le cinq	die Null le zéro

Les cours d'eau

die Donau le Danube	die Elbe l'Elbe	die Rhône le Rhône

Mais : *der Rhein* (le Rhin), *der Main* (le Main)

Sont **neutres,** les noms désignant :

Les lettres de l'alphabet

ein großes A zeichnen
dessiner un grand A

Des quantités et unités de mesure

das Dutzend la douzaine	das Kilo le kilo	das Liter le litre

Mais : *der Zentner* (le demi-quintal), *die Tonne* (la tonne)

Les matières et les couleurs

das Holz le bois	das Eisen le fer	das Gold l'or
das Blau le bleu	das Rot le rouge	das Gelb le jaune

Mais : *der Stahl* (l'acier)

Les villes et les pays

- Heidelberg ist eine schöne Stadt. → das schöne Heidelberg
  Heidelberg est une belle ville. → la belle ville de Heidelberg

NOTEZ BIEN

Les noms de villes et de pays ne prennent l'article que s'ils sont accompagnés d'un complément.

Deutschland ist wieder vereinigt. → das wiedervereinigte Deutschland
L'Allemagne est réunifiée. → l'Allemagne réunifiée

Quelques noms de régions ou pays ont toujours l'article : *das Elsass* (l'Alsace).
Certains d'entre eux ont en outre un autre genre.

der Iran l'Iran	die Schweiz la Suisse	die Niederlande les Pays-Bas

- Certains noms ont des genres **différents selon leur sens.**

der Band le volume [livre]	das Band le ruban	die Band [mot anglais] l'orchestre de jazz
der See le lac	die See la mer	
der Gehalt le contenu	das Gehalt le salaire	

- Certains noms d'origine étrangère ont **deux genres** tout en ayant le même sens.

der/das Bonbon — der/das Filter — der/das Joghurt

LE GENRE SELON LA FORME

- Les noms commençant par ***ge-*** sont souvent **neutre.**

das Gebäck les gâteaux	das Gebirge les montagnes	das Gebäude le bâtiment

Mais : *der Gedanke* (la pensée), *die Gefahr* (le danger)

- Sont **masculins** les noms qui se terminent par :

-er, -°ismus, -ling, -or, -us [indépendamment du sens]

der Lehr**er** le professeur	der National**ismus** le nationalisme	der Lehr**ling** l'apprenti
der Dik°tat**or** le dictateur	der Rhythm**us** le rythme	

-°at, -°ant, -°eur, -°ier, -iker, etc. [quand le mot désigne un homme]

der Demo°**krat** le démocrate	der Demon°**strant** le manifestant	der Inge°ni**eur** l'ingénieur
der Offi°**zier** l'officier	der Po°lit**iker** l'homme politique	

- Sont **féminins** les noms qui se terminent par :

-°ei, -°ette, -heit, -keit, -°ion

die Bäcke°**rei** la boulangerie	die Ta°bl**ette** le comprimé	die Frei**heit** la liberté
die Freundlich**keit** l'amabilité	die Nati°**on** la nation	

Mais : *das Stadion* (le stade)

-°ose, -schaft, -°tät, -°tie [prononcer [ti]], *-ung*

die Nar°**kose** l'anesthésie	die Freund**schaft** l'amitié	die Reali°**tät** la réalité
die Bürokra°**tie** la bureaucratie	die Umgeb**ung** l'environnement	

-°ik et *-°ur*

die Kri°**tik** la critique	die Mu°**sik** la musique	die Fi°**gur** la silhouette

Mais : *das Abitur* (le baccalauréat), *das Mosa°ik* (la mosaïque)

- Sont **neutres** les noms terminés par :

-chen, -lein, -ett, -tum, -um

das Häus**chen** — la maisonnette
das Vög**lein** — l'oisillon
das Muse**um** — le musée

Seules exceptions : *der Irrtum* (l'erreur), *der Reichtum* (la richesse)

-°at, -ma

das Pla°**kat** — l'affiche
das °The**ma** — le sujet, le thème

Exceptions : *der Auto°mat* (le distributeur automatique), *der Appa°rat* (l'appareil), *die Firma* (la firme)

- Les noms terminés par *-teil* sont **masculins** ou **neutres**, selon le cas.

der Vorteil — l'avantage
der Nachteil — l'inconvénient
das Gegenteil — le contraire
das Urteil — le jugement

- Les noms directement issus de verbes sont généralement **masculins**.

kaufen → **der** Kauf — acheter → l'achat
rufen → **der** Ruf — appeler → l'appel

Mais : *verbieten* → *das Verbot* (l'interdiction), *arbeiten* → *die Arbeit* (le travail)

- Les infinitifs substantivés sont toujours **neutres**.

• **Das** Fahren hat mir schon immer Spaß gemacht.
J'ai toujours aimé conduire.

EXERCICE

Complétez avec l'article qui convient.

1 … *Eigenschaft* (la qualité)
2 … *Konditorei* (le salon de thé)
3 … *Fräulein* (la demoiselle)
4 … *Schlaf* (le sommeil)
5 … *Hagel* (la grêle)
6 … *Wasserleitung* (la conduite d'eau)
7 … *Abc* (l'alphabet)
8 … *Tanne* (le sapin)
9 … *Pfund* (la livre)
10 … *Sensor* (le détecteur)

RÉPONSES

1 *die Eigenschaft* **2** *die Konditorei* **3** *das Fräulein* **4** *der Schlaf* **5** *der Hagel* **6** *die Wasserleitung* **7** *das Abc* **8** *die Tanne* **9** *das Pfund* **10** *der Sensor*

17 Le pluriel des noms

Il y a plusieurs marques de pluriel en allemand et l'une d'elles, l'inflexion de la voyelle accentuée (*a* → *ä*, *o* → *ö*, *u* → *ü*), peut se combiner aux autres. Certains noms ont des pluriels particuliers, soit en raison de leur forme au singulier, soit en raison de leur sens (noms de matière, collectifs).

MARQUES DE PLURIEL ET GENRES

Il existe **neuf marques de pluriel**. Pour leur répartition selon les genres, il n'y a pas de règle absolue mais des tendances assez nettes.

-n ou *-en*

De règle pour les **masculins faibles**

der Bär (l'ours) → die Bär**en**
der Junge (le garçon) → die Junge**n**

Très fréquentes pour les **féminins**

die Gabel (la fourchette) → die Gabel**n**
die Straße (la rue, la route) → die Straß**en**
die Frau (la femme) → die Frau**en**

-e ou *"-e*

Très fréquentes pour les **masculins**

der Tisch (la table) → die Tisch**e**
der Stuhl (la chaise) → die St**ü**hl**e**

-e très fréquent pour les **neutres**

das Jahr (l'année) → die Jahr**e**
das Bein (la jambe) → die Bein**e**

-er ou *"-er*

Fréquent pour les **neutres**

das Kind (l'enfant) → die Kind**er**
das Haus (la maison) → die H**ä**us**er**

« zéro » ou « " + zéro »

Fréquent pour les **masculins**

der Wagen (la voiture) → die Wagen
der Laden (le magasin) → die L**ä**den

Exclu pour les **féminins** sauf :

die Mutter (la mère) → die M**ü**tter
die Tochter (la fille) → die T**ö**chter

Cas particulier : *-s*

Très fréquents pour les mots d'**origine française ou anglaise** (quel que soit le genre)

der Park → die Park**s**

die Bar → die Bar**s**

das Auto → die Auto**s**

De règle pour les abréviations prononcées lettre par lettre ou comme des mots

der Pkw → die Pkw**s** [*pé-ka-°vé-ss*]
le véhicule léger (VL)

die AG → die AG**s** [*a-gué-ss*]
l'AG (assemblée générale)

Possible pour certains mots dans la langue familière, notamment terminés par *-i*

der Pulli (le pull) → die Pulli**s**

der Ossi (l'Allemand originaire de l'ex-RDA) → die Ossi**s**

NOTEZ BIEN

Certains mots ont un pluriel familier en ***-s***, souvent employé dans la langue courante à la place de leur pluriel correct en ***-e*** ou ***-en***.

der Kerl (le mec) → die Kerl**s**

der Junge (le gars) → die Jung**s**

MARQUES DE PLURIEL ET SENS

Quelques homonymes **de même genre** ont **deux** pluriels.

die Bank → die Bank**en** (les banques) → die B**ä**nk**e** (les bancs)

Quelques homonymes ont **des genres et des pluriels différents.**

der Leiter (le dirigeant) → die Leiter

die Leiter (l'échelle) → die Leiter**n**

das Steuer (le volant) → die Steuer

die Steuer (l'impôt) → die Steuer**n**

PLURIELS PARTICULIERS

Certains mots **d'origine gréco-latine** ont des pluriels particuliers.

Mots terminés par *-a* : pluriels en *-as* ou *-en* (fréquent)

das Klima (le climat) → die Klim**as**

die Firma (la firme) → die Firm**en**

Mots terminés par *-um* ou *-ium* : pluriels en *-a* ou *-en* (fréquent)

das Praktikum (le stage) → die Praktik**a**

das Gymnasium (le lycée) → die Gymnasi**en**

Mots terminés par *-us* : pluriels en *-en* ou *-se*

der Virus (le virus) → die Vir**en**

der Bus (le bus) → die Bus**se**

Pluriels divers

das Konto (le compte en banque) → die Kont**en**

das Stadion (le stade) → die Stadi**en**

- Quelques mots ont un pluriel particulier.

der Bau (le bâtiment) → die Bau**ten**

der Saal (la salle) → die Säle

- Certaines formes de pluriel expriment des **variétés.**

der Käse (le fromage) → die Käsesorten (les sortes de fromage)

das Spielzeug (le jouet) → die Spielsachen (les jouets)

EMPLOIS DU PLURIEL

- Les **noms de famille** prennent un *-s* pour désigner la famille toute entière.

• Wir haben Müller**s** zum Abendessen eingeladen.
Nous avons invité les Müller à dîner.

- Quelques noms n'existent **qu'au pluriel**.

die Eltern
les parents

die Möbel
les meubles
[le meuble : *das Möbelstück*]

- Les masculins et neutres employés comme **unité de mesure** restent au **singulier,** sauf si la mesure concerne le temps.

zwei Glas Wein
deux verres de vin

zehn Blatt Papier
dix feuilles de papier

zwei Pfund Äpfel
un kilo de pommes

Mais : *zehn Tag**e** Ferien* (dix jours de vacances)

NOTEZ BIEN

Le commercial se dit *der Kaufmann* quand il s'agit d'un **homme,** *die Kauffrau* quand il s'agit d'une **femme.**
Au pluriel, on dit sans distinction *die Kauf**leute**.*

EXERCICE

Mettez les noms suivants au pluriel.

1 *die Wolke* (le nuage) : *die ...*
2 *der Faden* (le fil) : *die ...*
3 *das Fest* (la fête) : *die ...*
4 *der Fluss* (le cours d'eau) : *die ...*
5 *das Tuch* (la serviette) : *die ...*
6 *die Gebühr* (la taxe) : *die ...*
7 *das Dach* (le toit) : *die ...*
8 *der Lkw* (le poids-lourd) : *die ...*
9 *der Arm* (le bras) : *die ...*
10 *der Angler* (le pêcheur) : *die ...*

RÉPONSES

1 *die Wolken* **2** *die Fäden* **3** *die Feste* **4** *die Flüsse* **5** *die Tücher*
6 *die Gebühren* **7** *die Dächer* **8** *die Lkws* **9** *die Arme* **10** *die Angler*

18 Les articles défini et indéfini

▷ **L'article varie selon le genre, le nombre et le cas du nom qu'il détermine. L'emploi des articles défini et indéfini correspond en général à celui du français, mais il y a quelques divergences notables.**

FORMES DE L'ARTICLE

L'article défini : *der, die, das/die*

	MASCULIN	FÉMININ	NEUTRE	PLURIEL
N	**der** Mann	**die** Frau	**das** Kind	**die** Kinder
A	**den** Mann	**die** Frau	**das** Kind	**die** Kinder
D	**dem** Mann	**der** Frau	**dem** Kind	**den** Kinder**n**
G	**des** Mann**(e)s**	**der** Frau	**des** Kind**(e)s**	**der** Kinder

L'article indéfini : *ein-*

	MASCULIN	FÉMININ	NEUTRE	PLURIEL
N	**ein** Mann	**eine** Frau	**ein** Kind	**keine** Kinder
A	**einen** Mann	**eine** Frau	**ein** Kind	**keine** Kinder
D	**einem** Mann	**einer** Frau	**einem** Kind	**keinen** Kinder**n**
G	**eines** Mann**(e)s**	**einer** Frau	**eines** Kind**(e)s**	**keiner** Kinder

NOTEZ BIEN

Ein n'a pas de pluriel. En revanche, sa négation *kein* (pas de) en a un : *keine*.

ein Fisch → Fische
un poisson → des poissons

kein Fisch → keine Fische
pas de poisson → pas de poissons

CONTRACTION DE L'ARTICLE ET DE LA PRÉPOSITION

La contraction de l'article et de la préposition est **systématique** :

Au datif masculin et neutre avec les prépositions *an*, *bei*, *in*, *von*, *zu*

- Den ganzen Tag sitzt er **am** Computer.
  Il passe ses journées devant l'ordinateur.
- Sie ist **beim** Arzt.
  Elle est chez le médecin.

Au datif féminin seulement avec *zu*

- Ich wollte nicht mehr **zur** Miete wohnen, so habe ich mir ein Haus gekauft.
  Je ne voulais plus habiter en location, du coup j'ai acheté une maison.

Elle est **fréquente** :

À l'accusatif neutre dans les compléments en *an*, *auf* et *in*

- Nächste Woche fahren wir **ans** Meer.
  La semaine prochaine, nous allons à la mer.
- Wir gehen heute Abend **ins** Kino.
  Nous allons au cinéma ce soir.

Au datif masculin et neutre dans la langue familière

- Wer ist denn das **aufm** Bild?
  C'est qui là sur la photo ?

Elle est obligatoire dans les **locutions figées.**

- Seine wirkliche Rolle in dieser Affäre ist nie **ans** Licht gekommen.
  Son véritable rôle dans cette affaire n'a jamais été mis en lumière.
- Die Bergwanderung ist buchstäblich **ins** Wasser gefallen.
  La randonnée en montagne est littéralement tombée à l'eau.

EMPLOI DE L'ARTICLE : RÈGLE GÉNÉRALE

L'article **défini** s'emploie comme en français :

Pour désigner une réalité connue ou déjà évoquée dans le contexte

- An der Bushaltestelle stand ein Mann. **Der** Mann trug einen grauen Regenmantel.
  À l'arrêt de bus se tenait un homme. L'homme portait un imperméable gris.

Pour désigner une réalité identifiable dans la situation

- Führst du **den** Hund aus?
  Tu sors le chien ?

Pour désigner une réalité dans sa généralité

- **Der** Wal ist ein Säugetier.
  La baleine est un mammifère.

L'article **indéfini** s'emploie comme en français :

Pour désigner un exemplaire quelconque

- Wir haben **einen** Hund, **eine** Katze und zwei Meerschweinchen.
  Nous avons un chien, un chat et deux cochons d'Inde.

Pour exprimer l'appartenance à une catégorie

- Der Pinguin ist **ein** Vogel, der nicht fliegen kann.
  Le pingouin est un oiseau qui ne peut pas voler.

Pour désigner le genre à travers l'exemplaire unique

- **Ein** Rad wie dieses möchte ich auch haben!
  J'aimerais bien avoir un vélo comme ça !

EMPLOI DE L'ARTICLE : CAS PARTICULIERS

L'article défini est **obligatoire** devant les noms propres accompagnés d'un complément.

- **das** Europa des 18. Jahrhunderts
  l'Europe du XVIIIe siècle

L'article défini est **familier** mais non populaire devant les noms de personne.

- **Der** Paul hat angerufen, es geht ihm viel besser.
  Paul a appelé, il va beaucoup mieux.

L'article défini est **obligatoire** pour faire apparaître le cas d'un complément du nom.

- Er wurde von einem Gefühl **der** Angst ergriffen.
  Il fut saisi d'un sentiment de peur.

L'article défini s'emploie dans de **nombreuses expressions figées.**

- Man merkte, dass er nahe daran war, **die** Geduld zu verlieren.
  On remarquait qu'il était tout près de perdre patience.
- Eltern tragen **die** Verantwortung für ihre Kinder.
  Les parents sont responsables de leurs enfants.

L'article indéfini dans l'exclamation peut exprimer **l'intensité.**

- Habe °ich **einen** Hunger!
  J'ai une de ces faims !

TRADUCTION EXPRESS

1 Il faut que j'aille chez le médecin.
2 Un sentiment d'insécurité se répand (*sich ausbreiten*) dans le pays.
3 Voilà Lucas qui arrive !
4 Au dessert, on a eu une banane.
5 Au dernier moment, notre voyage est malheureusement tombé à l'eau.

RÉPONSES

1 *Ich muss zum Arzt.*
2 *Ein Gefühl der Unsicherheit breitet sich im Land aus.*
3 *Da kommt der Lucas!*
4 *Zur Nachspeise bekamen wir eine Banane.*
5 *Im letzten Augenblick ist unsere Reise leider ins Wasser gefallen.*

19 L'article « zéro »

L'absence d'article (l'article « zéro »), rare en français, est assez fréquente en allemand.

ABSENCE D'ARTICLE : RÈGLE GÉNÉRALE

L'article « zéro » exprime une **quantité indéfinie** de quelque chose :

Au singulier, avec des noms désignant des réalités non dénombrables

- Kannst du mir Geld leihen?
  Tu peux me prêter de l'argent?

Au pluriel, avec des noms désignant des réalités dénombrables

- Wir haben Himbeeren und Brombeeren gepflückt.
  Nous avons cueilli des framboises et des mûres.

L'article « zéro » exprime une **réalité** dans sa généralité :

Au singulier, avec des noms désignant des réalités non dénombrables

- Bittere Schokolade soll gut sein für die Gesundheit.
  Le chocolat noir est, paraît-il, bon pour la santé

Au pluriel, avec des noms désignant des réalités dénombrables

- Katzen sind mir lieber als Hunde.
  Je préfère les chats aux chiens.

ABSENCE D'ARTICLE : CAS PARTICULIERS

Dans les constructions avec ***sein*** ou ***werden***

Avec des noms de métiers et de nationalités

- Er ist Anwalt.
  Il est avocat.
- Sind Sie Deutscher?
  Vous êtes Allemand?

Avec des noms de jours ou de saisons

- Es ist Dienstag.
  On est mardi.
- Es wird bald Frühling.
  C'est bientôt le printemps.

Quand le complément du nom au génitif est placé avant le nom

- Peters Fahrrad ist verschwunden.
  Le vélo de Peter a disparu.

Devant certains **noms**

Les noms de langues

- Sie spricht gut Italienisch.
  Elle parle bien l'italien.

Les noms de matières scolaires

- Sie ist gut in Mathe.
  Elle est bonne en maths.

Les noms de villes et de pays

- Sie wohnt in England.
  Elle habite en Angleterre.

Exceptions : ***die*** *Türkei* (la Turquie), ***der*** *Irak* (l'Irak)...

▸ LE GENRE DU NOM P. 57

Dans des **expressions** plus ou moins figées

À valeur temporelle

nächsten Donnerstag
jeudi prochain

letzte Woche
la semaine dernière

Introduites par une préposition

bei Gelegenheit
à l'occasion

zu Mittag essen
déjeuner

Dans les **titres de journaux,** notamment populaires

- Zug gegen Auto: Fahrer unverletzt.
  Une voiture est percutée par un train : le conducteur est indemne.

TRADUCTION EXPRESS

1 Je n'ai bu que de l'eau.
2 L'allemand passe pour (*gelten als*) une langue difficile.
3 La bière fait grossir, le café rend nerveux.
4 Où sont les mûres que j'ai cueillies hier ?
5 Est-ce que je lui offre des fleurs ou des chocolats ?
6 Aujourd'hui, tout le monde (*jeder*) a le téléphone.
7 Tu as les mains toutes froides.

RÉPONSES

1 *Ich habe nur Wasser getrunken.*
2 *Deutsch gilt als schwierige Sprache.*
3 *Bier macht dick und Kaffee macht nervös.*
4 *Wo sind die Brombeeren, die ich gestern gepflückt habe?*
5 *Soll ich ihr Blumen oder Pralinen schenken?*
6 *Heute hat jeder Telefon.*
7 *Du hast ganz kalte Hände.*

20 Les déterminants démonstratifs et possessifs

▷ **Les déterminants démonstratifs et possessifs sont moins employés en allemand qu'en français.**

LES DÉTERMINANTS DÉMONSTRATIFS

Il y a en allemand trois déterminants démonstratifs : ***dies-*** (fréquent), ***jen-*** (peu fréquent), ***derselb-*** (rare).

dieser Wagen cette voiture(-ci)	**dies**e Uhr cette montre(-ci)	**dies**es Bild cette image(-ci)	**dies**e Leute ces personnes(-ci)
jener Wagen cette voiture(-là)	**jen**e Uhr cette montre(-là)	**jen**es Bild cette image(-là)	**jen**e Leute ces personnes(-là)
derselbe Wagen la même voiture	**dieselb**e Uhr la même montre	**dasselb**e Bild la même image	**dieselb**en Leute les mêmes personnes

Dies- et *jen-* se déclinent comme l'article défini.

Derselb- se décline comme « l'article défini + adjectif », mais en un seul mot.

NOTEZ BIEN

Derselb- s'écrit en deux mots si l'article fusionne avec une préposition.

Sie trägt **dasselbe** Kleid wie gestern.
Elle porte la même robe qu'hier.

Sie sitzen **am selben** Tisch.
Ils sont assis à la même table.

▸ LES ARTICLES DÉFINI ET INDÉFINI PP. 64-65
▸ LE GROUPE NOMINAL PP. 81-84

***Dies-* est employé :**

Pour désigner un objet que l'on a devant soi, mais on lui préfère souvent l'article défini.

- Ich möchte **dieses/das** Stück Kuchen.
  Je voudrais ce morceau de gâteau.

Pour reprendre une donnée du contexte.

- Viele Leute meinen, dass man früher gesünder lebte. Teilen Sie **diese** Meinung?
  Beaucoup de gens pensent que l'on vivait plus sainement autrefois. Partagez-vous cette opinion ?

***Jen-* est employé en langue soutenue :**

Pour désigner une réalité éloignée dans le temps ou le contexte.

- Zu **jener** Zeit hatten Kinder wenig zu sagen.
  En ce temps-là, les enfants n'avaient guère le droit à la parole.

Avec une relative qui permet d'identifier la réalité désignée par le nom.

- Erinnern Sie sich an **jene** Worte, **die Kennedy in Berlin sprach**: „Ich bin ein Berliner".
  Rappelez-vous les paroles de Kennedy à Berlin : « Je suis un Berlinois. »

***Derselb-* exprime l'identité d'objet (le même) :**

- Wir sind in **derselben** Stadt geboren.
  Nous sommes nés dans la même ville.

Notez bien

Der gleiche exprime l'**identité d'aspect** (le semblable),
mais dans la langue courante, on ne fait pas toujours la différence.

Wir haben **dasselbe** Auto. [*das gleiche*]
Nous avons la même voiture. [le même modèle et non une voiture en commun]

LES DÉTERMINANTS POSSESSIFS

mein Kugelschreiber : mon stylo à bille	**unser** Garten : notre jardin
dein Handy : ton (téléphone) portable	**euer** Haus : votre maison
sein Wagen : sa voiture [à lui] **ihr** Wagen : sa voiture [à elle]	**ihr** Land : leur pays **Ihr** Land : votre pays [politesse]

Les déterminants possessifs se déclinent comme l'article **indéfini.**

N	mein Wagen
A	meinen Wagen
D	meinem Wagen
G	meines Wagens

▸ Les articles défini et indéfini pp. 64-65

Le choix entre *sein* et *ihr* dépend du **genre du possesseur** et non de celui de l'objet possédé. On emploie *sein* quand le possesseur est masculin, *ihr* quand le possesseur est féminin.

- Wir haben zuerst Max und **seine** Tochter, dann Martha und **ihren** Sohn getroffen.
  Nous avons rencontré d'abord Max et sa fille, puis Martha et son fils.

Pour éviter une ambiguïté, *sein* ou *ihr* peuvent être remplacés par ***dessen*** ou ***deren***.

- Wir haben Peter, Lucas und **dessen** Freundin eingeladen.
  Nous avons invité Peter, Lucas et l'amie de ce dernier.
  [Avec ***seine** Freundin*, on ne saurait pas s'il s'agit de l'amie de Peter ou de celle de Lucas.]

L'emploi du possessif est moins répandu en allemand qu'en français.

- Er hat **den** ganzen Sonntag wieder vor dem Fernseher verbracht.
  Il a passé tout son dimanche de nouveau devant la télé.
- Er steckte das Fernglas in **die** Hülle und ging weiter.
  Il mit les jumelles dans leur étui et continua son chemin.

TRADUCTION EXPRESS

1 Je préfère ce tableau-ci à celui-là. (*gefallen*)
2 La météo (*die Wettervorhersage*) a annoncé (*ankündigen*) de la neige pour cette nuit.
3 Emma est partie en voyage (*verreisen*) avec son mari. Ils nous ont laissé leur chat.
4 Il a laissé (*liegen lassen*) ses lunettes sur la table.
5 Il sortit un billet de 500 euros de sa poche.
6 D'où viennent ces belles fleurs ? – De notre jardin.

RÉPONSES

1 *Mir gefällt dieses Bild besser als jenes.*
2 *Die Wettervorhersage hat für diese Nacht Schnee angekündigt.*
3 *Emma ist mit ihrem Mann verreist. Sie haben uns ihre Katze gelassen.*
4 *Er hat seine Brille auf dem Tisch liegen lassen.*
5 *Er zog einen 500-Euro-Schein aus der Tasche.*
6 *Woher kommen die schönen Blumen? – Aus unserem Garten.*

Zu jener Zeit hatten Kinder wenig zu sagen.

21 Chiffres et dates

▷ **Pour chiffrer et dater, on utilise des nombres cardinaux, presque tous invariables, et des nombres ordinaux, qui fonctionnent et se déclinent comme des adjectifs.**

NOMBRES CARDINAUX ET ORDINAUX

Cardinaux	Ordinaux
0 null	
1 eins	1. ers**t**-
2 zwei	2. zwei**t**-
3 drei	3. drit**t**-
4 vier	4. vier**t**-
5 fünf	5. fünf**t**-
6 sechs	6. sechs**t**-
7 sieben	7. sieb**t**-
8 acht	8. ach**t**-
9 neun	9. neun**t**-
10 zehn	10. zehn**t**-
11 elf	11. elf**t**-
12 zwölf	12. zwölf**t**-
13 dreizehn	13. dreizehn**t**-
16 sechzehn [sans le « s » de *sechs*]	16. sechzehn**t**
17 siebzehn [effacement du *-en* de *sieben*]	17. siebzehn**t**-
20 zwanzig	20. zwanzig**st**-
21 einundzwanzig	21. einunzwanzig**st**-
22 zweiundzwanzig	22. zweiundzwanzig**st**-
30 dreißig [avec *-ßig* et non *-zig*]	30. dreißig**st**-
40 vierzig	40. vierzig**st**-
60 sechzig [sans le « s » de *sechs*]	60. sechzig**st**-
70 siebzig [effacement du *-en* de *sieben*]	70. siebzig**st**-
100 hundert	100. hundert**st**-
101 hunderteins	101. hunderter**st**-
200 zweihundert	200. zweihundert**st**-
1 000 tausend	1 000. tausend**st**-
1 000 000 eine Million	1 000 000. million**st**-
1 000 000 000 eine Milliarde	1 000 000 000. milliard**st**-

Nombres décimaux

1,5 eins Komma fünf (ou : anderthalb)	0,5 % null Komma fünf Prozent

Fractions

1/2	1/3	1/4	2/5e	1/100e
die Hälfte	ein Drit**tel**	ein Vier**tel**	zwei Fünf**tel**	ein Hunderts**tel**

Formation des nombres cardinaux

Les nombres cardinaux s'écrivent en un seul mot jusqu'au million.

Vierhundertfünfzigtausendsechshundertneunzig : 450 690

drei Millionen zweihunderttausendvierhundertzehn : 3 200 410

Les éléments se succèdent dans le même ordre qu'en français sauf pour les dizaines et les unités, qui sont inversées par rapport au français.

elftausendzweihundert**sieben**und**dreißig**
onze mille deux cent trente-sept

dreihundertzehntausendfünfhundert**ein**und**zwanzig**
trois cent dix mille cinq cent vingt-et-un

NOTEZ BIEN

Entre 21 et 99, les unités et les dizaines sont reliées par ***und***.

ein**und**zwanzig vingt-et-un	zwei**und**vierzig quarante-deux	neun**und**neunzig quatre-vingt-dix-neuf

Ce n'est plus le cas après 100.

hundertzwei
cent deux

Genre des chiffres cardinaux

Les chiffres sont féminins.

- **Deine** Zwei sieht aus wie eine Acht.
  Ton deux a l'air d'un huit.

Formation des nombres ordinaux

Jusqu'au dix-neuvième : nombre + *-t*

- Mein Onkel ist der vierte von links auf dem Bild.
  Mon oncle est le quatrième en partant de la gauche, sur la photo.

À partir du vingtième : nombre + ***-st***

- Heute ist Mittwoch, der 20. [*zwanzigste*] Juli.
  Aujourd'hui, nous sommes le mercredi 20 juillet.

NOTEZ BIEN

eins (un) → erst- (premier)   drei (trois) → dritt- (troisième)

Les nombres ordinaux sont des adjectifs et se déclinent.

- Ich will es **ein zweites** Mal versuchen.
  Je vais essayer une deuxième fois.

NOTEZ BIEN

Quand l'ordinal est **en chiffres,** la marque de déclinaison est remplacée par un point ; il faut la restituer à l'oral.

Wir gehen zum 2. [zweiten] Punkt über.
Nous passons au deuxième point.

EMPLOI DES NOMBRES CARDINAUX

Les quatre opérations

Les quatre opérations se font au singulier.

4 + 3 = 7	Vier und drei **macht** sieben.
9 – 3 = 6	Neun weniger drei **macht** sechs.
2 x 8 = 16	Zwei mal acht **macht** sechzehn.
7 : 2 = 3,5	Sieben durch zwei **macht** drei Komma fünf.

L'expression de la moitié

On préfère souvent *halb* et ses composés à *die Hälfte*.

- gegen **halb** neun
  vers huit heures et demie
- eine **halbe** Stunde
  une demi-heure
- in der ersten **Hälfte** des 20. Jahrhunderts
  dans la première moitié du XXe siècle

Pour exprimer « et demi(e) », on emploie la structure « nombre + *einhalb* ».

seit eineinhalb Jahren
depuis un an et demi

in dreieinhalb Stunden
dans trois heures et demie

NOTEZ BIEN

Eineinhalb est le plus souvent remplacé par *anderthalb*.

in **anderthalb** Stunden : dans une heure et demie

Les regroupements d'un nombre donné d'individus

Jusqu'à 12, on utilise le nombre augmenté du suffixe *-t*.

zu zweit (à deux) zu fünft (à cinq) zu zwölft (à douze)

NOTEZ BIEN

Zu dritt (à trois) est irrégulier.

À partir de 13, le suffixe *-t* disparaît.

zu dreizehn
à treize

zu vierzehn
à quatorze

Quand deux personnes ou choses forment un **couple**, on utilise *beide*.

- Sie haben einen Sohn und eine Tochter; **beide** Kinder sind blond.
  Ils ont un fils et une fille; les deux enfants sont blonds.

La douzaine s'exprime par le nom invariable *Dutzend*.

Zwei **Dutzend** Eier
deux douzaines d'œufs

Les numéros de téléphone

On épelle habituellement les chiffres un à un en commençant par l'indicatif.

- 0913 4685
  ➔ Vorwahl: null-neun-eins-drei ; Nummer: vier-sechs-acht-fünf
  0913 4685
  ➔ Indicatif : zéro - neuf cent treize ; numéro : quarante-six/quatre-vingt-cinq

NOTEZ BIEN
Le chiffre « 2 » se prononce souvent *zwo* pour éviter la confusion avec *drei* (3).

Pour les numéros spéciaux, on opère des regroupements.

- 0800 444 777: null-acht-null-null, dreimal die Vier, dreimal die Sieben
  0800 444 777 : zéro - huit cent, trois fois quatre, trois fois sept

Les numéros d'ordre

Quand le numéro d'ordre est placé **après** le nom, ce dernier est sans article.

- Diese Stelle findet sich auf Seite 65. [*fünfundsechzig*]
  Ce passage se trouve à la page 65.

EMPLOI DES NOMBRES ORDINAUX

Les dates

La façon d'indiquer une date varie selon le contexte.

Dans les en-têtes de lettres

- 09.11.11 ou Mittwoch, den 9. [neunten] November 2011
  Le 09.11.11 ou Mercredi 9 novembre 2011

Au fil du texte

- Die Berliner Mauer ist am Donnerstag, den 9. [*neunten*] November 1989, gefallen.
  Le Mur de Berlin est tombé le jeudi 9 novembre 1989.
- Der 3. [*dritte*] Oktober 1990 ist der Tag der Deutschen Einheit.
  Le 3 octobre 1990 est le jour où l'Allemagne a été réunifiée.

Les proportions

Pour exprimer « un sur deux/trois/quatre, etc. », on utilise *jeder/jede/jedes* + le nombre ordinal.

- Jeder zweite/dritte/zehnte Deutsche leidet an einer Allergie.
  Un Allemand sur deux/sur trois/sur dix souffre d'une allergie.
- Jedes fünfte Kind ist zu dick.
  Un enfant sur cinq est trop gros.

Les personnages historiques

Les numéros inclus dans le nom des personnages historiques s'écrivent en chiffres romains ; ils sont suivis d'un point. À l'oral, ils sont précédés d'un article.

- Friedrich II. [*der Zweite*] von Preußen wurde auch Friedrich der Große genannt.
  Frédéric II de Prusse était également appelé Frédéric le Grand.
- Papst Benedikt XVI. [*der Sechzehnte*] ist der erste deutsche Papst.
  Le pape Benoît XVI est le premier pape allemand.

Les siècles et événements historiques

- Die Generation meines Großvaters hat den Ersten und den Zweiten Weltkrieg erlebt.
  La génération de mon grand-père a connu la Première et la Deuxième Guerre mondiale.

NOTEZ BIEN

Les numéros des siècles s'écrivent en chiffres **arabes**.

Die industrielle Revolution fand im 19. [*neunzehnten*] Jahrhundert statt.
La révolution industrielle a eu lieu au XIXe siècle.

Ordinal + cardinal

L'adjectif ordinal précède normalement le nombre cardinal (à l'inverse du français).

- Die ersten drei Strophen dieses Gedichts kenne ich auswendig.
  Je connais par cœur les trois premières strophes de ce poème.

TRADUCTION EXPRESS

1 Trente-trois plus dix-huit égale cinquante et un.
2 Trois fois vingt-sept égale quatre-vingt-un.
3 Quinze divisé par deux égale sept et demi.
4 Nous devons (*verdanken*) le château de Neuschwanstein à Louis II de Bavière.
5 Les deux premiers paragraphes (*der Abschnitt*) doivent être remaniés (*umarbeiten*).

RÉPONSES

1 *Dreiunddreißig und achtzehn macht einundfünfzig.*
2 *Drei mal siebenundzwanzig macht einundachtzig.*
3 *Fünfzehn durch zwei macht sieben Komma fünf.*
4 *Das Schloss Neuschwanstein verdanken wir Ludwig II. (Ludwig dem Zweiten) von Bayern.*
5 *Die ersten beiden Abschnitte müssen umgearbeitet werden.*

22 La quantité non chiffrée

Pour exprimer une quantité non chiffrée, on utilise des quantificateurs, qui ne sont pas des nombres. Ils s'emploient, selon le cas, comme déterminants, pronoms ou adjectifs.

EMPLOI DES QUANTIFICATEURS

- Les quantificateurs servent à exprimer des quantités sans les chiffrer.

mehrere Länder
plusieurs pays

viele Denkmäler
beaucoup de monuments

- La plupart se déclinent et fonctionnent au singulier comme au pluriel.

in **einigen** Jahren
dans quelques années

mit **einigem** Mut
avec un certain courage

- Les quantificateurs peuvent s'employer comme :

Déterminants, à la place de l'article, devant un nom ou groupe nominal

- **Viele** Erwachsene sind von Computerspielen begeistert.
  Beaucoup d'adultes se passionnent pour les jeux informatiques.

Pronoms à la place d'un nom ou d'un groupe nominal

- **Viele** werden sogar davon abhängig.
  Beaucoup en deviennent même dépendants.

Adjectifs (parfois) entre l'article et le nom

- Die **vielen** Fachleute, die wir befragt haben, bestätigen dies.
  Les nombreux experts que nous avons interrogés le confirment.

- Les quantificateurs peuvent être suivis d'un **adjectif** avant le nom. La déclinaison de cet adjectif est variable.

Après *alle*, *beide*, *jeder*, *solche*, *welche*, l'adjectif prend toujours les marques **faibles**.

alle verkauft**en** Bücher
tous les livres vendus

jedes klein**e** Kind
tous les petits enfants

▸ LE GROUPE NOMINAL PP. 81-84

Après les autres quantificateurs, l'adjectif a plutôt les marques fortes au pluriel et les marques faibles au singulier.

MARQUES FORTES	MARQUES FAIBLES
andere klein**e** Kinder d'autres petits enfants	mit einigem gut**en** Willen avec un peu de bonne volonté
einige schön**e** Bilder quelques belles images	unter anderem wertlos**en** Gerümpel au milieu d'un bric-à-brac sans valeur

QUANTIFICATEURS LES PLUS FRÉQUENTS

all-

- **Alle** Zuschauer waren zufrieden. [déterminant]
  Tous les spectateurs étaient contents.
- **Alle** schauten mich komisch an. [pronom]
  Tous me regardaient d'un air bizarre.

ander-

- Das mache ich ein **anderes** Mal. [adjectif]
  Je ferai ça une autre fois.
- Er raucht eine Zigarette nach der **anderen**. [pronom]
  Il fume cigarette sur cigarette.

beide

- Er hat **beide** Augen zugedrückt. [déterminant, toujours plur.]
  Il a fermé les yeux. [fig.]
- **Beide** wohnen in Berlin. [pronom]
  Les deux habitent à Berlin.
- Fühlen Sie sich eher als Deutscher oder eher als Türke? – **Beides**. [pronom]
  Vous vous sentez plutôt Allemand ou plutôt Turc? – Les deux.

einig-

- Er war **einige** Wochen verreist. [déterminant]
  Il était en voyage pour quelques semaines.
- **Einige** standen noch herum. [pronom]
  Quelques-uns étaient encore là.

ein paar (invariable)

- In **ein paar** Tagen ist alles vorbei. [toujours déterminant]
  Dans quelques jours, tout sera terminé.

folgend-

- Sie haben **folgende** Möglichkeiten: … [déterminant]
  Vous avez les possibilités suivantes : …
- In den **folgenden** Monaten hörte man nichts mehr von ihm. [adjectif]
  Les mois suivants, on n'entendit plus parler de lui.

jed- (toujours au singulier)

- Der Zug fährt **jeden** Tag. [déterminant]
  Ce train circule tous les jours.
- Das weiß **jeder**. [pronom]
  Tout le monde sait ça.

manch-

- In **manchen** Ländern ist das erlaubt. [déterminant]
  Dans certains pays, c'est autorisé.
- Viele Leute wurden verletzt, **manche** lebensgefährlich. [pronom]
  Beaucoup de gens ont été blessés, certains sont entre la vie et la mort.
- **Manche**, die sich dazu äußern, haben überhaupt keine Ahnung davon.
  Certains de ceux qui s'expriment sur ce sujet n'en ont pas la moindre idée.

mehrere (toujours pluriel)

- Er schenkte der Bibliothek **mehrere** hundert Bücher. [déterminant]
  Il a offert à la bibliothèque plusieurs centaines de livres.
- Das haben mir **mehrere** von ihnen gesagt. [pronom]
  Plusieurs d'entre eux me l'ont dit.

solch-

- In **solchen** Situationen muss man Geduld üben. [déterminant]
  Dans de telles situations, il faut faire preuve de patience.
- Ist die Wissenschaft als **solche** apolitisch? [pronom]
  La science en tant que telle est-elle apolitique ?

NOTEZ BIEN
Solch reste invariable quand il est suivi de *ein* (qui, lui, se décline).
Bei **solch** einem Wetter bleibt man lieber zu Hause.
Par un temps pareil, il vaut mieux rester à la maison.

viel-

- **Vielen** Dank! [déterminant décliné]
  Merci beaucoup.
- Das kostet **viel** Zeit. [déterminant, souvent invariable au sing.]
  Ça demande beaucoup de temps.
- **Viele** Menschen hatten sich vor dem Rathaus versammelt. [déterminant au plur.]
  Beaucoup de gens s'étaient rassemblés devant la mairie.
- In **vielem** hat er Recht, doch nicht in allem. [pronom]
  Il a raison sur de nombreux points, mais pas en tout.
- Die **vielen** Kohlekraftwerke, die es in Deutschland noch gibt, verschmutzen die Luft. [adjectif]
  Les nombreuses centrales au charbon qui subsistent en Allemagne polluent l'atmosphère.
- Was will er mit dem **vielen** Geld machen, das er im Lotto gewonnen hat?
  Que compte-t-il faire de tout cet argent qu'il a gagné au loto ?

wenig-

- Diese Pflanze braucht nur **wenig** Wasser.
  [déterminant, souvent invariable au sing.]
  Cette plante n'a pas besoin de beaucoup d'eau.
- Dazu kann ich **wenig** sagen. [pronom]
  Je ne peux pas en dire grand-chose.
- Das **wenige** Geld, das ich verdiene, reicht nicht aus zum Leben.
  [adjectif]
  Le peu d'argent que je gagne ne suffit pas pour vivre.

ein bisschen et *etwas*

Ces quantificateurs sont invariables et peuvent porter sur des noms, des adjectifs ou des verbes ; *ein bisschen* relève plutôt de l'oral, *etwas* plutôt de l'écrit.

- Er braucht **ein bisschen** Ruhe.
  Il a besoin d'un peu de repos.
- Ich finde, das ist **ein bisschen** (ou : **etwas**) übertrieben.
  Je trouve que c'est un peu exagéré.
- Pass doch **ein bisschen** auf, Mensch!
  Fais un peu attention, bon sang !

TRADUCTION EXPRESS

1 Il fait son jogging (*joggen*) tous les dimanches matins.
2 En Allemagne, peu d'élèves vont à l'école privée.
3 Dans quelques jours, elle n'y pensera plus.
4 Aujourd'hui, beaucoup d'automobilistes ont un GPS.
5 On ne peut pas prendre de telles déclarations (*die Äußerung*) au sérieux (*ernst nehmen*).

RÉPONSES

1 *Er joggt jeden Sonntagmorgen.*
2 *In Deutschland gehen nur wenige Schüler in die Privatschule.*
3 *In ein paar Tagen wird sie nicht mehr daran denken.*
4 *Heute haben viele Autofahrer einen GPS.*
5 *Solche Äußerungen kann man nicht ernst nehmen.*

23 Le groupe nominal : structure et déclinaison

**Le groupe nominal est constitué d'un nom et de tous les éléments qui le complètent ou le précisent à sa gauche ou à sa droite.
Pour bien comprendre la déclinaison, il faut considérer le groupe nominal tout entier et non chaque élément pris séparément.**

STRUCTURE DU GROUPE NOMINAL

Le groupe nominal peut être constitué des éléments suivants.

Déterminant + Quantificateur + Compléments + Nom + Compléments [à gauche] [à droite]

- Siemens gehört zu den fünf größten **Elektro-Konzerne** der Welt.
  Siemens fait partie des cinq plus gros groupes d'industries électriques du monde.

Le nom peut être un substantif ou un mot d'une autre catégorie doté d'un déterminant et d'une majuscule.

Un substantif

- *Der Richter und sein Henker* ist in meinen Augen der beste deutsche **Krimi** aller Zeiten.
  Le Juge et son bourreau est à mes yeux le meilleur roman policier allemand de tous les temps.

Un participe

- Die drei **Verletzten** mussten ins Krankenhaus gebracht werden.
  Les trois blessés ont dû être transportés à l'hôpital.

Un verbe

- Wie kann man den Autofahrern das schnelle **Fahren** abgewöhnen?
  Comment faire perdre aux automobilistes l'habitude de rouler vite ?

Les compléments à gauche du nom sont des adjectifs ou des participes, qui eux-mêmes peuvent être accompagnés de compléments.

- ein **sehr seltsamer** Traum
  un rêve très étrange
- Ihr **vor zehn Jahren in Deutschland erschienenes** Buch wurde erst jüngst ins Französische übersetzt.
  Son livre, paru en Allemagne il y a dix ans, n'a été traduit en français que récemment.

Notez bien

Les compléments à gauche peuvent être **longs** et **complexes.**

Die **seit einigen Jahren auch bei uns stark zunehmende** Fremdenfeindlichkeit muss verstärkt bekämpft werden.
La xénophobie qui chez nous aussi est en augmentation constante depuis des années doit être combattue plus énergiquement.

Faut-il une virgule ou non entre les adjectifs ?

Avec virgule, les adjectifs sont sur le même plan, comme s'ils étaient reliés par *und*.

- Er war damals ein junger, lebendiger Mensch.
  À l'époque, c'était un homme jeune, plein de vie.

Sans virgule, l'adjectif le plus proche du nom forme avec ce dernier un premier groupe de sens modifié ensuite par l'adjectif plus à gauche.

- Er war damals ein lebendiger junger Mann.
  À l'époque, c'était un jeune homme plein de vie.

Dans quel ordre placer les adjectifs quand ils sont plusieurs ?
En général, l'adjectif exprimant la qualité la plus objective se place le plus près du nom ; celui qui exprime la qualité la plus subjective se place plus à gauche.

Article	Jugement subjectif	Âge	Origine/matière	Nom
ein	nettes	älteres	chinesiches	Ehepaar

un sympathique couple de Chinois entre deux âges

Article	Jugement subjectif	Taille	Couleur/forme	Nom
ein	schönes	großes	L-förmiges	Haus

une belle et grande maison en forme de L

Les compléments à droite les plus fréquents sont :

Des groupes nominaux au génitif

die Schule **unseres Sohnes**
l'école de notre fils

Des adverbes et groupes prépositionnels

das Mädchen **links auf dem Bild**
la fille à gauche sur la photo

der König **von Spanien**
le roi d'Espagne

Des subordonnées relatives, infinitives...

- Die Ferienwohnung, **die wir gemietet hatten**, war klein.
  L'appartement de vacances que nous avions loué était petit.
- Das Gefühl, **verraten worden zu sein**, ließ ihn nicht los.
  Le sentiment d'avoir été trahi ne le quittait pas.

Des noms juxtaposés sans aucune marque

die Stadt Berlin la ville de Berlin	ein Glas Bier un verre de bière	zwei Pfund Erdbeeren un kilo de fraises

NOTEZ BIEN

À droite du nom, il peut y avoir une cascade de compléments, si bien qu'il faut parfois aller chercher le verbe conjugué assez loin à droite.

Der Anteil der Frauen unter den Führungskräften **ist** weiterhin sehr gering.
La proportion de femmes parmi les cadres dirigeants reste très modeste.

DÉCLINAISON DU GROUPE NOMINAL

Le groupe nominal reçoit des **marques de déclinaison** qui varient selon son genre, son nombre, son déterminant et son cas, c'est-à-dire selon la fonction qu'il exerce dans la phrase.

Les marques affectent les déterminants, les adjectifs à gauche du nom et dans une moindre mesure le nom lui-même ; elles sont **solidaires** les unes des autres.

Pour chaque cas et genre, il y a une marque caractéristique dite « forte » et une autre dite « faible ».

- **La marque forte** est normalement portée par le déterminant ; l'adjectif qui suit reçoit alors la marque faible.

	CAS	DÉTERMINANT Marque forte	ADJECTIF Marque faible	NOM
Masculin	N	der, dieser	alte	Mantel
	A	den, diesen	alten	Mantel
	D	dem, diesem	alten	Mantel
	G	des, dieses	alten	Mantels
Féminin	N	die, diese	rote	Jacke
	A	die, diese	rote	Jacke
	D	der, dieser	roten	Jacke
	G	der, dieser	roten	Jacke
Neutre	N	das, dieses	schöne	Kleid
	A	das, dieses	schöne	Kleid
	D	dem, diesem	schönen	Kleid
	G	des, dieses	schönen	Kleids
Pluriel	N	die, diese	neuen	Schuhe
	A	die, diese	neuen	Schuhe
	D	den, diesen	neuen	Schuhen
	G	der, dieser	neuen	Schuhe

- **Quand il n'y a pas de déterminant,** c'est l'adjectif qui reçoit la marque forte, sauf au génitif masculin et neutre, où l'adjectif prend la marque *-[e]n*.

	Cas	Adjectif (marque forte) + Nom
Masculin	N/A D/G	grau**er** Sand / grau**en** Sand grau**em** Sand / grau**en** Sand(e)**s**
Féminin	N/A D/G	groß**e** Freude / groß**e** Freude groß**er** Freude / groß**er** Freude
Neutre	N/A D/G	klar**es** Wasser / klar**es** Wasser klar**em** Wasser / klar**en** Wasser**s**
Pluriel	N/A D/G	neu**e** Schuhe / neu**e** Schuhe neu**en** Schuhe**n** / neu**er** Schuhe

- **Quand le déterminant est un article indéfini ou un possessif,** il y a un mélange des deux cas de figure précédents, car l'article indéfini et le possessif ne portent pas de marque à certains cas et genres ; c'est alors l'adjectif qui la porte.

	Cas	Article indéfini	Adjectif	Nom
Masculin	N	ein, kein	alt**er**	Mantel
	A	ein**en**, kein**en**	alt**en**	Mantel
	D	ein**em**, kein**em**	alt**en**	Mantel
	G	ein**es**, kein**es**	alt**en**	Mantel**s**
Féminin	N	ein**e**, kein**e**	rot**e**	Jacke
	A	ein**e**, kein**e**	rot**e**	Jacke
	D	ein**er**, kein**er**	rot**en**	Jacke
	G	ein**er**, kein**er**	rot**en**	Jacke
Neutre	N	ein, kein	schön**es**	Kleid
	A	ein, kein	schön**es**	Kleid
	D	ein**em**, kein**em**	schön**en**	Kleid
	G	ein**es**, kein**es**	schön**en**	Kleid**s**
Pluriel	N	kein**e**	neu**en**	Schuhe
	A	kein**e**	neu**en**	Schuhe
	D	kein**en**	neu**en**	Schuhe**n**
	G	kein**er**	neu**en**	Schuhe

Au nominatif masculin ainsi qu'au nominatif et à l'accusatif neutre, le déterminant est non marqué et l'adjectif porte des marques fortes.

Aux autres cas et genre, le déterminant porte la marque forte et l'adjectif la marque faible.

Notez bien

Les adjectifs qui dérivent de **noms de lieux** ne se déclinent pas : *der **Kölner** Dom* (la cathédrale de Cologne). Il en est de même pour certains **adjectifs de couleur** : *ein **rosa** Kleid* (une robe rose).

TRADUCTION EXPRESS

1 Les chaussettes (*die Socke*) sont dans le tiroir de gauche.

2 Elle portait une longue robe rayée (*gestreift*) jaune et vert.

3 Est-ce que tu reconnais le gamin en haut à droite sur la photo ?

4 Nous sommes passés (*fahren*) par une route étroite, sinueuse (*kurvenreich*) et peu fréquentée (*wenig befahren*).

5 La proportion (*der Anteil*) des quinquagénaires parmi les chômeurs est énorme.

RÉPONSES

1 *Die Socken sind in der Schublade links.*

2 *Sie trug ein langes gelb und grün gestreiftes Kleid.*

3 *Kannst du den Jungen oben rechts auf dem Bild erkennen?*

4 *Wir sind über eine wenig befahrene kurvenreiche schmale Straße gefahren.*

5 *Der Anteil der Fünfzigjährigen unter den Arbeitslosen ist enorm.*

EXERCICE

Ajoutez les marques qui conviennent.

1 *Die Leute klagen über* (se plaindre de) *die immer mehr steigend... Benzinpreise.*

2 *Auch leicht... Zigaretten sind gesundheitsschädlich* (néfaste pour la santé).

3 *Ich wünsche dir ein gut... neu... Jahr.*

4 *Die Dresdner... Oper gehört zu den schönst... der Welt.*

5 *Sie trug rot... Schuhe mit so hoh... Absätzen* (talons), *dass sie kaum gehen konnte.*

6 *Bei dies... heiß... Wetter freut man sich am Abend auf ein kühl... Bier.*

7 *Nach lang... Suchen haben wir endlich ein... Parkplatz gefunden.*

RÉPONSES

1 *Die Leute klagen über die immer mehr steigend**en** Benzinpreise.*

2 *Auch leicht**e** Zigaretten sind gesundheitsschädlich.*

3 *Ich wünsche dir ein gut**es** neu**es** Jahr.*

4 *Die Dresdner* [pas de marque] *Oper gehört zu den schönst**en** der Welt.*

5 *Sie trug rot**e** Schuhe mit so hoh**en** Absätzen, dass sie kaum gehen konnte.*

6 *Bei dies**em** heiß**em** Wetter freut man sich am Abend auf ein kühl**es** Bier.*

7 *Nach lang**em** Suchen haben wir endlich ein**en** Parkplatz gefunden.*

24 L'emploi des cas

▷ **L'emploi des cas est lié à la fonction du groupe nominal ou du pronom dans la phrase.**

LE NOMINATIF

Le nominatif est le cas du **sujet** et de l'**attribut**.

- Hat sich **der Sieger der Tour de France** gedopt? [sujet]
  Le vainqueur du Tour de France s'est-il dopé ?
- Salim ist **der beste Spieler unserer Mannschaft**. [attribut]
  Salim est le meilleur joueur de notre équipe.

On l'emploie aussi :

Pour s'adresser à quelqu'un

Lieber Freund Cher ami…	Lieber Jonas Cher Jonas…	Liebe Frau Meier Chère Madame Meier…

Dans des exclamations

- **Du lieber Gott**, was ist denn da passiert!
  Mon Dieu, qu'est-ce qui s'est passé !

L'ACCUSATIF

L'accusatif est le cas du complément d'objet **direct** des verbes transitifs.

- Er hat **meinen Brief** noch nicht beantwortet.
  Il n'a pas encore répondu à ma lettre.

Il est **obligatoire** après les prépositions : *durch* (à travers), *für* (pour), *gegen* (contre), *ohne* (sans), *um* (de, au sujet de).

- Kümmere dich **um den Wein**, ich sorge **für das Essen**.
  Occupe-toi du vin, je m'occupe du repas.

Il marque la **direction** ou le **changement de lieu** après les prépositions : *an* (contre), *auf* (sur), *hinter* (derrière), *in* (dans), *neben* (à côté de), *über* (au-dessus de), *unter* (sous), *vor* (devant), *zwischen* (entre).

- Sind sie schon mal mit einem Kinderwagen **in einen Bus** gestiegen?
  Vous êtes déjà monté dans un bus avec une poussette ?
- Ihm wurde schwindlig, er musste sich **an einen Baum** stützen.
  Il a eu un vertige et a dû s'appuyer contre un arbre.

▸LES PRÉPOSITIONS P. 110

- Il marque les compléments de **mesure** dans divers domaines : temps, durée, longueur, taille, valeur monétaire.
  - Emma hat **den ganzen Tag** gearbeitet.
    Emma a travaillé toute la journée.
  - Er misst **1,75 m.** [*einen Meter fünfundsiebzig*]
    Il mesure 1,75 m.
  - Jedes Stück kostet **einen Euro**.
    Toutes les articles coûtent un euro.

- Avec des verbes de déplacement, l'accusatif marque le complément de **distance parcourue.**
  - Wir sind nur **einen Kilometer** gelaufen.
    Nous n'avons fait qu'un kilomètre.
  - Wir sind **den Berg** in kaum einer Stunde hinaufgestiegen.
    Nous sommes montés au sommet de la montagne en à peine une heure.

LE DATIF

- Le datif est le cas du **complément d'objet** de nombreux verbes **intransitifs** : *jdm begegnen* (rencontrer qqn), *einer Sache entsprechen* (correspondre à qqch.), *jdm folgen* (suivre qqn), *jdm helfen* (aider qqn), *jdm nachblicken* (suivre qqn des yeux)...
  - Im Supermarkt bin ich **einem ehemaligen Kollegen** begegnet.
    Au supermarché, j'ai rencontré un ancien collègue.
  - Ich will Ihnen etwas zeigen, bitte folgen Sie **mir**.
    Je vais vous montrer quelque chose, suivez-moi s'il vous plaît.

- C'est le cas du **complément d'attribution** : *jdm etwas geben/schenken/schicken...*
  - Was soll ich **ihm** nur zu Weihnachten **schenken**?
    Qu'est-ce que je pourrais bien lui offrir pour Noël ?

- Il est **obligatoire** après les prépositions : *aus* (de, origine), *bei* (chez), *gegenüber* (en face de), *mit* (avec), *nach* (après), *seit* (depuis), *von* (de, provenance), *zu* (lieu ou direction).
  - Er arbeitet bei **einer deutschen Firma**.
    Il travaille dans une firme allemande.
  - Sie finden uns leicht: wir wohnen **gegenüber der Post**.
    Vous nous trouverez facilement : nous habitons en face de la poste.
  - Wir sind gestern Abend **vom** (von dem) **Urlaub** zurückgekommen.
    Nous sommes revenus de vacances hier soir.

▸LES PRÉPOSITIONS P. 110

Il marque le **lieu** après les prépositions : *an* (contre, contact), *auf* (sur), *hinter* (derrière), *in* (dans), *neben* (à côté de), *über* (au-dessus de), *unter* (sous), *vor* (devant), *zwischen* (entre).

- Köln liegt **am Rhein**.
  Cologne est sur le Rhin.
- Die Vegetation **auf dieser Insel** ist ziemlich karg.
  La végétation de cette île est assez maigre.

Il marque, dans la langue courante, divers **compléments facultatifs**.

Le bénéficiaire de l'action, celui pour qui on fait quelque chose

- Ich habe **ihm** die Tür aufgehalten, denn er war schwer beladen.
  Je lui ai tenu la porte, car il était très chargé.

Une relation d'appartenance inaliénable, une relation de partie à tout

- Sie ist **ihrem Freund** an den Hals gesprungen.
  Elle a sauté au cou de son ami.

Le point de vue subjectif

- Ich fahre nicht mit ihm, er fährt **mir** zu schnell.
  Je ne pars pas avec lui, il roule trop vite pour moi.
- Im Sommer ist es **ihnen** in Spanien zu heiß.
  Ils trouvent qu'il fait trop chaud en Espagne l'été.

La participation affective (le locuteur se montre concerné par ce qu'il dit)

- Dass du **mir** ja nicht zu spät kommst!
  Surtout ne sois pas en retard !

LE GÉNITIF

Le génitif est d'abord et avant tout le cas du **complément du nom**, qui exprime diverses relations :

La possession

das Landhaus **meines Chefs**
la maison de campagne de mon patron

La partition

die Mehrheit **der Wähler**
la majorité des électeurs

La relation sujet (le nom au génitif est sujet du verbe correspondant au premier nom)

die Entscheidung **des Ministers** [*Der **Minister** hat entschieden.*]
la décision du ministre [Le ministre a décidé.]

La relation objet (le nom au génitif est objet du verbe correspondant au premier nom)

die Ausbildung **der Lehrlinge** [*Man bildet die **Lehrlinge** aus.*]
la formation des apprentis [On forme les apprentis.]

- Le génitif est **obligatoire**, en langue courante, après certaines prépositions : *trotz* (malgré), *während* (pendant), *wegen* (à cause de), *außerhalb* (à l'extérieur de)…

  - Er hatte trotz **des Rauchverbots** eine Zigarette angezündet.
    Malgré l'interdiction de fumer, il avait allumé une cigarette.

NOTEZ BIEN
En langue familière, certaines prépositions sont souvent suivies du **datif** : *trotz* ***dem*** *Rauchverbot.*

▸ LES PRÉPOSITIONS P. 110

- Le génitif marque le complément d'objet de certains verbes, peu nombreux mais d'emploi assez fréquent.

  - Das bedarf eigentlich **keiner Erklärung**.
    Cela ne nécessite pas d'explication, à vrai dire.
  - Er war sich **der Schwierigkeit des Unternehmens** bewusst.
    Il était conscient de la difficulté de l'opération.

- Il marque divers compléments **facultatifs.** On parle alors de génitif « libre ».

Temps

- **Eines Abends** beschloss er sie zu besuchen.
  Un soir, il décida de lui rendre visite.
- Wir gingen damals **öfters** ins Kino.
  À l'époque, nous allions assez souvent au cinéma.

Appréciation, commentaire

letzten Endes en fin de compte	meines Wissens à ma connaissance

TRADUCTION EXPRESS

1 Pense un peu aux autres et pas toujours à toi !
2 Il a plu presque tout l'été.
3 De quelle époque date ce château ?
4 Un jour, tu le regretteras (*bereuen*).
5 Je ne voudrais pas vivre dans cette région, je trouve qu'il y fait trop froid (*jdm kalt sein*).
6 Il n'a fait que parler tout le long du chemin.

RÉPONSES

1 *Denk ein bisschen an die anderen, nicht immer nur an dich selbst.*
2 *Es hat fast den ganzen Sommer geregnet.*
3 *Aus welcher Zeit stammt dieses Schloss?*
4 *Eines Tages wirst du es bereuen.*
5 *Ich möchte nicht in dieser Gegend leben, es ist mir dort zu kalt.*
6 *Er hat den ganzen Weg nur geredet.*

25 L'adjectif

L'adjectif se place avant le nom sur lequel il porte et s'accorde avec lui. Il peut aussi porter sur un verbe ou sur un autre adjectif. Il est alors invariable.

▸ Le groupe nominal : structure et déclinaison pp. 81-84

FORMATION DE L'ADJECTIF

Adjectifs simples

Ils sont peu nombreux mais très courants.

alt : vieux	groß : grand	nett : joli, sympathique
breit : large	hart : dur	teuer : cher
dick : gros	klein : petit	tief : profond
dünn : mince	krank : malade	zart : tendre

Adjectifs dérivés de noms ou de verbes à l'aide de suffixes

Ils sont nombreux et fréquents.

Suffixes	Sens	Exemples
-bar	possibilité	trag**bar** (portable) mais : furcht**bar** (terrible)
-er	appartenance à un lieu	im Köln**er** Zoo (au zoo de Cologne)
-ern -haft -ig -sam	matière possédant la qualité exprimée par le nom ou le verbe	hölz**ern** (en bois) bild**haft** (imagé), dauer**haft** (durable), farb**ig** (coloré), hügel**ig** (vallonné), gewalt**sam** (violent), wirk**sam** (efficace)
-isch	appartenance, qualité	bayr**isch** (bavarois), mod**isch** (à la mode)
-lich	possibilité, effet, en relation avec, à la manière de	erträg**lich** (supportable), ärger**lich** (contrariant), beruf**lich** (professionnel), freund**lich** (amical)
-los	absence	wolken**los** (sans nuage)

Adjectifs dérivés à l'aide de préfixes

Ils sont peu nombreux, mais pour certains très fréquents.

Préfixes	Sens	Exemples
halb-	atténuation	**halb**fertig (à moitié terminé), **halb**laut (à mi-voix)
hoch-	intensité	**hoch**interessant (très intéressant), **hoch**gebildet (très cultivé)
über-	excès	**über**belichtet (surexposé), **über**mächtig (surpuissant)
un-	contraire	**un**achtsam (inattentif), **un**angenehm (désagréable)

Adjectifs composés

Le premier élément d'un adjectif composé est un nom, un verbe ou un autre adjectif. Il précise le sens du deuxième.

Nom + adjectif

himmelblau bleu ciel	alkoholfrei sans alcool

Verbe + adjectif

reißfest indéchirable	empfehlenswert recommandable

Adjectif + adjectif

dunkelrot rouge foncé	süßsauer aigre-doux

COMPLÉMENTS DE L'ADJECTIF

L'adjectif peut avoir des compléments, généralement placés à gauche.

Adjectif ou adverbe d'intensité

ein **sehr** großes Haus
une très grande maison

ein **unheimlich** netter Kerl
un type vachement sympa

Adjectif de « point de vue »

eine **politisch** gefährliche Entscheidung
une décision dangereuse au plan politique

Complément prépositionnel souvent placé à droite à l'oral

- Ich bin stolz **auf dich.**
  Je suis fier de toi.
- Er war in der Firma **für die Export-Abteilung** verantwortlich.
  Dans l'entreprise, il était responsable du service export.

Complément nominal ou pronominal à l'accusatif, au datif ou au génitif (rare)

- Der Tisch ist genau **einen halben Meter** breit.
  La table fait exactement 50 cm de large.
- Warum bist du **mir** böse?
  Pourquoi est-ce que tu m'en veux ?
- Sie war sich **keiner Schuld** bewusst.
  Elle n'avait pas conscience d'avoir commis une faute.

FONCTIONS DE L'ADJECTIF

L'adjectif peut avoir une fonction :

d'attribut du sujet (invariable)

- Er wartete **hoffnungsvoll** auf ihre Antwort.
  Il attendait, plein d'espoir, sa réponse.

d'attribut de l'objet (invariable)

- Sie fand den Film **langweilig**. [Der Film war langweilig.]
  Elle a trouvé le film ennuyeux.

Il peut porter sur :

un nom (variable)

- Ich glaube, ich habe noch nie einen so **guten** Kuchen gegessen.
  Je crois que je n'ai encore jamais mangé un aussi bon gâteau.

un verbe (invariable)

- Kannst du mir einen Klempner empfehlen, der **sorgfältig** arbeitet?
  Peux-tu me conseiller un plombier qui travaille soigneusement ?

un adjectif ou un participe (invariable)

- Sie ist **unheimlich** nett.
  Elle est vachement sympa.
- Ich mag **gut** gebackenes Brot.
  J'aime le pain bien cuit.

ADJECTIFS ET PARTICIPES SUBSTANTIVÉS

Les adjectifs et participes substantivés commencent par une **majuscule** ; ils sont du **neutre** sauf quand ils désignent des humains.

entscheiden décider	entscheidend décisif	das Entscheidende l'élément décisif

deutsch → der Deutsche / die Deutsche
allemand → l'Allemand / l'Allemande

Ils se déclinent comme des **adjectifs** ordinaires.

- Sie ist mit ein**em** Deutsch**en** verheiratet.
  Elle est mariée à un Allemand.
- Der diesjährige Nobelpreisträger für Physik ist ein Deutsch**er**.
  Le prix Nobel de physique de cette année est un Allemand.

▸ LE GROUPE NOMINAL : STRUCTURE ET DÉCLINAISON PP. 81-84

Ils fonctionnent souvent comme compléments de *etwas* ou *nichts*.

- Ich möchte etwas **Billigeres**.
  Je voudrais quelque chose de moins cher.

TRADUCTION EXPRESS

1 Cela fait longtemps que je n'ai pas vu un film aussi drôle.
2 La saucisse était très bonne (*schmecken*).
3 Les mesures économiquement nécessaires sont souvent politiquement risquées.
4 Tu es satisfait de ton job actuel (*heutig*) ?
5 Il était très peu aimable.
6 Le jouet est fabriqué dans un matériau ininflammable (*unbrennbar*).
7 J'aurais préféré quelque chose de plus moderne.

RÉPONSES

1 *Ich habe schon lange keinen so lustigen Film gesehen.*
2 *Die Wurst hat sehr gut geschmeckt.*
3 *Wirtschaftlich notwendige Maßnahmen sind oft politisch riskant.*
4 *Bist du mit deinem heutigen Job zufrieden?*
5 *Er war sehr unfreundlich.*
6 *Das Spielzeug ist aus unbrennbarem Material hergestellt.*
7 *Ich hätte mir etwas Moderneres gewünscht.* (ou : *Ich möchte lieber etwas Moderneres.*)

26 Les constructions comparatives

Les constructions comparatives permettent de situer une personne, une chose ou une situation par rapport à une autre sous un angle donné.

LE COMPARATIF DE SUPÉRIORITÉ

La construction la plus courante est : adjectif + *-er*... + *als*...

- Lucas ist **ruhiger als** seine Schwester.
  Lucas est plus calme que sa sœur.

Le complément en *als* peut être une **subordonnée**.

- Die Stadt ist **schöner**, **als ich dachte**.
  La ville est plus belle que je ne pensais.

NOTEZ BIEN

Le complément en *als* se place en **fin** de phrase, après le verbe final.

Frauen haben weniger Unfälle, weil sie vorsichtiger fahren **als Männer**.
Les femmes ont moins d'accidents, parce qu'elles conduisent plus prudemment que les hommes.

Dans quelques adjectifs courants, ***a***, ***o*** ou ***u*** deviennent ***ä***, ***ö*** ou ***ü***.

alt → älter (vieux)
arm → ärmer (pauvre)
dumm → dümmer (bête)
gesund → gesünder (en bonne santé)
groß → größer (grand)
hart → härter (dur)
hoch → höher (haut)
jung → jünger (jeune)
kalt → kälter (froid)
klug → klüger (malin)
kurz → kürzer (court)
lang → länger (long)
nah → näher (proche)
scharf → schärfer (épicé)
stark → stärker (fort)
warm → wärmer (chaud)

L'adjectif au comparatif peut fonctionner comme **épithète**, auquel cas il se décline.

- Meine Frau hat ein besser**es** Gedächtnis als ich.
  Ma femme a une meilleure mémoire que moi.
- Die Wohnung ist sehr klein, aber eine größer**e** kann ich mir nicht leisten.
  L'appartement est petit mais je ne peux pas m'en payer un plus grand.

Certains comparatifs ont des formes **irrégulières.**

gern → *lieber*

- Ich gehe abends gern ins Kino, mein Bruder geht **lieber** in die Kneipe.
  J'aime aller au cinéma le soir, mon frère préfère aller au bistrot.

gut → *besser*

- Mädchen arbeiten oft **besser** als Jungen.
  Les filles travaillent souvent mieux que les garçons.

viel → *mehr*

- Es wird immer **mehr** Erdöl verbraucht.
  On consomme de plus en plus de pétrole.

Pour exprimer la **progression** parallèle de deux processus, on utilise le comparatif de supériorité dans les formes suivantes :

je + adjectif + *-er* ..., *desto* + adjectif + *-er*

- Je **älter** er wird, desto **mürrischer** wird er.
  Plus il vieillit, plus il devient râleur.

je + adjectif + *-er*, *umso* + adjectif + *-er*

- Je **früher**, umso **besser**.
  Le plus tôt sera le mieux.

LE COMPARATIF D'ÉGALITÉ ET D'INFÉRIORITÉ

L'égalité s'exprime par ***so*** + adjectif + ***wie***... Elle peut être précisée par *fast*, *genau*, *genauso*...

- Sie ist fast **so groß wie** ihr Bruder.
  Elle est presque aussi grande que son frère.
- Das Wetter ist heute **genauso schlecht wie** gestern.
  Le temps est aujourd'hui aussi mauvais qu'hier.

L'infériorité s'exprime par ***nicht so*** + adjectif + ***wie***...

- Am Atlantik ist das Wasser **nicht so warm wie** am Mittelmeer.
  Sur l'Atlantique, l'eau n'est pas aussi chaude que sur la Méditerranée.
- Er schwimmt **nicht so gut wie** seine Schwester.
  Il ne nage pas aussi bien que sa sœur.

Le complément peut être une **subordonnée.**

- Das ist gar **nicht so einfach, wie** du dir das vorstellst.
  Ce n'est pas aussi simple que tu l'imagines.
- Das Problem **war nicht so leicht zu regeln, wie** ich gedacht hatte.
  Le problème n'était pas aussi facile à résoudre que je le croyais.

LE SUPERLATIF

Le superlatif des **adjectifs épithètes** s'exprime avec ***der/die/das*** + adjectif + ***-st-***...

- Hundertwasser gehört zu **den berühmtesten** österreichischen Künstlern unserer Zeit.
  Hundertwasser fait partie des artistes autrichiens les plus célèbres de notre temps.

NOTEZ BIEN
Quand le groupe de référence ne comporte que deux éléments, on emploie le **comparatif.**
Sie haben zwei Söhne. **Der ältere** arbeitet bei Siemens.
Ils ont deux fils. L'aîné travaille chez Siemens.

Le superlatif des **adjectifs attributs ou employés comme adverbes** s'exprime avec ***am*** + adjectif + ***-sten***...

- Von allen Kandidaten hat °er die Aufgabe **am schnellsten** gelöst.
  De tous les candidats, c'est lui qui a trouvé le plus rapidement la solution.

Les adjectifs qui modifient la voyelle au comparatif la modifient aussi au superlatif.

- Februar ist hier der **kälteste** Monat.
  Février est ici le mois le plus froid.

L'adjectif *nah* a pour superlatif *nächst-*.

- Die Post befindet sich in der **nächsten** Straße links.
  La poste se trouve dans la prochaine rue à gauche.

LA COMPARAISON AVEC *ALS (OB)*

La comparaison avec une situation imaginaire s'exprime par une **subordonnée** introduite par la conjonction *als ob*, le verbe étant à la fin et au subjonctif II.

- Er tut, **als ob** er nichts **gesehen hätte**.
  Il fait celui qui n'a rien vu.
- Mir war, **als ob** die Welt **zusammenstürzen würde**.
  J'avais l'impression que le monde s'écroulait.

▸ *WERDEN* PP. 19, 304
▸ SUBJONCTIF II P. 30

Ob peut manquer. Le verbe figure alors tout de suite après *als*.

- Er tut so, **als wäre** er mit Arbeit überlastet.
  Il fait comme s'il était surchargé de travail.

Traduction express

1 Nous vivons en moyenne (*im Durchschnitt*) plus vieux que nos grands-parents.
2 Le pays est plus beau que je ne l'avais imaginé (*sich etw. vorstellen*).
3 Plus la population vieillit, plus elle devient conservatrice.
4 Nous avons eu l'été le plus pluvieux (*regnerisch*) depuis trente ans.
5 Elle n'est pas aussi jeune qu'elle en a l'air (*aussehen*).
6 C'est à cet âge-là qu'on apprend le plus vite.
7 Elle avait l'impression que tout cela n'avait été qu'un rêve.

Réponses

1 *Wir leben im Durchschnitt länger als unsere Großeltern.*
2 *Das Land ist schöner, als ich es mir vorgestellt hatte.*
3 *Je älter die Bevölkerung wird, desto konservativer wird sie.*
4 *Wir hatten den regnerischsten Sommer seit dreißig Jahren.*
5 *Sie ist nicht so jung, wie sie aussieht.*
6 *In diesem Alter lernt man am schnellsten.*
7 *Sie hatte den Eindruck, als ob dies alles nur ein Traum gewesen wäre.*

27 Les pronoms personnels, réfléchis et réciproques

Les pronoms personnels servent aussi de pronoms réfléchis ou réciproques, sauf à la troisième personne.

PRONOMS PERSONNELS

	SINGULIER			PLURIEL			FORME DE POLITESSE
	1re pers.	2e pers.	3e pers.	1re pers.	2e pers.	3e pers.	
N	ich	du	er/sie/es	wir	ihr	sie	Sie
A	mich	dich	ihn/sie/es	uns	euch	sie	Sie
D	mir	dir	ihm/ihr/ihm	uns	euch	ihnen	Ihnen
G	meiner	deiner	seiner/ihrer/ seiner	unser	euer	ihrer	Ihrer

La 3e personne du pluriel sert de forme de **politesse**.

- Darf ich **Ihnen** helfen?
  Puis-je vous aider?

NOTEZ BIEN
Pour mettre en valeur le pronom, le français dit « moi, je... », « toi, tu... », etc. En allemand, on se contente d'**accentuer** fortement le pronom.
°Ich würde mich beim Händler beschweren.
Moi, je me plaindrais auprès du commerçant.

La 2e personne du singulier peut servir à **interpeller l'interlocuteur** avant de lui parler.

- **Du**, weißt du, ob der Zug am Sonntag fährt?
  Dis, est-ce que tu sais si le train circule le dimanche?

L'ordre habituel des groupes nominaux compléments est le datif suivi de l'accusatif. Si l'accusatif est représenté par un pronom, l'ordre s'inverse (que le datif soit représenté par un nom ou un pronom).

- Er hat seinem Neffen eine Gitarre geschenkt.
  Il a offert une guitare à son neveu.

  → Er hat **sie** dem Neffen geschenkt.
  Il l'a offerte à son neveu.

  → Er hat **sie** ihm geschenkt.
  Il la lui a offerte.

EMPLOIS DU PRONOM *ES*

Es fonctionne comme pronom **sujet** ou **objet** à la place d'un nom neutre.

- Das Tier war schwer verletzt, **es** musste getötet werden.
  L'animal était gravement blessé, il a dû être abattu.
- Ich habe kein Handy mehr, und ehrlich gesagt: ich vermisse **es** nicht.
  Je n'ai plus de portable et sincèrement, il ne me manque pas.

Es fonctionne comme sujet **impersonnel** de certains verbes.

- **Es** regnet seit drei Tagen.
  Il pleut depuis trois jours.
- In dieser Gegend gibt **es** viele gute und preiswerte Restaurants.
  Dans cette région, il y a beaucoup de bons restaurants pas chers.

NOTEZ BIEN
Es n'a pas de fonction définissable dans :
Wer ist da? – Ich bin **es**.
Qui est là ? – C'est moi.
On utilise le plus souvent la contraction : *Ich bin's*.

Es fonctionne comme **pronom-relais** pour relier une subordonnée, le plus souvent infinitive, à certains verbes.

- Er liebt **es** nicht, beim Arbeiten gestört zu werden.
  Il n'aime pas être dérangé dans son travail.

Le ***es* explétif** n'est utilisé qu'en **première position** dans la phrase déclarative. On déplace ainsi l'élément qui devrait s'y trouver pour le mettre en valeur.

- **Es** sind viele Leute gekommen.
  Viele Leute sind gekommen.
  Beaucoup de gens sont venus.

PRONOMS RÉFLÉCHIS

Aux 1re et 2e personnes, les formes des pronoms réfléchis sont celles du pronom personnel.

- Ich kämme **mich**. Ihr kämmt **euch**…
  Je me coiffe. Vous vous coiffez…
- Hast du Geld bei **dir**?
  Tu as de l'argent sur toi ?

- **À la 3e personne,** la forme est *sich* à l'accusatif et au datif (et non *ihn/es/sie* ou *ihm/ihr/ihm*).

  - Claudia erinnert **sich** nicht daran.
    Claudia ne s'en souvient pas.
  - Sie waren **sich** der Gefahr nicht bewusst.
    Ils n'avaient pas conscience du danger.

PRONOMS RÉCIPROQUES

- Pour exprimer la **réciprocité,** on emploie généralement les pronoms **réfléchis.**

  - Wir treffen **uns** morgen bei ihm.
    Nous nous rencontrons demain chez lui.
  - Sie lieben **sich** schon lange.
    Ils s'aiment depuis longtemps.

- On peut aussi employer ***gegenseitig*** pour renforcer la réciprocité ou ***einander*** lorsque le verbe gouverne une préposition.

  - Wir verständigen **uns gegenseitig** mit Blicken und Gesten.
    Nous communiquons l'un avec l'autre par des regards et des gestes.
  - Frankreich und Deutschland hängen immer mehr **voneinander** ab. [*abhängen von* (+ D)]
    La France et l'Allemagne dépendent de plus en plus l'une de l'autre.

TRADUCTION EXPRESS

1 Elle est contente (*sich über etw.* (A) *freuen*) de la montre que sa tante lui a offerte.
2 Le livre qu'il t'avait prêté (*borgen*), est-ce que tu le lui as rendu ?
3 Ça n'a pas duré longtemps.
4 Je peux vous [politesse] l'assurer (*jdm etw. versichern*).
5 Ils étaient assis l'un à côté de l'autre sans se parler.
6 Est-ce que tu t'es renseignée (*sich nach etw.* (D) *erkundigen*) sur le prix d'entrée ?

RÉPONSES

1 *Sie freut sich über die Uhr, die ihre Tante ihr geschenkt hat.*
2 *Das Buch, das er dir geborgen hatte, hast du es ihm zurückgegeben?*
3 *Es hat nicht lange gedauert.*
4 *Das kann ich Ihnen versichern.*
5 *Sie saßen nebeneinander, ohne miteinander zu sprechen.*
6 *Hast du dich schon nach dem Eintrittspreis erkundigt?*

28 Les pronoms démonstratifs et possessifs

Les pronoms démonstratifs et possessifs varient comme l'article défini en fonction du genre, du nombre et du cas.

PRONOMS DÉMONSTRATIFS

Le français possède deux séries de pronoms démonstratifs (celui-ci, celui-là), l'allemand en possède trois : *der*, *die*, *das*/*dieser*, *diese*, *dieses*/*jener*, *jene*, *jenes*.

- Les formes *der*, *die*, *das* sont celles de l'article défini, sauf au datif pluriel et à tous les génitifs.

	Masculin	Féminin	Neutre	Pluriel
N	der	die	das	die
A	den	die	das	die
D	dem	der	dem	**denen**
G	**dessen**	**deren**	**dessen**	**deren/derer**

- Ces formes sont les plus utilisées dans la **langue courante**.
  - Ist **das** dein Schirm? – Nein, **der** daneben!
    C'est celui-là, ton parapluie ? – Non, celui qui est à côté !
  - Mit **dem** will ich nichts mehr zu tun haben!
    Je ne veux plus avoir affaire à ce type !

- Elles sont souvent renforcées par ***da***.
  - Welchen wollen Sie? – Geben Sie mir **den da**!
    Lequel voulez-vous ? – Donnez-moi celui-là !

NOTEZ BIEN

Deren et *derer* ne s'emploient qu'à l'écrit : ***deren*** renvoie à ce qui précède, ***derer*** annonce une relative.

Sie kamen mit Leonie, Anna, Sarah und **deren** Freund.
Ils vinrent avec Leonie, Anna, Sarah et son ami. [l'ami de celle-ci]

Wir müssen **derer** gedenken, die unter der Diktatur gelitten haben.
Nous devons commémorer le souvenir de ceux qui ont souffert sous la dictature.

- Les formes *dieser*, *diese*, *dies*(*es*) et *jener*, *jene*, *jenes* sont celles du **déterminant démonstratif**. Elles se déclinent comme l'article défini.
  - Dieses Handy ist billiger, aber **jenes** gefällt mir besser.
    Ce portable-ci est moins cher, mais celui-là me plaît mieux.

▸ LES ARTICLES DÉFINI ET INDÉFINI PP. 64-66

PRONOMS POSSESSIFS

Les pronoms possessifs se déclinent comme les démonstratifs mais n'ont pas de génitif.

	MASCULIN	FÉMININ	NEUTRE	PLURIEL
N	mein**er**	mein**e**	mein**es**	mein**e**
A	mein**en**	mein**e**	mein**es**	mein**e**
D	mein**em**	mein**er**	mein**em**	mein**en**

Le choix du pronom dépend de la **personne du possesseur** : *mein-*, *dein-*, *sein-/ihr-*, *unser-*, *eur-*, *ihr-*.

- Wir haben die Räder umgetauscht: er ist mit **meinem** und ich bin mit **seinem** gefahren.
  Nous avons échangé nos vélos : il a pris le mien et j'ai pris le sien.

NOTEZ BIEN

À la 3e personne, il dépend aussi du genre du possesseur : *sein-* (possesseur masculin ou neutre), *ihr-* (possesseur féminin).

Mein Auto hat eine Panne. Er hat mir **seines** geliehen. / Sie hat mir **ihres** geliehen.
Ma voiture est en panne. Il m'a prêté la sienne. / Elle m'a prêté la sienne.

La marque de déclinaison dépend du **genre** et du **cas** de l'objet possédé.

der Regenschirm (le parapluie)

- Kann ich dein**en** haben? An mein**em** ist die Automatik kaputt.
  Je peux avoir le tien ? Sur le mien, l'ouverture automatique est cassée.

die Brille (les lunettes)

- Ich habe eine Brille gefunden, ist es dein**e**? – Nein, mein**e** hat einen dickeren Rand.
  J'ai trouvé une paire de lunettes, c'est la tienne ? – Non, la mienne a une monture plus épaisse.

das Auto (la voiture)

- Unser**es** ist nicht so komfortabel wie eur**es**. Fahren wir also lieber mit eur**em**!
  La nôtre n'est pas aussi confortable que la vôtre. Alors prenons plutôt la vôtre !

das Wasser (l'eau)

- Hast du kein Wasser mehr? Dann kannst du von mein**em** haben.
  [en randonnée] Tu n'as plus d'eau ? Tu peux en avoir de la mienne.

die Eltern (les parents)

- Er hat Probleme mit seinen Eltern. Ich komme mit mein**en** gut aus.
  Il a des problèmes avec ses parents. Moi, je m'entends bien avec les miens.

TRADUCTION EXPRESS

1 Celui-ci est plus beau, mais je vais tout de même prendre celui-là, car il est moins cher.
2 Lui, on ne peut pas lui faire confiance (*jm vertrauen*).
3 Notre fils a fait des études d'informatique. – Tiens, le nôtre aussi !
4 Avec eux, on peut s'attendre à tout (*jdm alles zutrauen*).
5 Votre [plur.] chien est tranquille. Le mien, je ne pourrais pas l'emmener au restaurant.

RÉPONSES

1 *Der ist schöner, aber ich nehme doch den da, denn er ist billiger.*
2 *Dem kann man nicht vertrauen.*
3 *Unser Sohn hat Informatik studiert. – Ach was, unserer auch!*
4 *Denen ist alles zuzutrauen!*
5 *Euer Hund ist ruhig. Mit meinem könnte ich nicht ins Restaurant gehen.*

29 Les pronoms indéfinis

Les pronoms indéfinis désignent des personnes ou des choses non identifiées. Certains se déclinent, d'autres non ou seulement partiellement.

PRONOMS INDÉFINIS DÉSIGNANT DES PERSONNES

Man (on) n'existe qu'au nominatif et ne peut être que **sujet**. Pour les autres fonctions, on utilise *einer*.

- **Man** kann nie wissen. **Man** weiß nicht, was passieren kann.
  On ne sait jamais. On ne sait pas ce qui peut arriver.

Jemand (quelqu'un) peut être **sujet** ou **objet** et se décliner à tous les cas. À l'accusatif et au datif, il peut rester **invariable**.

- Wenn **jemand** anruft, ich bin nicht da.
  Si quelqu'un téléphone, je ne suis pas là.
- Ich weiß es nicht, aber ich kenne **jemand(en)**, der dir helfen könnte.
  Moi, je ne sais pas, mais je connais quelqu'un qui pourrait t'aider.

NOTEZ BIEN
Jemand anders (quelqu'un d'autre) est toujours **invariable**.

Niemand (personne) s'emploie comme *jemand*.

- Ich habe **niemand(en)** gesehen.
  Je n'ai vu personne.

PRONOMS INDÉFINIS DÉSIGNANT DES CHOSES

Etwas ou *was* [fam.] (quelque chose) est invariable.

- Hast du ein paar Minuten Zeit? Ich will dir **etwas** erzählen.
  Tu as une minute ? J'ai quelque chose à te raconter.

NOTEZ BIEN
Le caractère quelconque de la chose peut être renforcé par *irgendetwas* ou *irgendwas*.
Was soll ich ihm nur sagen? – Ach, erzähl' ihm **irgendetwas**.
Qu'est-ce que je vais bien pouvoir lui dire ? – Bah, raconte-lui n'importe quoi.

Nichts (rien) est invariable.

- Er hat **nichts** davon gewusst.
  Il n'en a rien su.

PRONOMS INDÉFINIS DÉSIGNANT DES PERSONNES OU DES CHOSES

Einer, *eine*, *ein*(*e*)*s* peut désigner des **personnes** ou des **choses.**
Il se décline comme l'article défini *der*, *die*, *das*.

- Ich habe zwei Männer gesehen. **Einer** trug eine Lederjacke, der andere einen Mantel.
  J'ai vu deux hommes. L'un portait une veste de cuir, l'autre un manteau.
- **Eines** will ich dir sagen: das darf nicht mehr vorkommen.
  Je vais te dire une chose : il ne faut pas que ça se renouvelle.
- **Einer** für alle, alle für **einen**.
  Un pour tous, tous pour un.

EXERCICE

Complétez avec le pronom indéfini qui convient : *jemand*, *niemand*, *etwas* ou *nichts*.

1 *Kann mir ... Geld wechseln für die Parkuhr?*
2 *Sie ist überfallen* (agresser) *worden und ... hat ihr geholfen.*
3 *Hat er ... gesagt?*
4 *Er hat ... gesehen noch gehört.*
5 *... hat es beweisen* (prouver) *können.*

RÉPONSES

1 *jemand* **2** *niemand* **3** *etwas* **4** *nichts* **5** *Niemand*

30 Les pronoms relatifs et interrogatifs

On distingue les pronoms en *d*-, toujours relatifs, et les pronoms en *w*-, qui peuvent fonctionner comme relatifs ou comme interrogatifs.

PRONOMS RELATIFS EN *D*-

Les formes des pronoms relatifs en *d*- sont identiques à celles de l'article sauf au datif pluriel et à tous les génitifs.

	Masculin	Féminin	Neutre	Pluriel
N	der	die	das	die
A	den	die	das	die
D	dem	der	dem	**denen**
G	**dessen**	**deren**	**dessen**	**deren**

Le pronom relatif a une **double fonction.**

Il introduit une subordonnée relative en la reliant à un nom.

- Die Digitalkamera, **die ich zu Weihnachten bekommen habe**, funktioniert schon nicht mehr.
  L'appareil photo numérique que j'ai reçu à Noël ne marche déjà plus.

Il exerce une fonction (sujet, objet...) dans la subordonnée qu'il introduit.

- Der Beruf, **den sie gewählt hat**, ist schwierig aber interessant.
  Le métier qu'elle a choisi est difficile mais intéressant.

Le choix du pronom relatif dépend **du genre et du nombre de l'antécédent** ainsi que **du cas** imposé par la fonction du pronom dans la relative. Comparez.

Antécédent **masculin** et pronom en fonction objet à l'**accusatif**

- Der Mann, **den die Polizei verhaftet hat,** wird des Mordes verdächtigt.
  L'homme que la police a arrêté est soupçonné de meurtre.

Antécédent **féminin** et pronom en fonction **sujet**

- Er ist mit einer Frau verheiratet, **die seine Tochter sein könnte**.
  Il est marié à une femme qui pourrait être sa fille.

Antécédent **neutre** et pronom en fonction objet au **datif**

- Ich fühlte mich glücklich wie ein Kind, **dem man ein Fahrrad schenkt**.
  J'étais heureux comme un enfant à qui on offre une bicyclette.

Le pronom au génitif *dessen*/*deren* est un cas particulier. Il est le plus souvent **complément du nom** devant lequel il se trouve.

- Der Wagen, **dessen Motor explodierte**, ging in Flammen auf.
  La voiture, dont le moteur a explosé, s'est mise à flamber.
- In Mainz steht eine Kirche, **deren moderne Fenster von Chagall angefertigt wurden.**
  À Mayence, il y a une église dont les vitraux modernes ont été réalisés par Chagall.

▸ DONT P. 184

Il est parfois **complément du verbe** de la relative.

- Das ist der einzige Fehler, **dessen ich mir bewusst bin**.
  C'est la seule erreur que je suis conscient d'avoir commise.

La relative se place tout de suite après l'antécédent, mais peut en être séparée par un **préverbe séparable** ou par la **forme non conjuguée** du verbe.

- Ich ziehe den Pulli an, **den die Oma mir gestrickt hat**.
  Je mets le pull que ma grand-mère m'a tricoté.
- Sie will den Pulli nicht anziehen, **den die Oma ihr gestrickt hat**.
  Elle ne veut pas mettre le pull que sa grand-mère lui a tricoté.

PRONOMS EN *W-* (INTERROGATIFS OU RELATIFS)

Formes des pronoms en *w-*

Les pronoms en ***w-*** désignent un être humain, une chose, un lieu, un temps, une cause ou une manière : *wer* (qui), *was* (quoi), *wo*/*wohin* (où/vers où), *wann* (quand), *wie* (comment).

NOTEZ BIEN
Wer est le seul qui se décline : *wer* (N) ; *wen* (A) ; *wem* (D) ; *wessen* (G).

Il existe des formes en *wo* + préposition : *woran*, *worauf*, *woraus*, *womit*... Elles ne peuvent pas être utilisées avec des humains ou des animaux.

- die Geschichte, **an die/woran** ich denke... [*an* (+ A) *denken*]
  l'histoire à laquelle je pense...
- **Woran** denkst du?
  À quoi tu penses?

Mais :

- die Frau, **an die** ich denke
  la femme à laquelle je pense

NOTEZ BIEN
Wenn (quand, si) n'est ni un pronom relatif ni un interrogatif, malgré le ***w-***. C'est une **conjonction de subordination**.

Emplois des pronoms en *w*- comme interrogatifs

En interrogative indépendante

Wer bist du?
Qui es-tu ?

Was hat er gesagt?
Qu'a-t-il dit ?

Wann bist du geboren?
Quand est-ce que tu es né ?

Woran liegt das?
À quoi cela est-il dû ?

Worauf wartest du?
Qu'est-ce que tu attends ?

En interrogative subordonnée

Le pronom est **en tête** et le verbe conjugué à la fin de la subordonnée.

- Ich weiß nicht, **warum** er nicht mitmachen will.
  Je ne sais pas pourquoi il ne veut pas participer.

Emplois des pronoms en *w*- comme relatifs

Avec, comme antécédent, un nom ou un pronom

- Berlin ist eine Stadt, **wo** man billig leben kann.
  Berlin est une ville où l'on peut vivre pour pas cher.
- Erinnerst du dich an das, **was** er uns erzählt hat?
  Tu te souviens de ce qu'il nous a raconté ?

Avec, comme antécédent, une phrase [langue écrite]

- Er behauptet, nichts gesehen zu haben, **was** mich doch sehr wundert.
  Il prétend n'avoir rien vu, ce qui m'étonne tout de même beaucoup.

Sans antécédent, la relative étant membre de phrase

- **Was du sagst**, stimmt nicht ganz. [sujet]
  Ce que tu dis n'est pas tout à fait vrai.

Exercice

Complétez avec un pronom relatif ou interrogatif à la forme qui convient.

1 *Der Wein, ... ich bestellt hatte, ist heute Morgen geliefert worden.*
2 *Hier ist das Buch, von ... ich dir gesprochen hatte.*
3 *Glaub mir, ich weiß, ... ich rede.*
4 *Er hat nicht kommen wollen, ... ich sehr bedauerlich finde.*
5 *Die Sonne ist eine Energiequelle, in ... man immer mehr investiert.*
6 *... du da behauptest, stimmt einfach nicht.*

Réponses

1 *den* **2** *dem* **3** *wovon* **4** *was* **5** *die* **6** *Was*

31 Les prépositions

▷ Les prépositions expriment des relations spatiales, temporelles ou abstraites. Elles imposent généralement le cas aux groupes nominaux qu'elles introduisent.

RELATION SPATIALE

▸ Prépositions de lieu pp. 110-112
▸ L'emploi des cas pp. 86-89

RELATION TEMPORELLE

L'heure : *um* (à), *gegen* (vers)

um vier Uhr à quatre heures	**gegen** drei (Uhr) vers trois heures

Le jour : *am* (*an* + *dem*)

- Der Unfall ist **am** letzten Montag/**am** dritten Mai passiert.
  L'accident a eu lieu lundi dernier/le 3 mai.

Le mois, la saison, l'année : *im* (*in* + *dem*)

im Juni en juin	**im** Sommer en été	**im** Jahre 2010 en 2010

La date en tête d'une lettre : à l'accusatif, sans préposition.

Berlin, **den** 12. Juni 2010
Berlin, le 12 juin 2010

PRINCIPALES PRÉPOSITIONS ET LEUR CAS

Prépositions suivies de l'accusatif

durch à travers, par	gegen vers, contre	um à, autour de
für pour	ohne sans	

- Die Eintrittskarten habe ich **durch einen** Freund bekommen.
  J'ai eu les billets par un ami.
- Mit dem Rad **gegen den** Wind zu fahren, das ist der Horror.
  Pédaler contre le vent, c'est l'horreur.

Prépositions suivies du datif

aus de [origine]	nach à, vers, après	zu à [lieu], chez [direction]
bei chez [lieu], en [action]	seit depuis	
mit avec	von de [provenance], parmi	

- Diese Tomaten kommen **aus meinem** Garten, die sind nicht bespritzt.
  Ces tomates viennent de mon jardin, elles ne sont pas traitées.
- Was willst du **nach dem** Abitur studieren?
  Qu'est-ce que tu veux faire comme études après le bac?
- Die meisten Deutschen trinken Bier **zum** Essen.
  La plupart des Allemands boivent de la bière au repas.

Prépositions suivies du génitif

außerhalb à l'extérieur de	trotz malgré	wegen à cause de
innerhalb à l'intérieur de	während pendant	

- Wir wohnen **außerhalb der** Stadt.
  Nous habitons à l'extérieur de la ville.
- Das Spiel musste **wegen des** Regens unterbrochen werden.
  Le match a dû être interrompu à cause de la pluie.

NOTEZ BIEN

À l'oral et en langue familière, *trotz*, *während* et *wegen* sont souvent employés avec le **datif**.

trotz dem Regen malgré la pluie	**während dem** Winter pendant l'hiver	**wegen dem** Nebel à cause du brouillard

Prépositions suivies de l'accusatif ou du datif

Ces prépositions sont suivies de l'**accusatif** quand elles expriment une **direction** et du **datif** quand elles expriment une **localisation.**

an à, au contact de	in dans	unter sous
auf sur	neben à côté de	vor avant, devant
hinter derrière	über au-dessus de	zwischen entre, parmi

- Diesen Sommer fahren wir **an den** Atlantik.
  Cet été, nous allons sur l'Atlantique.
- Sie wohnen direkt **am** Wald.
  Ils habitent en lisière de forêt.
- Steigt **in das** Auto, wir fahren gleich ab.
  Montez en voiture, nous partons tout de suite.

NOTEZ BIEN

Remarquez en particulier les **oppositions** suivantes :

stellen + A / *stehen* + D

Er stellt die Flasche auf **den** Tisch. [directif]
Il pose la bouteille sur la table.

Die Flasche steht auf **dem** Tisch. [locatif]
La bouteille est sur la table.

setzen + A / *sitzen* + D

Er setzt sich auf **den** Stuhl. [directif]
Il s'assied sur la chaise.

Er sitzt auf **dem** Stuhl. [locatif]
Il est assis sur la chaise.

legen + A / *liegen* + D

Er legt das Kind auf **den** Rücken. [directif]
Il couche l'enfant sur le dos.

Das Kind liegt auf **dem** Rücken. [locatif]
L'enfant est couché sur le dos.

▸ LES PRÉPOSITIONS ET CAS PP. 86-89
▸ VERBES + PRÉPOSITIONS P. 54

PRÉPOSITIONS ET COMBINAISONS PARTICULIÈRES

Bis s'emploie beaucoup avec des adverbes, des noms sans article ou devant une autre préposition :

Au sens spatial : *bis an / in / nach...* (jusqu'à)

von oben **bis** unten
de haut en bas

bis zum Fluss gehen
aller jusqu'à la rivière

Au sens temporel : *bis (zu)* (jusqu'à)

bis Freitag
jusqu'à vendredi

bis zum nächsten Mal
jusqu'à la prochaine fois

Plusieurs prépositions peuvent être **combinées.**

Von... ab/an : à partir de [temporel]

von heute **ab**/**von** nun **ab**
à partir d'aujourd'hui/à partir de maintenant

vom dritten Mai **ab**
à partir du 3 mai

von... auf... : depuis, de... à... [temporel]

von Jugend **auf**
depuis l'enfance

von heute **auf** morgen
du jour au lendemain

von... aus... : depuis [spatial]

- **Vom** Turm **aus** sieht man den See.
  Depuis la tour, on voit le lac.

NOTEZ BIEN

Von... aus constitue avec *mir* une expression idiomatique très courante :

Von mir **aus** kannst du es tun.
Je n'ai rien contre, tu peux le faire.

L'**éloignement** et le **rapprochement** peuvent être exprimés par les combinaisons « préposition ... *hin/her* ».

Von... her : de [spatial], depuis [temporel]

- Der Ruf kommt **vom** Wald **her**.
  L'appel vient de la forêt.
- Das bin ich **von** meiner Jugend **her** gewohnt.
  J'y suis habitué depuis l'enfance.

Vor... hin : devant

- Er arbeitet nicht, er starrt nur **vor** sich **hin**.
  Il ne travaille pas, il regarde fixement devant lui.

Unter... hervor : sortir de

- Das Kind krabbelt **unter** dem Tisch **hervor**.
  L'enfant sort à quatre pattes de sous la table.

In... hinein : jusque dans [spatial ou temporel]

- Er arbeitet fast jeden Tag bis tief **in** die Nacht **hinein**.
  Il travaille presque tous les jours jusque tard dans la nuit.

TRADUCTION EXPRESS

1 Il rentre à la maison vers six heures.
2 Phileas Fogg a fait (*reisen*) le tour du monde en quatre-vingts jours.
3 Il travaille depuis un an chez BMW à Munich.
4 L'eau lui arrivait (*reichen*) jusqu'aux genoux.
5 Il va sur ses quatre-vingts ans (*auf... zugehen*) et fait encore des randonnées en montagne.
6 Viens t'asseoir près de moi.
7 D'ici, par temps clair, on peut voir le Mont-Blanc.

RÉPONSES

1 *Er kommt gegen sechs Uhr nach Hause zurück.*
2 *Phileas Fogg ist in achtzig Tagen um die Welt gereist.*
3 *Er arbeitet seit einem Jahr bei BMW in München.*
4 *Das Wasser reichte ihm bis an die Knie.*
5 *Er geht auf die achtzig zu und wandert noch in den Bergen.*
6 *Komm und setz dich neben mich.*
7 *Von hier aus kann man bei klarem Wetter den Mont-Blanc sehen.*

32 Les adverbes

▷ Les adverbes sont des mots invariables qui servent soit à situer les choses et les actions dans l'espace et le temps, soit à préciser leur manière d'être ou de se dérouler.

ADVERBES DE LIEU

Les adverbes de lieu situent les choses soit par rapport au locuteur, soit par rapport à des repères objectifs. Ils fonctionnent par couples d'éléments opposés.

hier / da, dort ici / là, là-bas	rechts / links à droite / à gauche
oben / unten en haut / en bas	nirgends / überall nulle part / partout
vorn(e) / hinten devant / derrière	ostwärts / westwärts vers l'est / vers l'ouest
drinnen / draußen dedans / dehors	aufwärts / abwärts vers le haut / vers le bas

- Das Gebäude **links** ist das alte Rathaus.
  Le bâtiment à gauche est l'ancien hôtel de ville.
- Wenn Sie nach **rechts** schauen, können Sie den Kölner Dom erblicken.
  Si vous regardez vers la droite, vous pouvez apercevoir la cathédrale de Cologne.
- Die Burg steht ganz **oben** auf dem Berg.
  Le château fort se trouve tout en haut sur la montagne.
- Der Karte nach müssen wir **ostwärts** gehen.
  D'après la carte nous devons aller vers l'est.

Avec *hier*, *da* et *dort*, on ajoute pour marquer le déplacement l'adverbe *hin* quand il y a **éloignement** et *her* quand il y a **rapprochement**.

- Die Taschentücher kommen **hierhin** und die Socken **dorthin**.
  Les mouchoirs se rangent ici et les chaussettes là.
- Wir sind vor zehn Jahren **hierher** gezogen.
  Nous avons emménagé ici il y a dix ans.
- Wir fahren oft **dahin**.
  Nous y allons souvent.
- Stell dich **dorthin**, damit man dich nicht sieht.
  Mets-toi là pour qu'on ne te voit pas.

ADVERBES DE TEMPS

Certains adverbes et locutions adverbiales de temps situent les actions dans le passé, le présent ou le futur, le plus souvent par rapport au moment où l'on parle.

vorher	avant	vorgestern	avant-hier
jetzt	maintenant	übermorgen	après-demain
nachher	après	früher	autrefois
vorhin	tout à l'heure [instant passé]	damals	à cette époque
gleich, sofort	tout de suite	künftig	à l'avenir
bald	bientôt	später	plus tard
gerade [plus rare : *eben*]	à l'instant [passé ou présent]	eines Tages	un jour
zuerst	d'abord	eines Abends	un soir
zuletzt	en dernier	zuvor	auparavant
gestern	hier	danach	ensuite
heute	aujourd'hui	am Tag zuvor	la veille
morgen	demain	am nächsten Tag, am Tag danach	le lendemain
von jetzt ab	à partir de maintenant	schon	déjà

- Wollen wir **gleich** essen oder **vorher** noch einen Aperitif nehmen?
  On mange tout de suite ou on prend un apéritif avant ?
- Er ist **gerade** weggefahren.
  Il vient de partir.
- Da kommt er **gerade**!
  Le voilà qui arrive !
- Dem werde ich **eines Tages** die Meinung sagen!
  Un jour, je lui dirai ma façon de penser !
- Er hat **vorhin** angerufen: Er kommt **später** als vorgesehen.
  Il a appelé tout à l'heure : il viendra plus tard que prévu.

D'autres adverbes et locutions de temps servent à indiquer la **fréquence** ou la **régularité** avec laquelle un événement se produit.

einmal une fois	manchmal, ab und zu parfois, de temps en temps	abends le soir
zweimal deux fois	jedes Mal chaque fois	nachts la nuit
dreimal trois fois	meistens, zumeist le plus souvent	tagsüber le jour
wieder de nouveau, une nouvelle fois	öfter, öfters [fam.] assez souvent	montags le lundi
immer toujours	jederzeit à tout moment	dienstags le mardi
nie jamais	dauernd constamment	werktags les jours ouvrables
oft souvent	nochmals, wiederum de nouveau, une nouvelle fois	jeden Tag tous les jours
selten rarement	gewöhnlich, sonst d'habitude	jeden Sommer tous les étés
		ausnahmsweise exceptionnellement

- Morgen bin ich **den ganzen Tag** zu Hause, du kannst mich **jederzeit** anrufen.
  Demain, je serai chez moi toute la journée, tu peux m'appeler quand tu veux.
- Sonst fahren wir **immer** ans Meer, diesmal wollen wir **ausnahmsweise** ins Gebirge.
  D'habitude, nous allons toujours à la mer, cette fois nous irons exceptionnellement à la montagne.
- Der Bus fährt nur **werktags**.
  Le bus ne circule que les jours ouvrables.
- Rufen Sie uns abends an, **tagsüber** ist niemand zu Hause.
  Appelez-nous le soir, dans la journée il n'y a personne à la maison.

ADVERBES DE MANIÈRE

Pour exprimer la manière, l'allemand utilise le plus souvent des **adjectifs** qui peuvent déterminer le verbe, c'est-à-dire fonctionner comme adverbes : *schnell* (rapide, rapidement), *schön* (beau, joliment), *sorgfältig* (soigneux, soigneusement)…

- Ich empfehle dir diesen Handwerker, er arbeitet **schnell** und **sorgfältig**.
  Je te recommande cet artisan, il travaille vite et avec soin.
- Er kocht **gerne** und **gut**.
  Il aime faire la cuisine et la fait bien.

ADVERBES PRONOMINAUX EN *DA* + PRÉPOSITION

- *Da* peut être associé à la plupart des prépositions pour constituer des éléments appelés « adverbes pronominaux ». Lorsque la préposition commence par une voyelle, un « r » de liaison s'intercale entre les deux : *daran*, *darauf*, *daraus*... mais : *damit*, *davon*...

- Ces éléments s'utilisent avec les verbes suivis d'une préposition. Ils fonctionnent comme des pronoms, soit pour **reprendre** une information déjà donnée, soit pour **annoncer** une subordonnée à venir :

  - Er nahm einen Hocker und legte die Beine **darauf**. [auf den Hocker]
    Il a pris un tabouret et a posé ses jambes dessus.
  - Hast du ihn angerufen? – Ach, ich habe gar nicht mehr **daran** gedacht!
    Tu l'as appelé ? – Zut, je n'y ai plus du tout pensé.
  - Niemand hatte **damit** gerechnet, dass die arabischen Völker sich auflehnen würden. [*damit* annonce la subordonnée en *dass*]
    Personne ne s'attendait à ce que les peuples arabes se révoltent.

▸ VERBES + PRÉPOSITIONS P. 54

EXERCICE

Complétez avec l'adverbe qui convient : *ab und zu*, *dienstags*, *gerade*, *öfter*, *nirgends*, *nordwärts*, *selten*.

1 *Der Rhein fließt ....*
2 *... auf der Welt wird so viel Bier getrunken wie in Deutschland.*
3 *Er ist ... weggegangen.*
4 *Sie isst nur ... Fleisch.*
5 *In Frankreich sind viele Museen ... geschlossen.*
6 *Das kommt ... vor.*
7 *... sehe ich mir ein Fußballspiel im Fernsehen an, ein Fan bin ic aber nicht.*

RÉPONSES
1 *nordwärts* **2** *Nirgends* **3** *gerade* **4** *selten* **5** *dienstags*
6 *öfter* (ou : *ab und zu*) **7** *ab und zu* (ou : *manchmal*)

33 La formation des noms

L'allemand ne compte qu'un nombre réduit de noms simples. La plupart des noms sont complexes, c'est-à-dire constitués de plusieurs éléments distincts. Les noms complexes se répartissent en dérivés (lorsqu'un des éléments n'est pas un mot autonome) et composés (lorsque tous les éléments sont des mots).

LES NOMS DÉRIVÉS

Les noms dérivés peuvent être formés à partir d'un **adjectif**, d'un **radical verbal** ou d'un **autre nom** à l'aide de préfixes (éléments placés devant) ou de suffixes (éléments placés derrière).

- La dérivation de noms **par suffixe** est très fréquente. Le suffixe détermine généralement le genre du nom.

SUFFIXE	PRODUIT/PRODUISENT	EXEMPLES
-är	des masculins (en général)	die Million → der Millionär
-ei	des féminins	der Bäcker (le boulanger) → die Bäckerei (la boulangerie)
-er	des masculins	singen (chanter) → der Sänger (le chanteur)
-chen/-lein	des diminutifs neutres	die Blume (la fleur) → das Blümchen (la petite fleur)
-heit/-keit	des noms abstraits (toujours féminins)	dumm (bête) → die Dummheit (la bêtise) sauber (propre) → die Sauberkeit (la propreté)
-in, -schaft, -ung	des féminins	der Freund (l'ami) → die Freundin (l'amie) → die Freundschaft (l'amitié) ausbilden (former) → die Ausbildung (la formation)
-tum	des neutres [exceptions : *der Reichtum* (la richesse) et *der Irrtum* (l'erreur)]	der Held (le héros) → das Heldentum (l'héroïsme)

- Nombreux sont les noms dérivés de verbes par simple **suppression** de la marque ***-en*** de l'infinitif. Ces noms, qui se réduisent au radical verbal, sont masculins.

  der Ruf (rufen) : l'appel

  der Schrei (schreien) : le cri

  der Schlaf (schlafen) : le sommeil

La dérivation de noms **par préfixe** est rare.

Le préfixe *ge-* produit des noms neutres à sens collectif.

- Er kann **das Geschrei** der Kinder auf der Straße nicht ertragen.
  [*schreien* : crier]
  Il ne supporte pas les cris des enfants dans la rue.

Quelques noms avec le préfixe *ge-* sont d'un autre genre ou au pluriel.

der Gesang : le chant

die Geschwister : les frères et sœurs

NOTEZ BIEN

La plupart des noms à préfixe sont issus de verbes déjà préfixés.

bemerken → die Bemerkung (la remarque)

empfangen → der Empfang (l'accueil)

verstecken → das Versteck (la cachette)

LES NOMS COMPOSÉS

Les noms composés sont constitués de deux mots. Celui de droite porte le sens de base et s'appelle le déterminé. Celui de gauche en précise ou modifie le sens et s'appelle le **déterminant**. C'est lui qui porte l'accent principal. Le **déterminant** porte la majuscule, le déterminé impose son genre.

der °**Rot**wein le vin rouge	die °**Schlaf**tablette le somnifère	der °**Apfel**baum le pommier

Chacun des deux mots peut lui-même être **simple, dérivé** ou **composé**.

Nom simple + nom simple

das Auto + das Rennen → das Autorennen
la voiture + la course → la course automobile

Nom dérivé + nom simple

die Freundschaft + der Vertrag → der Freundschaftsvertrag
l'amitié + le traité → le traité d'amitié

Nom composé + nom simple

die Glasfaser + das Kabel → das Glasfaserkabel
la fibre de verre + le câble → le câble en fibre de verre

NOTEZ BIEN

Il arrive souvent que le déterminé soit pris par extension ou au figuré.

die Hand + der Schuh → der Handschuh
la main + la chaussure → le gant [littér. : la chaussure pour la main]

die See + der Hund → der Seehund
la mer + le chien → le phoque

- Entre les deux mots, il y a souvent un **élément de liaison** : *-s-*, *-(e)n-* ou *-er-*.

  die Arbeit + der Tag → der Arbeit**s**tag (la journée de travail)
  der Mensch + das Recht → die Mensch**en**rechte (les droits de l'Homme)
  das Kind + das Zimmer → das Kind**er**zimmer (la chambre d'enfants)

- Lorsque l'un des mots est lui-même un composé, la difficulté est de couper le composé au bon endroit pour en reconstruire le sens. Pour cela, il faut tenter de le paraphraser de façon logique.

  der Nahverkehrszug (Zug für den Nahverkehr) : le train de banlieue
  die Grundschulkinder (Kinder der Grundschule) : les enfants du primaire
  das Nordseeheilbad (Heilbad an der Nordsee) : la station thermale de la mer du Nord

Exercice

Traduisez en utilisant un nom dérivé des mots suivants : *höflich* (poli), *entschädigen* (dédommager), *schwanger* (enceinte), *kochen* (cuisiner).

1 Sa politesse était un peu exagérée (*übertrieben*).
2 Il a eu un dédommagement.
3 Sa grossesse s'est passée sans problème.
4 Le restaurant a engagé (*einstellen*) un nouveau cuisinier.

Traduisez en utilisant un nom composé des mots indiqués entre parenthèses.

5 Ce médicament n'a pas d'effets secondaires (*neben*, *die Wirkung*).
6 La ligne Oder-Neiße constitue (*bilden*) la frontière est (*die Grenze*, *Ost*) de l'Allemagne.
7 En Allemagne, il y a des machines à sous (*der Automat*, *spielen*) dans presque tous les bistrots (*die Kneipe*).
8 Dans la vallée du Rhin (*das Tal*, *der Rhein*), il y avait autrefois beaucoup d'arbres fruitiers (*der Baum*, *das Obst*).

Réponses

1 *Seine Höflichkeit war ein bisschen übertrieben.*
2 *Er bekam eine Entschädigung.*
3 *Ihre Schwangerschaft verlief problemlos.*
4 *Das Restaurant hat einen neuen Koch eingestellt.*
5 *Dieses Medikament hat keine Nebenwirkungen.*
6 *Die Oder-Neiße-Linie bildet die Ostgrenze Deutschlands.*
7 *In Deutschland gibt es fast in jeder Kneipe Spielautomaten.*
8 *Im Rheintal gab es früher viele Obstbäume.*

34 Les phrases simples

▷ On appelle « phrases simples » des phrases sans subordonnée. Ces différents types de phrases se distinguent principalement par la place du verbe conjugué.

PHRASE DÉCLARATIVE

Verbe en 2e position

Dans la phrase déclarative, la partie conjuguée du verbe se place en 2e position. Avant elle, il n'y a donc qu'un mot ou un groupe.

- Gestern **hat** es den ganzen Tag geschneit. Die Kinder **konnten** nicht in die Schule gehen.
  Hier, il a neigé toute la journée. Les enfants n'ont pas pu aller à l'école.
- Das kleine schwarzhaarige Mädchen ganz links auf dem Bild **ist** meine Enkeltochter.
  La petite fille aux cheveux noirs tout à fait à gauche sur la photo est ma petite-fille.

NOTEZ BIEN

La règle du verbe en 2e position distingue la phrase allemande de la phrase française.

Heute Abend gehen wir ins Restaurant.
1 2 3

Ce soir, nous allons au restaurant.
1 2 3

Le premier membre n'est jamais suivi d'une virgule, sauf s'il s'agit d'une subordonnée.

Nächsten Sommer besuchen wir unsere Tochter in Berlin.
L'été prochain, nous irons rendre visite à notre fille à Berlin.

Als es anfing zu schneien, hatten wir noch 100 km zu fahren.
Lorsque la neige s'est mise à tomber, nous avions encore 100 km à faire.

Exceptions apparentes

Le premier membre peut parfois être élidé, la forme conjuguée se retrouve alors en 1re position.

- Er will beim Projekt nicht mehr mitmachen. – (Das) **hab'** ich mir gedacht.
  Il ne veut plus participer au projet. – Je m'en doutais.

Les conjonctions de coordination ne comptent pas : elles sont en position « zéro ».

- Ich habe bei ihnen angerufen, aber es **war** niemand da.
  0 1 2
  J'ai téléphoné chez eux, mais il n'y avait personne.

Les éléments placés en tête et séparés par une virgule ne comptent pas non plus : ils sont « hors-phrase ».

- Ach, das **hab'** ich ja gar nicht gewusst.
  Ah, mais je ne le savais pas.
- Aber Thomas, das **kannst** du doch nicht von mir verlangen.
  Voyons, Thomas, tu ne peux pas me demander ça.

Entre le premier membre et le verbe conjugué, des éléments peuvent être insérés entre virgules.

- Das Geschenk, eine kleine Digitalkamera, **hat** ihm gut gefallen.
  Le cadeau, un petit appareil photo numérique, lui a bien plu.

Deux membres de même fonction peuvent apparaître ensemble en 1re position.

- In Köln und in Berlin **haben** die Leute eine ganz andere Mentalität.
  À Cologne et à Berlin, les gens n'ont pas du tout la même mentalité.

Verbe en fin de phrase

La forme **non conjuguée** du verbe (infinitif ou participe passé) se place normalement à la **fin de la phrase.**

- Ich habe mir ein neues Handy **gekauft**.
  Je me suis acheté un nouveau téléphone portable.
- Wegen des Lärms auf der Straße mussten wir das Fenster **schließen**.
  À cause du bruit dans la rue, nous avons dû fermer la fenêtre.

NOTEZ BIEN

Les **compléments de comparaison** et les **subordonnées** peuvent ou doivent être renvoyés après le verbe final.

In der ersten Jahreshälfte wurden mehr Autos **verkauft** als in der zweiten.
Dans la première moitié de l'année, on a vendu plus de voitures que dans la deuxième.

Ich habe einen neuen Computer **gekauft**, weil der alte mir zu langsam geworden war.
J'ai acheté un nouvel ordinateur parce que je commençais à trouver le vieux trop lent.

La 1re position

En 1re position, on trouve le plus souvent le sujet, un complément de temps ou de lieu ou un mot de liaison (mais tout autre membre de phrase est a priori possible).

- In Deutschland **sind** die Autobahnen gebührenfrei.
  En Allemagne, les autoroutes sont gratuites.
- Das Hotel war nicht besonders, und außerdem **hatten** wir schlechtes Wetter.
  L'hôtel n'était pas terrible, et en plus nous avons eu mauvais temps.

NOTEZ BIEN

Quand la 1re position n'est pas occupée par le sujet, celui-ci se place le plus souvent juste après le verbe conjugué.

In Deutschland **sind** die Wanderwege meistens sehr gut markiert.
En Allemagne, les chemins de randonnée sont le plus souvent très bien balisés.

PHRASE INTERROGATIVE

Il y a deux sortes de phrases interrogatives :
les interrogatives **globales**, auxquelles on répond par *ja* ou *nein*, et les interrogatives **partielles**, auxquelles on répond en donnant une information précise.

Dans les interrogatives globales, la forme conjuguée du verbe se place en 1re position.

- **Hast** du ihr Bescheid gesagt?
  Tu l'as prévenue ?

NOTEZ BIEN
Quand l'interrogative exprime une simple **demande de confirmation,** le verbe est en 2e position, comme dans la déclarative.
Du **kommst** doch mit uns, oder?
Tu viens avec nous, non ?

Dans les interrogatives partielles, le verbe conjugué est en 2e position. En 1re position, il y a toujours le pronom interrogatif en ***w-***, mais trois cas sont possibles.

Pronom interrogatif seul

- Wer **hat** es dir gesagt?
  Qui te l'a dit ?
- Wie **hast** du das erfahren?
  Comment tu l'as appris ?

Préposition + pronom interrogatif

- Seit wann **ist** Deutschland wieder vereinigt?
  Depuis quand l'Allemagne est-elle réunifiée ?

Préposition + pronom interrogatif + nom

- In welchem Jahr **ist** die Berliner Mauer gefallen?
  En quelle année le Mur de Berlin est-il tombé ?

Les interrogatives contiennent souvent des petits mots appelés **particules,** qui modifient parfois sensiblement le sens de la phrase.

Auch manifeste un **doute,** une **attitude soupçonneuse.**

- Bist du **auch** sicher?
  Tu es sûr, au moins ?

Denn exprime un **léger étonnement** ou une **insistance.**

- Hast du es **denn** nicht gewusst?
  Tu ne le savais donc pas ?

Doch signale que la question est une **demande de confirmation.**

- Du hast ihm **doch** Bescheid gesagt, oder?
  Tu l'as bien prévenu, non ?

Wohl signale que la question est une **demande d'avis.**

- Was kostet das **wohl**?
  À ton avis, qu'est-ce que ça peut bien coûter ?

PHRASE IMPÉRATIVE

La phrase impérative sert à exprimer un **ordre**.

La forme conjuguée du verbe est en **1re position**.

- **Lass** mich in Ruhe mit diesen Geschichten!
  Laisse-moi tranquille avec ces histoires !

NOTEZ BIEN
La forme conjuguée est parfois précédée de *also*, *dann*, *jetzt* ou *nun*.
Papi, ich möchte mit dir in den Wald. – **Dann** zieh deine Stiefel an und komm!
Papa, je voudrais aller avec toi en forêt. – Alors mets tes bottes et viens !

Comme en français, le sujet n'est pas explicité à la **2e personne du singulier ou du pluriel.**

- Hilf mir bitte!
  Aide-moi s'il te plaît !
- Passt bitte besser auf!
  Faites un peu plus attention, s'il vous plaît !

NOTEZ BIEN
Contrairement au français, le sujet est explicité à la 1re personne du pluriel et à la forme de politesse.
Er ist müde, lassen **wir** ihn schlafen/lassen **Sie** ihn schlafen.
Il est fatigué, laissons-le dormir/laissez-le dormir.

PHRASE EXCLAMATIVE

Dans la phrase exclamative, le verbe conjugué peut être en **1re position** :

À l'indicatif pour exprimer la **surprise** suscitée par l'intensité d'une chose

- **Bist** °du aber groß geworden!
  Qu'est-ce que tu as grandi !

Au subjonctif II pour exprimer un **souhait** ou (généralement) un regret

- **Hätte** ich °das gewusst!
  Si j'avais su !

Le verbe conjugué peut aussi être en **2e position** :

Pour exprimer la surprise suscitée par un fait ou son intensité

- °Du **bist** aber groß geworden!
  Qu'est-ce que tu as grandi !

Pour exprimer l'intensité

- Wie schön **hast** du das gemacht!
  Comme tu as bien fait les choses !

- Le verbe conjugué peut même être en **dernière position** dans les phrases :

Introduites par *wie* ou *was für* pour exprimer l'intensité

- Wie dumm du immer **fragst**!
  Quelles questions idiotes tu poses tout le temps !

Introduites par *wenn*, avec le verbe au subjonctif II, pour exprimer un souhait ou un regret

- Wenn ich nur besser schlafen **könnte**!
  Si seulement je dormais mieux !
- Wenn ich das gewusst **hätte**!
  Si j'avais su !

Introduites par *dass* pour exprimer un constat navrant

- Dass du dich immer so aufregst!
  Mais pourquoi tu t'énerves toujours comme ça !

- Il y a aussi des exclamations sans verbe.

- Was für eine dumme Frage!
  Quelle question stupide !

TRADUCTION EXPRESS

1 Vous [plur.] étiez où en vacances ?
2 En juillet, nous avons fait une semaine de randonnée dans la vallée du Rhin.
3 Ça vous [plur.] a plu ?
4 C'était génial. Le paysage est grandiose.
5 Nous aussi, on aimerait faire quelque chose comme ça un jour.
6 Alors venez avec nous en Suisse cet été !

RÉPONSES

1 *Wo wart ihr in den Ferien?*
2 *Im Juli sind wir eine Woche im Rheintal gewandert.*
3 *Hat es euch gefallen?*
4 *Es war super. Die Landschaft ist grandios.*
5 *Wir möchten auch gern mal so etwas machen.*
6 *Dann kommt doch mit uns in die Schweiz diesen Sommer!*

35 La négation

Les négations *nicht* et *kein* peuvent toutes deux exprimer une négation globale (toute la phrase est niée) ou une négation partielle (seule une partie de la phrase est niée).

NICHT

Quand *nicht* exprime une négation **globale,** il est généralement accentué et se place devant la partie de la phrase qui relate le fait proprement dit.

- Ich kann heute Abend leider °**nicht** mit dir ins Kino gehen.
  Malheureusement, je ne peux pas aller au cinéma avec toi ce soir.
  [Le locuteur n'ira pas au cinéma.]

NOTEZ BIEN
Dans les phrases réduites à « sujet + verbe sans complément », *nicht* se retrouve en **dernière position** si le verbe a une forme simple.
Er schläft °**nicht**.
Il ne dort pas.
Si le verbe a une forme complexe ou s'il est accompagné d'un complément, *nicht* se trouve **devant la forme non conjuguée ou le complément.**
Er hat **nicht** geschlafen.
Il n'a pas dormi.
Er geht **nicht** ins Kino.
Il ne va pas au cinéma.

Dans la négation **globale,** *nicht* peut être précisé par *mehr* ou par *noch*.

- Lea wohnt **nicht mehr** bei ihren Eltern.
  Léa n'habite plus chez ses parents.
- Ich habe das Buch **noch nicht** gelesen.
  Je n'ai pas encore lu le livre.

Quand *nicht* exprime une négation **partielle,** il est généralement non accentué et se place devant l'élément qu'il nie. Celui-ci est fortement accentué. La négation est souvent suivie d'une rectification introduite par *sondern*.

- Du irrst, in Berlin waren wir **nicht** °letztes Jahr, **sondern** °vorletztes Jahr.
  Tu te trompes, ce n'est pas l'année dernière qu'on est allés à Berlin mais l'année d'avant.

NOTEZ BIEN
Même le sujet peut faire l'objet d'une négation partielle.
Nicht °Peter hat es mir gesagt, sondern Florian.
Ce n'est pas Peter qui me l'a dit mais Florian.

KEIN-

Kein- s'emploie à la place de *nicht* devant un groupe nominal indéfini (sans article ou avec *ein*). La négation est généralement **globale**.

- Ich habe **kein** Geld bei mir.
  Je n'ai pas d'argent sur moi.
- Ich habe jetzt leider **keine** Zeit für dich.
  Je n'ai malheureusement pas de temps à te consacrer maintenant.

« *Kein* + indication de durée » signifie « **moins de** ».

- Wir sind **keine** Woche dort geblieben, so schlecht war das Wetter.
  Nous n'y sommes pas restés une semaine, tellement le temps était mauvais.

AUTRES MOYENS DE NÉGATION

La négation de personnes ou de choses est exprimée par les pronoms *keiner/keine/keines/keine* (aucun), *niemand* (personne) et *nichts* (rien).

- Ich habe meine Freunde gefragt, **keiner** wusste es.
  J'ai posé la question à mes amis, aucun ne le savait.
- Sie wollten es alle wissen, aber ich habe es **niemand(em)** gesagt.
  Tous voulaient savoir, mais je ne l'ai dit à personne.

La négation du temps ou du lieu est exprimée par les adverbes : *nie, niemals* (jamais) ou *nirgends*, *nirgendwo* (nulle part).

- Warst du noch **nie** in Hamburg?
  Tu n'es encore jamais allé à Hambourg?

Le préfixe ***un-*** et les suffixes ***-frei*** et ***-los*** permettent de fabriquer des adjectifs à contenu négatif.

Un- inverse le sens de l'adjectif.

möglich ➔ **un**möglich
possible ➔ impossible

angenehm ➔ **un**angenehm
agréable ➔ désagréable

-frei et *-los* expriment l'absence de ce qui est désigné par le mot auquel ils s'appliquent.

blei**frei**es Benzin
de l'essence sans plomb

ein wolken**los**er Himmel
un ciel sans nuages

La locution ***weder... noch...*** (ni... ni...) sert à relier des phrases négatives.

- Ich kann es **weder** bestätigen **noch** ausschließen.
  Je ne peux ni le confirmer ni l'exclure.

NOTEZ BIEN

Contrairement au français, il n'y a jamais de double négation en allemand.

Ich habe **nichts** gesehen.
Je n'ai rien vu.

Niemand hat etwas gesehen.
Personne n'a rien vu.

TRADUCTION EXPRESS

1 Le film n'est ni bon ni mauvais, il est moyen (*mittelmäßig*).
2 Mais non, ce n'était pas l'année dernière mais celle d'avant.
3 Il n'y a pas de bus aujourd'hui, les conducteurs sont en grève.
4 Cette règle vaut sans exception (*die Ausnahme*).
5 Personne n'a rien dit !

RÉPONSES

1 *Der Film ist weder gut noch schlecht, er ist mittelmäßig.*
2 *Aber nein, das war nicht letztes Jahr, sondern vorletztes.*
3 *Heute fährt kein Bus, die Fahrer streiken.*
4 *Diese Regel gilt ausnahmslos.*
5 *Niemand hat etwas gesagt!*

36 Les subordonnées complétives

On appelle « complétives » diverses subordonnées qui fonctionnent comme sujets ou compléments obligatoires de verbes.

FONCTIONS ET POSITIONS DES COMPLÉTIVES

Les complétives peuvent être **sujet** ou **objet** (direct ou indirect).

- **Dass er sich da nicht einmischen will**, wundert mich eigentlich nicht. [sujet]
  Qu'il ne veuille pas s'en mêler, à vrai dire, ça ne m'étonne pas.
- Ich hätte nicht gedacht, **dass er schon so alt ist**. [objet direct]
  Je n'aurais pas cru qu'il était aussi vieux.

Les complétives peuvent être placées en **1re position** dans la phrase.

- **Dass er schon so alt ist,** hätte ich nicht gedacht.
  Je n'aurais pas cru qu'il était aussi vieux.

Elles peuvent aussi être annoncées par ***es*** ou un pronom en *da-* + préposition.

- Es wundert mich nicht, **dass er sich da nicht einmischen will.**
  Je ne suis pas surpris qu'il ne veuille pas s'en mêler.
- Der Lehrer muss darauf achten, **dass alle Schüler mitkommen.** [fam.]
  Le professeur doit veiller à ce que tous les élèves suivent.

Les complétives peuvent être **complément d'un nom.**

- Sie wollten die Hoffnung nicht aufgeben, **dass er eines Tages wieder auftaucht**.
  Ils ne voulaient pas abandonner l'espoir de le voir réapparaître un jour.

COMPLÉTIVES EN *DASS* ET *OB*

La complétive est introduite par ***dass*** (que) quand le verbe dont elle dépend exprime un **fait** ou une **certitude.** Son verbe est à l'**indicatif** même là où le français emploie le subjonctif.

- Ich will nicht, **dass er mit uns kommt**.
  Je ne veux pas qu'il vienne avec nous.
- Du weißt doch, **dass er solche Scherze nicht leiden kann.**
  Tu sais bien qu'il n'aime pas ce genre de blagues.

Dass est souvent **absent** avec les verbes : *sagen* (dire), *glauben* (croire), *fürchten* (craindre), *hoffen* (espérer).
La subordonnée a alors la forme d'une **déclarative,** mais elle reste objet du verbe principal.

- Ich glaube, **es ist Zeit.**
  Je crois qu'il est temps.
- Ich hoffe, **du verstehst.**
  J'espère que tu comprendras.

La complétive est introduite par *ob* (si) quand le verbe dont elle dépend exprime une **question** ou une **incertitude.** Son verbe est toujours à l'**indicatif.**

- Hat er dir gesagt, **ob er kommt?**
  Il t'a dit s'il venait?
- Ich weiß nicht, **ob er die Stelle bekommen hat.**
  Je ne sais pas s'il a obtenu le poste.

NOTEZ BIEN
Il y a toujours une **virgule** avant *dass* ou *ob*.

CONSTRUCTIONS EN *W-* ET INFINITIVES

Les complétives introduites par un pronom en ***w-*** sont des **interrogatives** qui expriment une question **partielle indirecte.**

- Erklär' mir mal, **warum du nicht angerufen hast.**
  Explique-moi pourquoi tu ne nous as pas téléphoné.
- Weißt du noch, **wann wir zum letzten Mal in Berlin waren?**
  Tu te rappelles quand c'était, la dernière fois que nous sommes allés à Berlin?

Les subordonnées infinitives peuvent, elles aussi, être **sujets** (la virgule est possible mais pas obligatoire) ou **objets.**

- **Zu fett zu essen(,)** ist ungesund. [sujet]
  Manger trop gras est mauvais pour la santé.
- Er hat mir versprochen, **uns beim Umzug zu helfen.** [objet]
  Il m'a promis de nous aider pour le déménagement.

NOTEZ BIEN
Contrairement au français, l'allemand ne connaît guère la construction « mot interrogatif + infinitif ». On la remplace par une tournure avec un **verbe de modalité** souvent *sollen*.
Ich weiß nicht, **was ich sagen soll.**
Je ne sais pas quoi dire.
Er weiß nicht, **wie man mit Mädchen umgehen soll.**
Il ne sait pas comment s'y prendre avec les filles.

TRADUCTION EXPRESS

1 Il m'a conseillé de m'adresser à un avocat (*der Anwalt*).
2 Je lui ai dit que ça ne pouvait pas continuer comme ça.
3 Tu lui as demandé si ça l'intéressait ou pas ?
4 Je ne crois pas que ça en vaille la peine (*sich lohnen*).
5 J'espère qu'elle ne se sentira pas désavantagée (*benachteiligt*).
6 Faire toujours le même travail, c'est ennuyeux à la longue (*auf die Dauer*).

RÉPONSES

1 *Er hat mir geraten, mich an einen Anwalt zu wenden.*
2 *Ich habe ihm gesagt, dass es so nicht weitergehen kann.*
3 *Hast du ihn gefragt, ob es ihn interessiert oder nicht?*
4 *Ich glaube nicht, dass es sich lohnt.*
5 *Ich hoffe, sie wird sich nicht benachteiligt fühlen.*
6 *Immer nur dieselbe Arbeit zu machen, ist auf die Dauer langweilig.*

37 Les subordonnées temporelles

Les subordonnées temporelles sont introduites par des conjonctions de temps toujours suivies de l'indicatif. Elles expriment la simultanéité, l'antériorité, la postériorité, le début ou la fin, ou encore le déroulement parallèle de deux actions.

SIMULTANÉITÉ : *ALS* ET *WENN*

Als (quand, lorsque) **+ verbe au passé** indique que le fait relaté est unique.

- **Als wir in Berlin ankamen**, fing es an zu schneien.
  Quand nous sommes arrivés à Berlin, la neige s'est mise à tomber.
- **Als ich klein war**, gab es noch keine Handys.
  Quand j'étais petit, les téléphones portables n'existaient pas.

NOTEZ BIEN

Als suggère souvent indirectement une relation **causale**.

Als er das hörte, wurde er fuchsteufelswild.
En entendant cela, il devint fou furieux.

Wenn (quand, lorsque) **+ verbe au passé** indique que le fait relaté se répète, qu'il est habituel.

- **Wenn das Wetter schön war**, gingen wir baden.
  Quand il faisait beau, on allait se baigner.

Avec un **verbe au présent**, *wenn* indique, selon le contexte :

Un fait répété (présent intemporel exprimant une généralité)

- **Wenn sie lächelt**, sieht sie goldig aus.
  Quand elle sourit, elle est mignonne comme tout.

Un fait unique et à venir (*wenn* temporel) ou hypothétique (*wenn* conditionnel)

- Sag mir bitte Bescheid, **wenn du fertig bist**.
  Dis-moi quand tu auras terminé.
- Ich muss jetzt gehen. **Wenn er anruft**, sag ihm, dass ich morgen nicht kommen kann.
  Il faut que je parte. Quand il téléphonera / S'il téléphone, dis-lui que je ne pourrai pas venir demain.

ANTÉRIORITÉ ET POSTÉRIORITÉ : *BEVOR* ET *NACHDEM*

Bevor et *ehe* (avant de/que) indiquent que le fait relaté dans la principale est **antérieur** à celui de la subordonnée. *Bevor* est souvent accompagné de *noch*.

- Er hat aufgelegt, **(noch) bevor ich etwas sagen konnte.**
  Il a raccroché avant (même) que j'aie pu dire un mot.

Nachdem (après avoir/que) indique que le fait relaté dans la principale est **postérieur** à celui de la subordonnée. *Nachdem* est souvent accompagné de *gleich* (tout de suite).

- **Gleich nachdem sie gegessen hatten,** machten sie sich wieder an die Arbeit.
  Tout de suite après avoir mangé, ils se remirent au travail.

La **postériorité immédiate** est marquée par *sobald* (dès que) et *kaum* (à peine).

- Wir rufen dich an, **sobald wir angekommen sind**.
  Nous t'appellerons dès que nous serons arrivés.

NOTEZ BIEN

La subordonnée en *kaum* n'a pas le verbe à la fin mais en 2e position.

Kaum war er da, ging die Schlägerei los.
À peine était-il arrivé que la bagarre a éclaté.

DÉBUT ET FIN : *SEIT* OU *SEITDEM* ET *BIS*

Seit ou *seitdem* (depuis que) indique que le fait relaté dans la principale **commence** au moment où se produit le fait relaté dans la subordonnée.

- **Seit er Abendkurse besucht**, sehen wir uns kaum noch.
  Depuis qu'il suit des cours du soir, nous ne nous voyons plus guère.

Bis (jusqu'à ce que) indique que le fait relaté dans la principale **se termine** au moment où se produit le fait relaté dans la subordonnée.

- Gehen wir schon oder sollen wir warten, **bis er kommt**?
  On y va ou est-ce qu'on attend qu'il arrive ?

DÉROULEMENT PARALLÈLE : *WÄHREND*

Während (pendant que) exprime la simultanéité.

- **Während sie in den Ferien waren**, wurde bei ihnen eingebrochen.
  Pendant qu'ils étaient en vacances, ils ont été cambriolés.

▸ LES SUBORDONNÉES D'OPPOSITION ET DE CONCESSION PP. 139-141

EXERCICE

Complétez avec le subordonnant qui convient :
als, bevor, bis, kaum, wenn.

1 *Ich kaufe mir einen Flachbildfernseher* (écran plat), ... *die Preise mal niedriger sind.*

2 ... *ich mich dem Auto näherte, musste ich feststellen, dass der Reifen vorne links platt war.*

3 ... *man eine Digitalkamera kauft, sollte man Vergleichstests lesen.*

4 ... *war der Zug abgefahren, zog jemand die Notbremse.*

5 *Er will nichts entscheiden,* ... *er nähere Informationen hat.*

RÉPONSES

1 *wenn* **2** *als* **3** *bevor* **4** *kaum* **5** *bevor, bis*

38 Les subordonnées de type causal

▷ **Ces subordonnées expriment la cause, la conséquence, la condition, le but et le moyen. Elles se placent de préférence et, selon le cas, en tête ou en fin de phrase.**

CAUSE, EXPLICATION, JUSTIFICATION

Avec *weil* (parce que), la subordonnée se place généralement en **fin de phrase.** Elle peut exprimer la cause ou la justification.

- Ich habe fast nichts verstanden, **weil er mit stark bayerischem Akzent sprach.** [la cause]
  Je n'ai presque rien compris, parce qu'il parlait avec un fort accent bavarois.
- Hier hat es sicher geregnet, **weil die Straße noch ganz nass ist.** [la justification]
  Il a dû pleuvoir, ici, parce que la route est encore toute mouillée.

NOTEZ BIEN
À l'oral, *weil* est souvent suivi d'une pause, marquée à l'écrit par une virgule. La subordonnée a alors la forme d'une déclarative, surtout quand elle exprime une justification.
Hier hat es sicher geregnet, **weil, die Straße ist noch ganz nass.**
Il a dû pleuvoir, ici, parce que la route est encore toute mouillée.

Avec *da* (comme, étant donné que), la subordonnée se place généralement **en tête.**

- **Da er erkältet war,** konnte er nicht kommen.
  Comme il était enrhumé, il n'a pas pu venir.

CONSÉQUENCE

Avec *sodass* ou *so dass* (de sorte que), la subordonnée est toujours en **fin de phrase.**

- Das Tief zieht ab, **sodass ab morgen wieder mit schönem Wetter zu rechnen ist.**
  La dépression s'éloigne, de sorte que l'on peut espérer le retour du beau temps à partir de demain.

So + adjectif + *dass* (si/tellement... que) exprime la **conséquence de l'intensité.**

- Das Poster war teuer, es hat mir aber **so gut** gefallen, **dass ich es °doch gekauft habe.**
  Le poster était cher, mais il m'a tellement plu que je l'ai quand même acheté.

So... dass (de telle manière... que) exprime la **conséquence de la manière.**

- Sie hat ihn **so** angeschaut, **dass er sofort verstanden hat**, dass sie in ihn verliebt war.
  Elle l'a regardé de telle sorte qu'il a tout de suite compris qu'elle était amoureuse de lui.

CONDITION

Avec « *wenn* + indicatif », la condition et la conséquence sont **réalisables.**

- **Wenn du das Abitur bestehst**, bekommst du einen Roller.
  Si tu réussis ton bac, tu auras un scooter.

Avec « *wenn* + subjonctif II », la condition et la conséquence sont **irréelles.**

- **Wenn du besser aufpassen würdest**, wäre es nicht passiert.
  Si tu faisais plus attention, ça ne serait pas arrivé.
- **Wenn es nicht geschneit hätte**, wären wir früher da gewesen.
  S'il n'avait pas neigé, nous serions arrivés plus tôt.

Falls ou *im Falle, dass* (au cas où) présente la condition comme **aléatoire.**

- Ich gebe dir meine Handy-Nummer, **falls etwas schief geht.**
  Je te donne mon numéro de portable au cas où il y aurait un pépin.

NOTEZ BIEN

La condition peut également être exprimée par une **subordonnée sans *wenn*,** mais avec le verbe **en tête.** Cette construction est un peu littéraire mais courante avec *haben, sein* et *sollen*. La subordonnée est souvent placée hors-phrase et reprise par *so* ou *dann*.

Hätte ich genug Geld bei mir gehabt, hätte ich es gekauft.
Si j'avais eu assez d'argent sur moi, je l'aurais acheté.

Wärst du früher gekommen, so hätte es noch Champagner für dich gegeben.
Si tu étais venu plus tôt, il y aurait encore eu du champagne pour toi.

BUT

« *Um ... zu* + infinitif » (pour, pour que) s'emploie lorsque la principale et l'infinitive **ont le même sujet réel.**

- Ich schreibe es mir auf, **um es nicht zu vergessen.**
  [*Ich will es nicht vergessen.*]
  Je le note pour ne pas oublier.

▸ INFINITIF ET PARTICIPES P. 144

« *Damit* + indicatif » (pour, pour que) s'emploie quand la principale et la subordonnée **n'ont pas le même sujet.**

- Ich habe es dir aufgeschrieben, **damit du es nicht vergisst.**
  Je te l'ai noté pour que tu n'oublies pas.

NOTEZ BIEN

Ces subordonnées s'emploient aussi pour commenter ce qu'on va dire.

Damit du es weißt: Das darf nicht wieder passieren!
Sache-le : il ne faut pas que ça se reproduise !

« *Zu* + adjectif, *um... zu* + infinitif » exprime un **degré excessif** qui rend impossible le contenu de la subordonnée.

- Du bist noch **zu** jung, **um** das **zu** verstehen.
  Tu es trop jeune pour comprendre.

« *Nicht* + adjectif + *genug*, *um... zu* + infinitif » exprime une **insuffisance** qui rend impossible le contenu de la subordonnée.

- Er sah **nicht** gut **genug**, **um** Pilot **zu** werden.
  Il n'avait pas une assez bonne vue pour devenir pilote.

MOYEN

Indem et *dadurch..., dass* expriment le moyen, la manière.

- Ich habe viel Geld gespart, **indem** (ou : dadurch, dass) **ich den Anstrich selber gemacht habe**.
  J'ai économisé beaucoup d'argent en faisant la peinture moi-même.

NOTEZ BIEN

Dadurch et *dass* peuvent être séparés par la **forme non conjuguée du verbe** ou un **complément**.

Sie war ihm **dadurch** aufgefallen, **dass sie als einzige Frau kandidierte**.
Il l'avait remarquée du fait qu'elle était la seule femme à se porter candidate.

Die Politiker machen sich **dadurch** unglaubwürdig, **dass sie zu viel versprechen**.
Les hommes politiques perdent leur crédibilité en promettant trop.

EXERCICE

Complétez avec le subordonnant qui convient :
da, falls, sodass, um... zu, wenn

1 ... *du besser aufgepasst hättest, hättest du die Erklärung verstanden.*
2 ... *der Pass* (le col) *verschneit war, musste der Verkehr umgeleitet werden.*
3 *Der Campingplatz lag an der Eisenbahn, ... wir die ganze Nacht nicht schlafen konnten.*
4 *Viele alleinerziehende Mütter verdienen nicht genug, ... ohne Sozialhilfe leben ... können.*
5 ... *etwas dazwischenkommt* (s'il y a un problème), *kannst du mich unter meiner Handynummer erreichen.*

RÉPONSES
1 *Wenn* **2** *Da* **3** *sodass* **4** *um... zu* **5** *Falls*

39 Les subordonnées d'opposition et de concession

Les relations d'opposition et de concession sont exprimées par une grande variété de conjonctions et de constructions subordonnantes. Contrairement au français, le verbe est à l'indicatif.

▸ LES MOTS DE LIAISON P. 148

OBWOHL

Obwohl (bien que, alors que) exprime la **coexistence** de deux faits qui devraient s'exclure.

- Er sieht aus wie ein Erwachsener, **obwohl er erst 17 ist.**
  Il a l'air d'un adulte, bien qu'il ait seulement 17 ans.

Obwohl peut aussi exprimer une **restriction**, une mise en cause de ce qui vient d'être dit. Il se traduit alors par « encore que », « quoique ». La subordonnée est toujours en fin de phrase.

- Die Reise war sehr gut organisiert, **obwohl ich mir etwas mehr freie Zeit gewünscht hätte.**
  Le voyage était très bien organisé, encore que j'aurais aimé avoir un peu plus de temps libre.

AUCH WENN ET *SELBST WENN*

Auch wenn (même quand / même si) exprime une **circonstance qui n'empêche pas la réalisation d'un fait.**

- Als selbständiger Handwerker muss er immer arbeiten, **auch wenn er krank ist.**
  Comme artisan indépendant, il est obligé de travailler même quand il est malade.

NOTEZ BIEN

Quand l'énoncé commence par la subordonnée en *auch wenn*, celle-ci est souvent **hors-phrase.**

hors-phrase — 1 — 2

Auch wenn es dir schwer fällt, du musst dich bei ihm entschuldigen.
Même si ça t'est pénible, il faut que tu lui présentes tes excuses.

Auch wenn sert aussi à **atténuer** ce qui a été dit avant.

- Man muss ihn verstehen, **auch wenn man sein Verhalten nicht billigen kann.**
  Il faut le comprendre, même si on ne peut pas approuver son comportement.

Selbst wenn (même quand / même si) marque une opposition plus forte que *auch wenn*.

- **Selbst wenn die Chancen gering sind**, wir müssen es versuchen. [subordonnée hors-phrase]
  Même si les chances sont minces, il faut essayer.
- **Selbst wenn ich es wüsste**, würde ich es ihm nicht sagen. [subordonnée en 1re position devant le verbe de la principale]
  Même si je le savais, je ne le lui dirais pas.

WENN... AUCH

En tête d'énoncé mais hors-phrase, la subordonnée en *wenn... auch* (avoir beau) exprime un **fait qui n'en annule pas un autre.**

- **Wenn du auch bald 30 wirst**, du verhältst dich manchmal noch wie ein Kind.
  Tu as beau avoir bientôt 30 ans, tu te comportes parfois comme un enfant.

En fin de phrase, la subordonnée en *wenn... auch*, souvent elliptique, introduit une restriction ; *wenn... auch* se traduit alors par « quoique » ou « encore que ».

- Er fährt gut, **wenn auch etwas zu schnell**.
  Il conduit bien, quoiqu'un peu trop vite.

OB... ODER...

Ob... oder... exprime une **alternative** sans effet sur ce qui est dit dans la principale.

- Ich fahre morgen weg, **ob es dir passt oder nicht**.
  Je pars demain, que ça te plaise ou non.

En tête d'énoncé, la subordonnée est **hors-phrase** et souvent **elliptique**.

- **Ob es regnet oder schneit**, Vertreter sind immer unterwegs.
  Qu'il pleuve ou qu'il neige, les représentants sont toujours sur les routes.
- **Ob Mann oder Frau, arm oder reich**, das Problem geht uns alle an.
  Homme ou femme, riche ou pauvre, le problème nous concerne tous.

WAS/WER ... AUCH (IMMER)

Les constructions en *was/wer... auch* (*immer*) expriment que la principale est **vraie** quelle que soit la variable représentée par le pronom en ***w***- (quel/qui/quoi/où... que + subjonctif).

- Ich heirate ihn, **was du auch von ihm halten magst**.
  Je l'épouserai, quoi que tu puisses penser de lui.

Placées en tête d'énoncé, elles sont toujours hors-phrase.

- **Wo man auch hinkommt,** überall sieht man dieselben Werbeplakate.
  Où que l'on aille, on voit partout les mêmes publicités.
- **Was auch immer geschieht**, ich werde zu dir stehen.
  Quoi qu'il arrive, je te soutiendrai.

WÄHREND

Während exprime une **opposition**, un contraste entre deux faits.

- **Während die Haitianer hungern**, tummeln sich reiche Touristen auf Dominicas Strände.
  Tandis que les Haïtiens souffrent de la faim, de riches touristes s'ébattent sur les plages dominicaines.

Während a aussi un sens **temporel**, les deux sens étant souvent liés.

- Viele Männer sitzen vor dem Fernseher, **während ihre Frau in der Küche hantiert**.
  Beaucoup d'hommes restent assis devant la télé, pendant que leur femme s'affaire à la cuisine.

TRADUCTION EXPRESS

1 Même si j'étais riche, je ne vivrais pas dans un tel luxe.
2 Nous sommes montés à pied au sommet, bien qu'on puisse y aller en télécabine (*Bergbahn*).
3 Quoi qu'il dise, je le ferai.
4 Qu'il dise la vérité ou non, personne ne le croit plus.

RÉPONSES

1 *Auch wenn ich reich wäre, würde ich nicht in solchem Luxus leben.*
2 *Wir sind zu Fuß zum Gipfel hinaufgestiegen, obwohl man auch mit der Bergbahn hinaufkann.*
3 *Was er auch sagt, ich werde es tun.*
4 *Ob er die Wahrheit sagt oder nicht, niemand glaubt ihm mehr.*

40 Infinitif et participes

▷ L'infinitif et les participes présent et passé sont des formes non conjuguées du verbe, que l'on utilise pour construire les temps composés ou le passif. Ils peuvent recevoir des compléments, tout comme les formes conjuguées.

FORMES DE L'INFINITIF ET DES PARTICIPES

- **L'infinitif** est formé sur le radical du verbe augmenté du suffixe ***-en*** (ou ***-n*** si le radical se termine par ***-l*** ou ***-r***).

sing**en**	bring**en**	lächel**n**	plauder**n**
chanter	apporter	sourire	bavarder

Cas particuliers : *sein* (être), *tun* (faire)

- **Le participe présent** est formé sur le radical du verbe augmenté du suffixe ***-end*** (ou ***-nd*** si le radical se termine par ***-l*** ou ***-r***).

sing**end**	lächel**nd**	plauder**nd**
en chantant	en souriant	en bavardant

- **Le participe passé** est formé de deux façons différentes selon les verbes.

Pour les verbes forts : *ge-* + radical du verbe + *-en*

gefund**en**	**ge**blieb**en**	**ge**geb**en**
trouvé	resté	donné

Pour les verbes faibles ou mixtes : *ge-* + radical du verbe + *-t*

gekauf**t**	**ge**tauch**t**	**ge**brach**t**
acheté	plongé	porté

- Pour les verbes forts et mixtes, la voyelle du radical du participe passé peut être **différente** de celle de l'infinitif.

  spr**i**ngen (sauter) → gespr**u**ngen
  w**e**rfen (jeter) → gew**o**rfen
  d**e**nken (penser) → ged**a**cht

- L'élément ***ge-*** se place entre le radical et le préverbe séparable.

  abreißen (arracher) → ab**ge**rissen
  ausdrücken (exprimer) → aus**ge**drückt
  nachprüfen (vérifier) → nach**ge**prüft

- Il n'y a pas de ***ge-*** si le verbe commence par un préverbe inséparable ou se termine par ***-ieren***.

  versuchen (tenter) → versucht
  ertrinken (se noyer) → ertrunken
  rasieren (se raser) → rasiert.

EMPLOI DE L'INFINITIF ET DU PARTICIPE PASSÉ DANS LES FORMES COMPOSÉES

L'infinitif est utilisé pour former le **futur.**

- Mach dir keine Sorgen, ich **werde** es nicht **vergessen.**
  Ne t'inquiète pas, je n'oublierai pas.

▸ LE PRÉSENT ET LE FUTUR DE L'INDICATIF P. 20

Le participe passé est utilisé pour former le **parfait** avec *sein* ou *haben.*

- Ich **habe** mir ein neues Paar Ski **gekauft.**
  Je me suis acheté une nouvelle paire de skis.
- Sie **ist** vor einem Monat nach München **gezogen.**
  Elle est allée s'installer à Munich il y a un mois.

▸ LES TEMPS DU PASSÉ P. 23

Le participe passé est également employé pour former le **passif.**

- Die befreiten Geiseln **wurden** auf dem Flughafen vom Minister persönlich **empfangen.**
  Les otages libérés ont été accueillis à l'aéroport par le ministre en personne.

▸ LE PASSIF P. 43

EMPLOI DES PARTICIPES PRÉSENT ET PASSÉ COMME ÉPITHÈTES

Les participes peuvent s'employer comme l'**adjectif épithète.**

Employé seul ou avec des compléments, le participe présent présente l'action **dans son déroulement.**

- Viele **schon lange in Deutschland lebende** Türken haben die deutsche Staatsangehörigkeit beantragt.
  Beaucoup de Turcs vivant depuis longtemps en Allemagne ont demandé la nationalité allemande.

Employé seul ou avec des compléments, le participe passé présente l'action **comme achevée.**

- Der **vor drei Wochen abgeschickte** Brief ist noch nicht angekommen.
  La lettre envoyée il y a trois semaines n'est pas encore arrivée.

Les participes passé et présent et leurs compléments peuvent être transformés en **relatives.**

- Viele **schon lange in Deutschland lebende** Türken
  → Viele Türken, **die schon lange in Deutschland leben**
- Der **vor drei Wochen abgeschickte** Brief
  → Der Brief, **der vor drei Wochen abgeschickt wurde**

CONSTRUCTIONS INFINITIVES AVEC *ZU*

L'infinitif est le plus souvent accompagné de compléments. Ils constituent avec lui un **groupe infinitif** qui fonctionne comme complément d'un nom ou d'un verbe. Il est toujours délimité par une virgule à gauche et une autre (ou un point) à droite.

Le groupe infinitif **précise** le contenu du nom ou du verbe qu'il complète.

- Der Versuch, **die Geiseln mit Gewalt zu befreien**, endete mit einem Blutbad.
  La tentative de libérer les otages par la force se termina dans un bain de sang.
- Dem Präsidenten wurde vorgeworfen, **nicht schnell genug gehandelt zu haben.**
  On a reproché au président de ne pas avoir agi assez rapidement.

Avec certaines prépositions, le groupe infinitif devient une véritable subordonnée, qui peut être placée en tête, en milieu ou en fin de phrase.

um... zu + infinitif (pour, afin de)

- Er trug einen Bart und eine schwarze Brille, **um nicht erkannt zu werden**.
  Il portait une barbe et des lunettes noires pour ne pas être reconnu.

(an)statt... zu + infinitif (au lieu de)

- **Anstatt zu arbeiten**, liest er nur Comics.
  Au lieu de travailler, il ne fait que lire des bandes dessinées.

ohne... zu + infinitif (sans)

- Er ist in seine Heimat zurückgeflogen, **ohne das Mädchen wiedergesehen zu haben**.
  Il est retourné dans son pays sans avoir revu la fille.

NOTEZ BIEN

Quand la principale et la subordonnée n'ont pas le même sujet, on utilise ***ohne dass***.

Er verließ das Zimmer, **ohne dass** es die anderen merkten.
Il quitta la pièce sans que les autres le remarquent.

Avec certains verbes, le groupe infinitif est employé avec ***zu*** mais sans virgule.

sein... zu + infinitif : possibilité ou obligation

- Ein solches Verhalten **ist** einfach nicht **zu begreifen**.
  Un tel comportement n'est tout simplement pas compréhensible.
- Hunde **sind** an der Leine **zu führen**.
  Les chiens doivent être tenus en laisse.

haben... zu + infinitif : obligation

- Ich kann nicht mit euch ins Kino, ich **habe** noch zu viel **zu tun**.
  Je ne peux pas aller avec vous au cinéma, j'ai encore trop de choses à faire.

nicht brauchen... zu + infinitif : non obligation, ne pas avoir besoin de (faire quelque chose)

- Er **braucht** mir **nicht zu helfen**, ich schaffe es allein.
  Je n'ai pas besoin de son aide, j'y arriverai tout seul.

scheinen... zu + infinitif : apparence

- Das Wetter **scheint** besser **zu werden**.
  Il semble que le temps s'améliore.
- Er **scheint** es nicht gewusst **zu haben**.
  Il semble ne pas l'avoir su.

CONSTRUCTIONS INFINITIVES SANS *ZU*

Le groupe infinitif est employé sans ***zu*** comme complément de certains verbes. Il n'est alors pas délimité par des virgules.

Comme complément d'un **verbe modal** (*dürfen, können, mögen, müssen, sollen, wollen*).

▸ LES VERBES MODAUX PP. 33-34

- Ich **kann** mir kein Auto **leisten**, so **muss** ich zu Fuß oder mit dem Bus zur Arbeit **gehen**.
  Je ne peux pas me payer une voiture, je dois donc aller travailler à pied ou en bus.

Comme complément de *bleiben*, *gehen*, *kommen*, *schicken*.

bleiben + infinitif d'un verbe de position (*hängen*, *liegen*, *sitzen*, *stehen*)

- Sie ist eine Weile vor dem Schaufenster **stehen geblieben** und ist dann weitergegangen.
  Elle est restée un moment devant la vitrine avant de continuer son chemin.

gehen, *kommen*, *schicken* + infinitif d'un verbe exprimant l'activité qui motive le déplacement

- Mach den Kaffee, ich **geh** die Brötchen **kaufen**.
  Prépare le café, je vais acheter les petits pains.
- Paul, ich habe schon zweimal gerufen. **Kommst** du jetzt endlich **essen**?
  Paul, j'ai déjà appelé deux fois. Tu viens manger à la fin?

- Comme complément de *sehen/hören* pour relater un **fait dans son déroulement.**

  - Er macht sonst immer ein ernstes Gesicht, aber auf diesem Bild **sieht** man ihn **lächeln**.
    D'habitude il a toujours le visage grave, mais sur cette photo on le voit sourire.
  - Seid mal still, ich glaube, man **hört** jemanden **rufen**.
    Taisez-vous un instant, je crois qu'on entend quelqu'un appeler.

- « *Lassen* + infinitif » peut avoir deux sens : « laisser faire » ou « faire faire ».

  Comme transitif

  - **Lass** mich bitte **ausreden**.
    Laisse-moi terminer de parler, s'il te plaît.
  - Der Diktator **ließ** den Oppositionsführer **verhaften**.
    Le dictateur a fait arrêter le chef de file de l'opposition.

  Comme pronominal

  - Unsere Katze **lässt sich** nicht gern **streicheln**.
    Notre chat ne se laisse pas volontiers caresser.
  - Morgen **lasse** ich **mir** die Haare **schneiden**.
    Demain, je me fais couper les cheveux.

- Quand toutes ces constructions sont au parfait, le participe passé prend la forme de l'infinitif, ce qui entraîne une suite de deux infinitifs, que l'on appelle traditionnellement **double infinitif.**

  - Ich **sehe** ihn von weitem **kommen**.
    Ich habe ihn von weitem **kommen sehen**.
    Je l'ai vu venir de loin.
  - Er **lässt** sein Haus **renovieren**.
    Er hat sein Haus **renovieren lassen**.
    Il a fait rénover sa maison.

EMPLOIS DU GROUPE INFINITIF COMME SUJET

Le groupe infinitif peut fonctionner comme **sujet du verbe de la principale.** On a alors le choix de l'employer avec ou sans ***zu***, et avec ou sans virgule.

- **Ein bisschen Sport zu treiben**, kann nicht schaden.
  Faire un peu de sport ne peut pas faire de mal.
- **Bio essen** ist heute Mode.
  Manger bio, c'est à la mode.

TRADUCTION EXPRESS

1 Tu devrais préparer ton examen (*sich auf etw. vorbereiten*) au lieu de surfer tout le temps sur Internet (*im Internet*).

2 Il a sauté dans l'eau froide sans hésiter (*zögern*).

3 On lui a reproché de travailler trop lentement.

4 Les parents protestent contre la décision (*die Entscheidung*) de fermer une classe.

5 J'ai vu les voleurs (*der Räuber*) entrer dans le magasin.

6 Tous les samedis, ils vont manger au restaurant.

7 Laissez-moi dire encore une chose (*eines*).

RÉPONSES

1 *Du solltest dich auf die Prüfung vorbereiten, statt dauernd im Internet zu surfen.*

2 *Er ist ins kalte Wasser gesprungen, ohne zu zögern.*

3 *Man hat ihm vorgeworfen, zu langsam zu arbeiten.*

4 *Die Eltern protestieren gegen die Entscheidung, eine Klasse zu schließen.*

5 *Ich habe die Räuber in das Geschäft eintreten sehen.*

6 *Jeden Samstag gehen sie ins Restaurant essen.*

7 *Lassen Sie mich noch eines sagen.*

41 Les mots de liaison

▷ Les mots de liaison servent à relier des phrases ou des compléments de même niveau à l'intérieur d'une phrase. Selon les positions qu'ils peuvent occuper dans la phrase qu'ils relient à la précédente, on distingue les conjonctions de coordination et les connecteurs.

POSITION DES CONJONCTIONS ET DES CONNECTEURS

Les conjonctions de coordination sont des mots de liaison qui se placent normalement en tête de phrase mais sans être immédiatement suivis de la forme conjuguée du verbe. On dit qu'elles sont en **position « zéro »**. Ce sont : *aber* (mais), *denn* (car), *doch* (mais), *oder* (ou), *sondern* (mais) et *und* (et).

0 1 2

- Wir sind nicht hingefahren, **denn** die Straßen waren glatt.
  Nous n'y sommes pas allés, car les routes étaient verglacées.

Aber peut également figurer **après** le verbe conjugué.

- Ich wollte dich anrufen, mein Handy hat **aber** nicht funktioniert.
  Je voulais te téléphoner, mais mon portable n'a pas fonctionné.

NOTEZ BIEN

Certains mots fonctionnant comme conjonctions peuvent également s'employer comme **particule** pour moduler le sens de la phrase. Elles figurent alors après le verbe conjugué.

°Du bist **aber** groß geworden!
Qu'est-ce que tu as grandi !

▸ COMMENTAIRES ET ATTITUDES DU LOCUTEUR PP. 159-160

Les connecteurs sont des mots de liaison qui sont immédiatement suivis du verbe conjugué quand ils sont en tête de phrase. Autrement dit, ils occupent la **1re position** dans la phrase devant le verbe en 2e position. Ils peuvent s'employer à la place ou en plus des conjonctions.

0 1 2

- Du solltest nicht rauchen. Es ist ungesund und **außerdem** kostet es viel Geld.
  Tu ne devrais pas fumer. Ce n'est pas bon pour la santé et en plus ça coûte cher.

LIENS LOGIQUES EXPRIMÉS PAR LES MOTS DE LIAISON

Les mots de liaison peuvent exprimer des liens logiques très divers dont voici les principaux.

Ajout

Außerdem (en outre, de plus) : pour ajouter une information ou un argument

- Hier isst man sehr gut. **Außerdem** ist die Bedienung sehr nett.
  [connecteur]
  Ici, on mange très bien. En plus, ils sont très aimables.

Übrigens (d'ailleurs) : pour ajouter un argument « secondaire », mais souvent décisif

- Ich geh' nicht mit, ich habe zu viel zu tun. **Übrigens** interessiert mich der Film nicht.
  [connecteur]
  Je ne vous accompagne pas, j'ai trop à faire. D'ailleurs, le film ne m'intéresse pas.

Explication et conséquence

Denn (car)

- Ich bin gestern Abend früh ins Bett, **denn** ich war hundsmüde.
  [conjonction]
  Hier soir, je me suis couché tôt, car j'étais complètement crevé.

Nämlich (en effet)
[élément atypique, toujours après le verbe conjugué, souvent non traduit en français]

- Kannst du mich zum Bahnhof fahren? Ich hab' **nämlich** den Bus verpasst.
  Tu peux me conduire à la gare ? J'ai raté mon bus.

Also (donc, par conséquent)

- Er ist seine Schuld, **also** muss er für den Schaden aufkommen.
  [connecteur]
  C'est sa faute, c'est donc à lui de payer les dégâts.

Darum, deshalb (c'est pourquoi, c'est la raison pour laquelle)

- Wir müssen die kleinen Erzeuger unterstützen. **Deshalb** kaufe ich nur Kaffee vom fairen Handel.
  [connecteur]
  Il faut soutenir les petits producteurs. C'est pourquoi je n'achète que du café du commerce équitable.

Opposition et concession

Aber (mais)

- Es hatte geklingelt, **aber** als er die Tür aufmachte, war niemand da.
  [conjonction]
  On avait sonné, mais quand il a ouvert la porte, il n'y avait personne.

Allerdings (mais, cependant, toutefois)

- Er war ein ruhiger Mensch. **Allerdings** durfte man ihm nicht zu nahe treten.
  [connecteur]
  C'était un homme calme et paisible. Mais il ne fallait pas le « chercher » !

Dennoch, trotzdem (quand même)

- Ja, die Wohnung ist schön, **dennoch** finde ich die Miete etwas übertrieben.
  [connecteur]
  C'est vrai, l'appartement est bien, mais le loyer me paraît quand même un peu excessif.

Doch (cependant, pourtant)

- Ich habe ihm die Nachricht gemailt, **doch** er hat nicht darauf reagiert.
  [conjonction]
  Je lui ai transmis l'information par courriel, mais il n'a pas réagi.
- Die Sache rechtlich war kompliziert, **doch** konnte eine Lösung gefunden werden.
  [connecteur]
  L'affaire était juridiquement complexe, mais une solution a finalement pu être trouvée.

Zwar... aber (certes... mais)

- Das Parken ist **zwar** hier verboten, **aber** es hält sich keiner daran.
  [conjonction/connecteur]
  Il est interdit de stationner ici, mais personne ne s'y tient.

Restriction et rectification

Jedenfalls (en tout cas)

- Ach nein, ich glaube nicht, dass sie schon fünfzig ist, **jedenfalls** sieht sie viel jünger aus.
  Oh non, je ne crois pas qu'elle ait déjà cinquante ans, en tout cas, elle paraît bien plus jeune.

Sondern (mais) : pour rectifier une phrase négative en remplaçant le faux par le vrai

- Paul Klee war nicht Deutscher, **sondern** Schweizer.
  [conjonction]
  Paul Klee n'était pas allemand mais suisse.

Zumindest (du moins)

- Die Gefahr ist nun vorüber, **zumindest** scheint es so.
  [connecteur]
  Le danger est maintenant passé, du moins c'est ce qu'il semble.

Précision

Nämlich (à savoir) : introduit une énumération

- Es sind nur drei gekommen, **nämlich** Lena, Max und Felix.
  Ils ne sont que trois à être venus, à savoir Lena, Max et Félix.

Und zwar (et ce)
[connecteur introduisant le plus souvent un énoncé elliptique]

- Ich bin dagegen, **und zwar** aus folgendem Grund: …
  Je suis contre, et ce pour la raison suivante : …

Autres liens logiques

Einerseits… andererseits (d'un côté… de l'autre)

- **Einerseits** hat er das verdient, was ihm passiert ist, **andererseits** tut er mir doch leid.
  [connecteurs]
  D'un côté il a mérité ce qui lui arrive, d'un autre, il me fait quand même pitié.

Sonst (sinon)

- Zieh dich warm an, **sonst** erkältest du dich.
  [connecteur]
  Habille-toi bien, sinon tu vas prendre froid.

EXERCICE

Complétez avec le mot de liaison qui convient : *also, außerdem, jedenfalls, sonst, übrigens, zumindest*.

1 *Die Landschaft war wunderschön, wir haben gut gegessen und … waren die Leute sehr freundlich.*

2 *Ich habe sein jüngstes Buch nicht gelesen, … interessiert mich dieser Autor nicht.*

3 *Das Flugzeug konnte nicht abfliegen* (décoller), *… hat man uns in einem Hotel untergebracht.*

4 *Mag sein, dass er nicht sehr sympathisch ist, … ist er kompetent und darauf kommt es ja an* (c'est ce qui compte).

5 *Er will zurücktreten* (démissionner), *… hat er es in seiner Rede durchblicken lassen* (laisser transparaître).

6 *Du musst jetzt gehen, … verpasst* (rater) *du noch den Zug.*

RÉPONSES
1 *außerdem* **2** *übrigens* **3** *also* **4** *jedenfalls* **5** *zumindest* **6** *sonst*

42 Le discours rapporté

▷ On peut « rapporter » les paroles ou les pensées de quelqu'un de plusieurs façons. Les plus fréquentes sont le discours direct et le discours indirect, mais d'autres existent aussi, comme l'emploi de verbes ou d'adverbes spécialisés.

DISCOURS DIRECT

Le discours direct consiste à « faire parler » celui dont on rapporte les paroles. Le verbe introducteur peut être placé avant ou après les propos rapportés.

- Plötzlich hat er geschrien: „Mir reicht's jetzt!"
  D'un seul coup, il a hurlé : « J'en ai marre ! »

DISCOURS INDIRECT

Le discours indirect consiste à « gommer » le locuteur d'origine en se plaçant du point de vue de celui qui rapporte les propos.

L'énoncé d'origine dépend du verbe introducteur tandis que les pronoms personnels, les possessifs et la forme verbale sont adaptés à la perspective de celui qui rapporte.

Discours direct

- Er sagt: „**Ich** habe **Deine** Karte aus Münster bekommen."
  Il dit : « J'ai reçu ta carte de Münster. »

Discours indirect

- Er sagt, dass **er meine** Karte aus Münster bekommen hat.
  Il dit qu'il a reçu ma carte de Münster.

NOTEZ BIEN

À l'oral, on fait souvent l'économie de *dass* et l'on juxtapose l'énoncé rapporté au verbe introducteur, comme s'il s'agissait d'une indépendante (verbe en 2e position).

Er schreibt, er hat meine Karte aus Münster bekommen.

Le temps du discours indirect est le même que celui du discours direct, quel que soit le temps du verbe introducteur. Contrairement au français, il n'y a donc pas de concordance des temps en allemand.

Er sagt: Er hat gesagt: Er sagte: Er hatte gesagt: Er wird sagen:	„Es **gefällt** mir." → dass es ihm **gefällt**. „Ich **werde** es tun." → dass er es tun **wird**. „Ich **habe** nichts gewusst." → dass er nichts gewusst **hat**.

Le choix du mode (indicatif, subjonctif I ou subjonctif II) dépend de plusieurs facteurs.

Dans la langue parlée courante, on n'utilise pratiquement que l'indicatif ou la périphrase en « *würde* + infinitif ».

- Sie hat gesagt: „Ich komme später."
  → Sie hat gesagt, sie kommt später. / sie würde später kommen.
  Elle a dit : « Je viendrai plus tard. » → Elle a dit qu'elle viendrait plus tard.

Dans la langue écrite ou la langue parlée soignée, on utilise généralement le subjonctif I.

- Er erklärte, dass er sich nicht in diese Sache einmischen **wolle**, sie **sei** ihm zu heikel.
  Il déclara qu'il ne voulait pas se mêler de cette affaire, (car) elle lui paraissait trop délicate.

▸ LE SUBJONCTIF I P. 28

NOTEZ BIEN

Lorsque le subjonctif I ne se distingue pas de l'indicatif, on utilise le **subjonctif II**.

Er hat mir gesagt, sie **haben** sich eine Ferienwohnung gekauft. [ind. ou subj. I]
Er hat mir gesagt, sie **hätten** sich eine Ferienwohnung gekauft. [subj. II]
Il m'a dit qu'ils s'étaient acheté un appartement de vacances.

MODAUX ET AUTRES TOURNURES VERBALES

« *Sollen* + infinitif complément » s'utilise pour :

Rapporter des rumeurs dont on ne connaît pas le locuteur d'origine

- Unser Nachbar **soll** eine hohe Summe im Lotto gewonnen haben.
  Il paraît que notre voisin a gagné une forte somme au loto.

Transmettre un ordre donné par une personne identifiable dans le contexte

- Ich war heute Nachmittag bei Laura. Du **sollst** mal bei ihr vorbeikommen.
  J'étais chez Laure hier après-midi. Elle te demande de passer la voir un de ces jours.

- « *Wollen* + infinitif complément au passé » indique que l'on ne croit pas à ce que dit celui dont on rapporte les propos (il prétend que...).

  - Er **will** es nicht **gewusst haben**.
    Il prétend ne pas l'avoir su.

- *Es heißt* + subordonnée en *dass* ou *es heißt* + énoncé indépendant avec verbe conjugué en 2e position s'utilisent pour rapporter ce que l'on a lu ou entendu dans la presse écrite ou parlée.

  - **Es heißt**, die Fernsehgebühr wird bald um 10 Prozent erhöht.
    Il paraît que la redevance télé va bientôt être augmentée de 10 pour cent.

- *Ich habe gehört* + subordonnée en *dass* ou *ich habe gehört* + énoncé indépendant avec verbe conjugué en 2e position s'utilisent pour rapporter ce que l'on a entendu dire.

  - **Ich habe gehört, dass** du nach Australien auswandern willst. Wieso denn?
    J'ai entendu dire que tu voulais émigrer en Australie. Pourquoi ça?

Unser Nachbar soll eine hohe Summe im Lotto gewonnen haben.

AUTRES MOYENS : PRÉPOSITIONS, ADVERBES…

Groupe nominal au datif + ***zufolge***

- **Den Psychiatern zufolge** leidet der Täter an Schizophrenie.
  D'après les psychiatres, le meurtrier souffre de schizophrénie.

Angeblich (quand le locuteur d'origine n'est pas nommé et le rapporteur est méfiant)

- Ich konnte ihn nicht sprechen, er war **angeblich** verreist.
  Je n'ai pas pu le rencontrer, il était soi-disant en voyage. [Je ne suis pas sûr que ce soit vrai.]

So + groupe nominal au nominatif en incise (ne se rencontre qu'à l'écrit, surtout dans la presse)

- Wenn diese Maßnahmen nicht ausreichen, **so der Kanzler**, dann müssen wir härtere treffen.
  Si ces mesures ne suffisent pas, dixit le chancelier, alors il faudra en prendre de plus énergiques.

EXERCICE

Traduisez en tenant compte de l'indication entre crochets.

1 Moi, il m'a dit qu'il n'en avait pas entendu parler (*etw. von etw. hören*). [indicatif]

2 J'ai entendu dire que tu voulais changer de métier (*den Beruf wechseln*). C'est vrai ? [sans *dass*]

3 Elle affirme qu'elle t'a mis au courant (*jdm Bescheid sagen*). [subj. II, sans *dass*]

4 Le chef du gouvernement a expliqué qu'une augmentation générale des impôts (*die Steuererhöhung*) était inévitable (*unvermeidlich*). [subj. I]

5 On dit qu'il est mort du SIDA (*Aids*). [*sollen*]

6 Elle n'a pas répondu à mon mail, elle prétend qu'elle ne l'a pas eu. [*angeblich*]

RÉPONSES

1 *Mir hat er gesagt, dass er nichts davon gehört hat.*

2 *Ich habe gehört, du willst den Beruf wechseln. Stimmt's?*

3 *Sie behauptet, sie hätte dir Bescheid gesagt.*

4 *Der Regierungschef erklärte, dass eine allgemeine Steuererhöhung unvermeidlich sei.*

5 *Er soll an Aids gestorben sein.*

6 *Sie hat auf meine E-Mail nicht geantwortet, angeblich hat sie sie nicht erhalten.*

43 Commentaires et attitudes du locuteur

L'énoncé n'est pas seulement constitué de mots et d'expressions qui décrivent les choses dont on parle. Il comporte souvent aussi des éléments qui permettent à celui qui parle de nuancer et de commenter ses propos ou de se situer par rapport à ce qu'il dit.

EXPRIMER UN DEGRÉ DE CERTITUDE, UNE PROBABILITÉ

Le possible s'exprime par le verbe modal *können*, mais aussi par les adverbes *vielleicht* (peut-être) ou *womöglich* (peut-être bien que...).

▸ *KÖNNEN* P. 41

- Warum kommt er nicht? – **Vielleicht** hat er den Termin vergessen.
  Pourquoi ne vient-il pas ? – Il a peut-être oublié le rendez-vous.

Le probable s'exprime par :

le futur en *werden* souvent accompagné de *schon*

- Mach dir keine Sorgen um sie. Sie **wird schon** wissen, was sie macht.
  Ne t'inquiète pas pour elle, elle doit bien savoir ce qu'elle fait.

le verbe modal *dürfte* utilisé uniquement à l'écrit

- Dass Rauchen gesundheitsschädlich ist, **dürfte** nun wohl allgemein bekannt sein.
  J'imagine que tout le monde sait bien, maintenant, que le tabac nuit à la santé.

des adverbes comme *vermutlich* (sans doute) ou *wahrscheinlich* (probablement)

- Das Attentat wurde **vermutlich** von Al Qaida verübt.
  L'attentat a sans doute été perpétré par Al Qaida.

Le certain s'exprime par le verbe modal *müssen* ou les adverbes *bestimmt*, *gewiss*, *sicher* (certainement) ou *zweifellos*, *ohne Zweifel* (sans aucun doute).

- Er **muss** zu Hause sein, sein Auto steht vor der Tür.
  Il doit être à la maison, puisque sa voiture est devant la porte.
- Sie ist **bestimmt** über vierzig.
  Elle a certainement plus de quarante ans.

RENFORCER OU ATTÉNUER L'AFFIRMATION

Pour renforcer **sa crédibilité** : *wirklich* (vraiment)

- Du kannst es glauben, sie hat es **wirklich** nicht gewusst.
  Tu peux le croire, elle ne le savait vraiment pas.

Pour confirmer **une idée, une hypothèse** : *tatsächlich* (effectivement)

- Die Polizei hat nachgeprüft: an diesem Tag war der Verdächtige **tatsächlich** in Köln.
  La police a vérifié : ce jour-là, le suspect était effectivement à Cologne.

Pour fonder son propos **sur l'évidence** : *offenbar* (manifestement)

- **Offenbar** handelt es sich um einen Mord, der als Unfall getarnt wurde.
  Il s'agit manifestement d'un meurtre déguisé en accident.

Pour fonder son propos **sur l'apparence** : *scheinbar* (apparemment, en apparence)

- Die Regierung wollte **scheinbar** den Kapitalismus reformieren – aber eben nur scheinbar.
  Le gouvernement semblait vouloir réformer le capitalisme – mais ce n'était qu'une apparence.

Pour fonder son propos **sur le connu** : *bekanntlich* (comme on sait)

- Die Deutschen trinken **bekanntlich** mehr Bier als Wein.
  Comme on sait, les Allemands boivent plus de bière que de vin.

METTRE EN RELIEF OU EN PERSPECTIVE

Certains éléments, souvent les mêmes que les particules, servent à **mettre en valeur une indication** en focalisant l'attention sur elle, en la démarquant par rapport à d'autres ou en la situant par rapport à une attente. Ces éléments figurent le plus souvent **juste devant l'indication**, qui reçoit alors un **accent contrastif** (marqué ici par le signe °). En voici quelques-uns.

***Auch* (aussi, même)**

- **Auch** dem °besten Autofahrer kann so etwas passieren.
  Ça peut arriver même au meilleur conducteur.

***Eben, gerade* (justement)**

- **Eben/Gerade** in °diesem Augenblick hat das Telefon geklingelt.
  C'est précisément à ce moment-là que le téléphone a sonné.

Nicht einmal (même pas)

- **Nicht einmal** °Paul hat es gewusst!
  Même Paul ne le savait pas !

Nur (seulement, ne... que)

- Den ganzen Tag °surft er **nur** im Internet.
  Toute la journée, il ne fait que surfer sur Internet.

Sogar (même)

- Sie hat an den Olympischen Spielen teilgenommen und **sogar** eine °Silbermedaille gewonnen.
  Elle a participé aux jeux Olympiques et même remporté une médaille d'argent.

COMMENTER UN FAIT AU PLAN LOGIQUE OU AFFECTIF

Pour dire qu'un fait correspond ou non avec ce qu'on sait ou attend : *logischerweise* (logiquement), *komischerweise* (curieusement), *erstaunlicherweise* [ce qui étonne].

- **Logischerweise** hat der Tabellenführer Bayern München den Tabellenletzten Hertha mit 4 zu 0 geschlagen.
  Le Bayern, leader du classement, a logiquement battu Hertha, la lanterne rouge, par 4 à 0.
- Er hat **komischerweise** gar nicht reagiert.
  Curieusement, il n'a pas réagi.

Pour exprimer une réaction affective au fait que l'on relate : *zum Glück*, *glücklicherweise* (heureusement), *leider*, *bedauerlicherweise* (malheureusement)...

- **Zum Glück** wurde er nur leicht verletzt.
  Heureusement, il n'a été que légèrement blessé.
- **Bedauerlicherweise** hat dieses an sich gute Medikament auch unliebsame Nebenwirkungen.
  Malheureusement, ce médicament, bon en soi, a également des effets indésirables.

SITUER L'ÉNONCÉ DANS SON CONTEXTE

En allemand, on emploie certains éléments invariables, appelés **particules**, pour présenter les énoncés d'une certaine façon, les **situer dans le contexte** et **faciliter leur interprétation par l'interlocuteur**. Comme particules, ils présentent la caractéristique de ne pouvoir figurer **qu'après le verbe conjugué**.
Voici quelques-unes de ces particules, parmi les plus fréquentes.

Aber donne un caractère exclamatif à l'énoncé.

- °Das ist **aber** nett!
  Ça, c'est sympa !

Denn montre qu'une question est induite par la situation.

- Wo warst du **denn** so lange? Wir haben auf dich gewartet.
  Où est-ce que tu étais tout ce temps ? On t'attendait.

Doch, en déclarative, rappelle un fait connu que l'interlocuteur semble avoir oublié. En impérative, ***doch*** marque l'insistance ou l'agacement.

- Warum hast du ihn eingeladen? Du weißt **doch**, dass ich ihn nicht leiden kann. [déclarative]
  Pourquoi tu l'as invité ? Tu sais bien que je ne peux pas le supporter.
- Bedien' dich **doch**! [impérative]
  Vas-y, sers-toi !
- Lass mich **doch** in Ruhe! [impérative]
  Fiche-moi donc la paix !

Eben ou ***halt*** présentent un fait comme incontournable, invitent à s'y résigner.

- Kinder machen **eben** Lärm.
  Que veux-tu, les enfants, ça fait du bruit.

Eh marque une concordance avec le fait relaté précédemment.

- Ich kann dir keinen Tee anbieten, ich habe keinen mehr. – Macht nichts, ich trinke **eh** keinen.
  Je ne peux pas te proposer du thé, je n'en ai plus. – Pas grave, de toute façon, je n'en bois pas.

Ja, en déclarative, présente le fait comme connu ou au contraire comme surprenant. En impérative, *ja* insiste sur l'ordre et lui donne une nuance menaçante.

- Er konnte nicht kommen, er war **ja** krank. [déclarative]
  Il n'a pas pu venir, il était malade. [comme vous savez].
- Was ist, du bist **ja** ganz blass. [déclarative]
  Que se passe-t-il ? Tu es tout pâle.
- Lass die Flasche °**ja** nicht fallen, das ist ein Spitzenwein! [impérative]
  Ne fais surtout pas tomber la bouteille, c'est un grand cru !

Nur, dans les questions, souligne le désir de savoir ou le désarroi.

- Was kann ich **nur** dagegen tun?
  Qu'est-ce que je peux bien faire contre ça ?
- Wenn ich **nur** wüsste, wo er steckt!
  Si seulement je savais où il est !

Mal, dans les impératives, souligne le caractère banal de l'ordre.

- Komm **mal** her!
  Viens voir là !
- Gib mir **mal** die Zeitung, bitte!
  Donne-moi donc le journal, s'il te plaît !

Schon étale la conviction du locuteur et sert de ce fait à rassurer.

- Ich werde den Weg **schon** finden.
  (Ne t'inquiète pas,) je le trouverai bien, le chemin.

Wohl présente ce qui est dit comme une présomption.

- Es wird **wohl** das Beste sein, was wir tun können.
  C'est sans doute ce qu'il y a de mieux à faire.

GÉRER L'INTERACTION ET EXPRIMER SES AFFECTS

Ach marque l'étonnement, l'agacement, le regret.

- **Ach**, das hab' ich ja gar nicht gewusst!
  Ah bon, mais je ne le savais pas !
- **Ach**, das ist doch gar nicht möglich!
  Mais voyons, ça n'est pas du tout possible !

Ach so marque la compréhension soudaine.

- **Ach so**, jetzt versteh' ich, warum er nicht kommen wollte.
  Ça y est, maintenant je comprends pourquoi il n'a pas voulu venir.

Ach was marque le refus de prendre en compte ce que l'interlocuteur a dit.

- **Ach was**, das verstehst du gar nicht!
  Mais non, tu ne comprends pas !

- ***Also*** et ***nun*** servent à amorcer une question.
  - **Also**, gehen wir jetzt?
    Bon, on y va ?
  - **Nun**, was hat er gesagt?
    Alors, qu'est-ce qu'il a dit ?

- ***Na***, (*na*) marque diverses attitudes : curiosité, encouragement, agacement…
  - **Na**, wann besuchst du uns denn wieder?
    Alors, quand est-ce que tu nous rends visite à nouveau ?
  - **Na, na**, was soll denn das?
    Allons, allons, qu'est-ce que c'est que ça ?

- ***Na ja*** (ou : *naja*) et ***tja*** marquent l'embarras ou une sorte de résignation.
  - Gefällt dir die Arbeit? – **Na ja**.
    Le travail te plaît ? – Bof…
  - Aus welchem Grund? – **Tja**, da gibt es viele.
    Pour quelle raison ? – Ma foi, il y en a beaucoup.

- ***Na und?*** marque que le locuteur tient l'énoncé précédent pour non pertinent.
  - Du willst einen Vorbestraften einstellen? – **Na und?**
    Tu veux embaucher un repris de justice ? – Et alors ?

TRADUCTION EXPRESS

1 La réforme était sans doute indispensable, mais elle ne règlera pas le problème.

2 Ici, même en été, la température ne dépasse (*über etw. steigen*) guère les vingt degrés.

3 Nous avons malheureusement eu du mauvais temps.

4 Il est quelle heure, au fait ?

5 Fais donc un peu attention (*achtgeben*) ! Tu salis tout (*schmutzig machen*) !

6 C'est pas la peine de t'énerver (*sich aufregen*) comme ça, c'est pas si grave !

7 Bon, vous avez tout ? Alors on peut y aller !

RÉPONSES

1 *Die Reform war sicher (gewiss, zweifellos) notwendig, sie wird das Problem aber nicht lösen.* (plus idiomatique : *das Problem wird sie aber nicht lösen.*)

2 *Hier steigt auch im °Sommer die Temperatur kaum über zwanzig Grad.*

3 *Wir haben leider schlechtes Wetter gehabt.*

4 *Wie spät* (ou : *wie viel Uhr*) *ist es eigentlich?*

5 *Gib doch ein bisschen acht! Du machst ja alles schmutzig!*

6 *Du brauchst dich doch nicht so aufzuregen, das ist doch gar nicht so schlimm!*

7 *Also, habt ihr alles? Dann können wir gehen!*

Du français à l'allemand

Abréviations utilisées

N : nominatif
A : accusatif
D : datif
G : génitif

sing. : singulier
plur. : pluriel

adj. : adjectif
adj. subst. : adjectif substantivé
adv. : adverbe

inf. : infinitif
subj. : subjonctif

qqch. : quelque chose
qqn : quelqu'un

jdn : *jemanden*
jdm : *jemandem*
etw. : *etwas*

° : marque de l'accentuation

AIDER

aider qqn → *jdm helfen*

- Attends un peu, je vais t'aider.
  Warte mal, ich **helfe dir**.

« aider qqn à faire qqch. » → *jdm bei* (+ D) *helfen* ; *jdm helfen, etw. zu tun*

- Il a aidé sa mère à faire la cuisine.
  Er hat **seiner Mutter beim Kochen geholfen**
- Tu veux que je t'aide à porter tes bagages ?
  Soll ich **dir helfen, dein Gepäck zu tragen?**

AIMER

« être amoureux de qqn »/« adorer qqch. » → *lieben*

- Je t'aime.
  Ich **liebe** dich.
- J'aime beaucoup le café italien.
  Ich **liebe** italienischen Kaffee. [intensif]

« aimer bien qqn/qqch. » → *jdn/etw. mögen* ; *jdn/etw. gern haben*

- Beaucoup d'Allemands n'**aiment** pas les huîtres.
  Viele Deutsche **mögen** keine Austern.
- Thomas, il est sympa. Je l'**aime** bien.
  Thomas ist nett. Ich **mag** ihn sehr. (ou : Ich **habe** ihn sehr **gern**.)
- J'aime bien ! [ironique] Il ne s'occupe de rien et après il critique tout.
  So etwas **hab'** ich **gern**! Erst kümmert er sich nicht und hinterher kritisiert er alles.

« avoir de l'affection pour qqn » → *jdn lieb haben*

- Je t'aime beaucoup.
  Ich **habe** dich **lieb**.

« aimer faire qqch. » → *gerne etw. tun*

- Il aime bien se lever tôt.
  Er steht **gerne** früh auf.

j'aimerais... + inf. → *ich möchte...* + inf.

- J'aimerais vraiment l'aider, mais comment ?
  Ich möchte ihm wirklich helfen, aber wie?

j'aimerais... que... → *ich möchte..., dass...* ; *es wäre mir lieb, wenn* + subj. II

- J'aimerais bien que tu m'accompagnes.
  Ich möchte gern, **dass** du mitkommst.
- J'aimerais bien que tu n'arrives pas trop tard.
  Es wäre mir lieb, wenn du nicht allzu spät kommen **könntest**.

► PRÉFÉRER P. 199

ALLER

aller (quelque part) → *(irgendwohin) gehen/fahren/fliegen* (suivant le moyen de locomotion)

- Je **vais** chez le médecin/à la piscine/me coucher.
  Ich **gehe** jetzt zum Arzt/ins Schwimmbad/ins Bett.
- Tu **vas** souvent en Allemagne?
  Fährst du oft nach Deutschland?
- Il **va** aux États-Unis la semaine prochaine.
  Er **fliegt** nächste Woche in die USA.

Notez bien

Avec un verbe de modalité et un complément de lieu, le verbe traduisant « aller » à l'infinitif reste généralement sous-entendu.

Il faut que j'aille chez le dentiste.
Ich muss zum Zahnarzt.

▸ Verbe modal et infinitif complément p. 34

aller + inf. (déplacement) → *gehen* + inf.

- Tu **vas** faire les courses?
  Gehst du einkaufen?

aller + inf. (futur proche) → verbe au présent (+ *gleich*) ; *werden* + inf. (engagement) ; *wollen* + inf. (intention)

- Il **va revenir** dans quelques minutes.
  Er **kommt** in wenigen Minuten zurück.
- Ça **va commencer**. [en parlant d'un spectacle]
  Es **geht gleich los**.
- Ne te fais pas de soucis. Je **vais** l'**aider**.
  Mach' dir keine Sorgen. Ich **werde** ihm **helfen**.
- Quand **allons**-nous **partir**?
  Wann **wollen** wir **gehen**?

▸ Futur pp. 21-22

Expressions avec « aller »

Comment vas-tu?
Wie geht es dir?

Cela va de soi.
Das ist selbstverständlich.

Le costume lui va (est à sa taille).
Der Anzug passt ihm.

Le costume lui va très bien.
Der Anzug steht ihm sehr gut.

Ça va. (Ça marche./Ça convient.)
Es passt.

ANCIEN

ancien + nom → *früher*; *ehemalig* (révolu)

- L'**ancien** terroriste a été remis en liberté pour raisons de santé.
  Der **frühere** Terrorist wurde aus gesundheitlichen Gründen aus der Haft entlassen.
- Il a invité son **ancien** collègue à dîner.
  Er hat seinen **ehemaligen** Kollegen zum Abendessen eingeladen.

nom + ancien (vieux, historique) → *alt*

- Il collectionne les timbres **anciens**.
  Er sammelt **alte** Briefmarken.
- Faire des études de théologie nécessite la connaissance de langues **anciennes**.
  Das Studium der Theologie setzt die Kenntnis **der alten** Sprachen voraus.

APPRENDRE

« acquérir des connaissances ou un savoir-faire » → *lernen*

- En ce moment, il **apprend** le chinois.
  Er **lernt** gerade Chinesisch.
- Les élèves ont **appris** le poème par cœur.
  Die Schüler haben das Gedicht auswendig **gelernt**.
- Il **apprend** à nager.
  Er **lernt** schwimmen.

« transmettre des connaissances, un savoir-faire à qqn » → *jdm etw. beibringen*

- Il lui a **appris** la grammaire allemande.
  Er hat ihm die deutsche Grammatik **beigebracht**.

apprendre (une nouvelle) → *(von) etw. erfahren*; *von etw. hören...*

- Nous avons **appris** son décès trop tard.
  Wir haben seinen Tod zu spät **erfahren**.
  Wir haben zu spät **von** seinem Tod **gehört**.

apprendre que → *erfahren, dass...*; *hören, dass...*

- Nous avons **appris qu'**il avait déménagé.
  Wir haben **erfahren, dass** er ausgezogen ist.
  Wir haben **gehört, dass** er ausgezogen ist.

APRÈS

après + nom → *nach* (+ D)

- Il ne viendra qu'**après** Noël.
  Er kommt erst **nach** Weihnachten.
- L'incident s'est produit juste **après** la visite du ministre des Affaires étrangères.
  Der Zwischenfall ereignete sich kurz **nach** dem Besuch des Außenministers.

après que + verbe → *nachdem* + verbe

- Ton collègue a appelé juste **après que** tu as été parti.
  Dein Kollege hat angerufen, gleich **nachdem** du gegangen warst.

après + inf. → *nachdem* + verbe

- **Après** avoir marché deux heures, ils sont arrivés au refuge.
  Nachdem sie zwei Stunden gelaufen waren, kamen sie in der Hütte an.

Notez bien
Nachdem s'emploie toujours avec un verbe **conjugué** à l'indicatif, placé en fin de proposition. *Nachdem* n'est jamais suivi d'un infinitif.

« ensuite » → *danach*

- Il est venu nous voir au printemps 2003. **Après**, nous n'avons plus entendu parler de lui.
  Er hat uns im Frühjahr 2003 besucht. **Danach** haben wir nichts mehr von ihm gehört.

« tout à l'heure » → *nachher*

- Tu m'aideras **après** ?
  Hilfst du mir **nachher**?

ARRÊTER

« cesser de + inf. » → *aufhören... zu* + inf. ; *mit* (+ D) *aufhören*

- Il faut que j'**arrête** de m'occuper de cette histoire ! Ça ne m'apporte que des ennuis.
  Ich muss **aufhören**, mich um die Sache **zu** kümmern! Es bringt nur Ärger.
- **Arrête** ces bêtises !
  Hör doch endlich **auf mit** dem Quatsch!

ne pas arrêter de + inf. → *ständig* ; *dauernd* + verbe

- Il **n'arrête pas** de me poser les mêmes questions.
  Er stellt mir **ständig / dauernd** die gleichen Fragen.

« retenir qqn ou qqch. » → *jdn/etw. aufhalten*

- Rien n'a pu l'**arrêter**.
  Nichts konnte ihn **aufhalten**.

« emprisonner qqn » → *jdn festnehmen/verhaften*

- Les cambrioleurs ont été **arrêtés**.
  Die Einbrecher wurden **festgenommen / verhaftet**.

arrêter (une machine) → *abstellen*

- Tu as **arrêté** le chauffage ?
  Hast du die Heizung **abgestellt**?

arrêter (une activité) → *einstellen*

- Dans de nombreuses régions, on a **arrêté** l'exploitation du charbon.
  In vielen Gegenden wurde die Kohleförderung **eingestellt**.

▸ S'ARRÊTER P. 205

ARRIVER

« arriver quelque part, atteindre le point d'arrivée » → *ankommen/ anreisen* (d'un voyage)

- Le train **arrive** à 18h36.
  Der Zug **kommt** um 18.36 Uhr **an**.
- Lorsque je suis **arrivé** à la maison, il n'y avait encore personne.
  Als ich zu Hause **ankam**, war noch keiner da.
- Vous pouvez aussi **arriver** en train.
  Sie können auch mit dem Zug **anreisen**.

NOTEZ BIEN
Ankommen s'utilise avec le locatif (***zu*** *Hause ankommen*), alors que *kommen* s'emploie avec le directionnel (***nach*** *Hause kommen*).

arriver quelque part (pour une chose attendue) → *eintreffen*

- De nouvelles marchandises sont **arrivées** aujourd'hui.
  Heute ist neue Ware **eingetroffen**.

« venir » → *kommen*

- J'**arrive** tout de suite !
  Ich **komme** sofort!
- Malheureusement, je suis **arrivé** trop tard.
  Ich **kam** leider zu spät.

« se produire » → *vorkommen* ; *passieren* (situation négative) ; *los sein* (situation imprévue)

- Il paraît que cela **arrive** parfois.
  Es soll manchmal **vorkommen**.

- Est-il **arrivé** quelque chose ? [situation négative]
  Ist etwas **passiert**?
- Qu'est-ce qui **t'arrive** ? Ça n'a pas l'air d'aller. [situation imprévue]
  Was **ist** denn mit dir **los**? Es scheint, dir nicht gut zu gehen.

NOTEZ BIEN
Vorkommen, *passieren* et *los sein* se conjuguent avec l'auxiliaire *sein*.

▸ *SEIN* AUXILIAIRE PP. 13-14

arriver à faire qqch. → *können* ; *gelingen* ; *schaffen* ; *zu etw. kommen* (trouver le temps pour) ; *zurechtkommen* (se débrouiller)

- Il n'est pas **arrivé** à convaincre son amie.
  Er **konnte** seine Freundin nicht überreden.
  Ihm **ist** es nicht **gelungen**, seine Freundin zu überreden.
  Er **hat** es nicht **geschafft**, seine Freundin zu überreden.

NOTEZ BIEN
Attention à la construction de *gelingen*. Le sujet de « arriver » correspond à un complément au **datif**.

- Ouf, on y est **arrivés** !
  Uff, wir haben's **geschafft**! [fam.]
- Cela fait longtemps que je veux t'écrire, mais je **n'arrive pas** à trouver le temps.
  Ich will dir schon lange schreiben, aber ich **komme** nicht **dazu**.
- Mon grand-père s'est acheté un ordinateur et il **arrive à faire quelque chose** avec.
  Mein Großvater hat sich einen Computer gekauft und er **kommt** damit gut **zurecht**.

ASSEZ

« suffisamment » → *genug*

- Repose-toi un peu, tu as **assez** travaillé !
  Erhol dich jetzt mal ein bisschen, du hast **genug** gearbeitet!
- Le nouvel appartement n'est pas **assez** grand pour y faire entrer tous nos meubles.
  Die neue Wohnung ist nicht groß **genug**, dass alle unsere Möbel hineinpassen.
- Nous n'avons plus **assez** d'argent pour partir en vacances.
  Wir haben nicht mehr **genug** Geld, um in Urlaub zu fahren.

NOTEZ BIEN
Genug se place derrière les adjectifs mais généralement devant les noms.

« plutôt » → *ziemlich*

- Comment il est, ton nouveau chef ? – Ben, c'est un chef, mais il est **assez** sympa.
  Wie ist dein Chef? – Naja, ist eben ein Chef, aber er ist **ziemlich** nett.

en avoir assez → *es satt sein* ; *es leid sein*

- J'en ai assez de faire toujours le travail tout seul.
  Ich **bin es satt**, die Arbeit ständig allein zu machen.

ATTENDRE / S'ATTENDRE À

attendre qqch./qqn → *auf etw.* (A)/*jdn warten*

- J'ai **attendu** le bus près d'une demi-heure.
  Ich habe fast eine halbe Stunde **auf** den Bus **gewartet**.

attendre qqch./qqn (à un moment précis) → *etw./jdn erwarten*

- Je ne t'**attendais** pas si tôt.
  Ich habe dich nicht so früh **erwartet**.
- Elle **attend** un enfant.
  Sie **erwartet** ein Kind.

« supposer que qqch. va arriver » → *etw. erwarten* ; *mit etw.* (D) *rechnen* ; *von etw.* (D) *ausgehen*

- Il ne fallait pas **s'attendre** à autre chose de sa part.
  Von ihm war nichts Anderes zu **erwarten**.
- Dans des cas pareils, il faut **s'attendre** à des réactions violentes.
  In solchen Fällen ist **mit** heftigen Reaktionen zu **rechnen**.
- On s'**attend à ce qu**'aucun accord ne soit trouvé.
  Man **geht davon aus**, dass es zu keiner Einigung kommen wird.

« se préparer à qqch. de désagréable » → *auf etw.* (A) *gefasst sein*

- Il faut s'**attendre au** pire.
  Wir müssen **auf** das Schlimmste **gefasst sein**.

AUTANT

autant que → *genauso viel wie* ; *ebenso sehr wie*

- Je travaille **autant que** lui à ce projet.
  Ich arbeite **genauso viel wie** er an dem Projekt.
- Tu as eu **autant** de gâteau **que** les autres ?
  Hast du **genauso viel** Kuchen gekriegt **wie** alle anderen?
- Ton père t'aime **autant que** ton frère.
  Der Vater liebt dich **ebenso sehr wie** deinen Bruder.

▸ BEAUCOUP P. 174

pas autant que → *nicht so viel... wie* ; *nicht so sehr wie*
- Mes collègues n'ont **pas autant** de travail **que** moi.
  Meine Kollegen haben **nicht so viel** Arbeit **wie** ich.
- Le foot ne m'intéresse **pas autant que** le tennis.
  Fußball interessiert mich **nicht so sehr wie** Tennis.

(pour) autant que → *soweit*
- **Autant que** je sache, le magasin n'existe plus.
  Soweit ich weiß, gibt es den Laden nicht mehr.
- **Autant que** je me souvienne, c'était son idée.
  Soweit ich mich erinnere, war das seine Idee.

d'autant plus + adj. + que → *umso* + adj. au comparatif + *als*
- Un diagnostic précoce est **d'autant plus important que** la maladie peut être guérie si elle est traitée suffisamment tôt.
  Eine Frühdiagnose ist **umso wichtiger, als** die Krankheit geheilt werden kann, wenn sie früh genug behandelt wird.
- Sa frustration a été **d'autant plus grande qu'**il s'attendait à un bien meilleur résultat.
  Sein Frust war **umso größer, als** er von einem viel besseren Ergebnis ausgegangen war.

d'autant (plus) que → *umso mehr als* ; *zumal*
- Sa frustration a été grande, **d'autant plus qu'**il s'attendait à un bien meilleur résultat.
  Sein Frust war groß, **umso mehr als** er von einem viel besseren Ergebnis ausgegangen war.

AVANT

avant + nom → *vor* (+ D)
- C'est mon tour, j'étais là **avant vous**.
  °Ich bin an der Reihe, ich war **vor Ihnen** da.

avant que → *bevor*
- **Avant que** tu partes, je voudrais te montrer quelque chose.
  Bevor du gehst, möchte ich dir etwas zeigen.

avant de + inf. → *bevor* + verbe
- **Avant** de partir, il faut encore faire les bagages.
  Bevor wir gehen, müssen wir noch packen.

NOTEZ BIEN
Bevor s'emploie toujours avec un verbe **conjugué** à l'indicatif placé en fin de subordonnée.

« auparavant » → *vorher* ; *zuvor* ; *davor*

- Je vais t'aider, mais **avant**, j'aimerais terminer ce mail.
  Ich helfe dir gleich, **vorher** möchte ich diese E-Mail fertig schreiben.
- La nuit d'**avant**, je n'ai presque pas dormi.
  In der Nacht **davor** habe ich fast nicht geschlafen.

« autrefois » → *früher*

- **Avant**, il n'y avait que des prés ici, maintenant tout est construit.
  Früher gab es hier nur Wiesen, heute ist alles bebaut.

▸ APRÈS P. 167

AVIS

être d'avis que → *der Meinung sein, dass...* ; *der Ansicht sein, dass...* ; *der Auffassung sein, dass...*

- Je **suis d'avis qu**'il devrait démissionner.
  Ich **bin der Meinung, dass** er zurücktreten sollte.

à mon avis → *meiner Meinung nach* ; *meiner Ansicht nach* ; *meines Erachtens* (soutenu)

- **À mon avis**, il se trompe.
  Meiner Meinung nach irrt er sich.

AVOIR BEAU

→ *mögen... noch so* + adj./adv.

- On **a beau** avoir beaucoup d'expérience, on n'est jamais à l'abri d'une erreur.
  Man **mag noch so viel** Erfahrung haben, vor Fehlern ist man nie sicher.
- Le sujet **a beau** être intéressant ; cela ne fait pas un bon film pour autant.
  Der Stoff **mag noch so interessant** sein; es macht noch lange keinen guten Film aus.

→ *so* + adj./adv. + *auch* + verbe à la fin (ou : verbe à l'inf. + *mögen*)

- Il **a beau** être très intelligent, à mon avis il ne convient pas pour ce boulot.
  So intelligent er **auch sein mag**, für diesen Job ist er meiner Meinung nach nicht geeignet.

NOTEZ BIEN
Les subordonnées de concession ci-dessus sont « hors phrase » : elles ne sont pas suivies immédiatement du verbe conjugué de la principale, mais un élément (le sujet, un complément ou un ***so*** de liaison) doit être intercalé avant le verbe.

AVOIR CHAUD/FROID

qqn a chaud/froid → *es ist/wird jdm warm/kalt*
- Tu n'as pas **chaud**, avec ce pull ?
  Ist dir nicht warm mit diesem Pullover?
- Au soleil, **on a** vite **trop chaud.**
  In der Sonne **wird einem** schnell **zu warm.**

expression du soulagement
- Ouf, **on a eu chaud** ! Un peu plus, on se faisait pincer !
  Uff, **das war knapp**! Wir wären beinahe erwischt worden!

AVOIR ENVIE

avoir envie de qqch. → *auf etw.* (A) *Lust haben*
- Par cette chaleur, j'**ai envie** d'une bière fraîche.
  Bei dieser Hitze **habe** ich **Lust auf** ein kühles Bier.

« désirer faire qqch. » → *Lust haben, etw. zu tun*
- Tu **aurais envie** d'aller au cinéma avec moi ?
  Hättest du Lust, mit mir ins Kino **zu** gehen?

avoir envie de faire qqch. (que l'on ne contrôle pas) → *müssen* + inf.
- Tandis qu'il me racontait tout cela, **j'avais envie de** pleurer.
  Während er mir das alles erzählte, **musste** ich fast weinen.
- **J'ai envie** d'aller aux toilettes.
  Ich **muss** auf die Toilette.

AVOIR L'AIR

avoir l'air → *aussehen*
- On voit que tu rentres de vacances. Tu **as l'air** en pleine forme.
  Man merkt, dass du aus dem Urlaub zurückkommst.
  Du **siehst** glänzend **aus**.

avoir l'air de + nom → *wie* + nom (N) + *aussehen*
- Quand il dort, il **a l'air** d'un ange.
  Wenn er schläft, **sieht** er **aus wie** ein Engel.

Notez bien

Aussehen peut être construit aussi avec *nach* (+ D) pour exprimer une supposition.

Il **a l'air de** vouloir pleuvoir.
Es **sieht nach** Regen **aus**.

avoir l'air de + inf. → *scheinen, ... zu* + inf. ; *aussehen, als ob* + verbe au subj. II

- Personne ne lui parle, mais il **a l'air de** s'en moquer.
  Keiner redet mit ihm, doch es **scheint** ihm egal **zu** sein.
  Keiner redet mit ihm, doch es **sieht** so **aus, als ob** es ihm egal **wäre**.

AVOIR MAL

qqn a mal à qqch. → *etw. tut jdm weh*

- Dis, c'est encore loin ? **J'ai mal** aux pieds. Il faut que je fasse une petite pause.
  Sag mal, ist es noch weit? **Mir tun** die Füße **weh**. Ich muss eine kurze Pause machen.

BEAUCOUP

pour exprimer une quantité → *viel*

- Il boit **beaucoup** de bière.
  Er trinkt **viel** Bier.
- Nous avons visité **beaucoup** de musées.
  Wir haben **viele** Museen besichtigt.

Notez bien

Viel reste généralement **invariable** au singulier.

pour exprimer l'intensité d'une émotion, d'une sensation → *sehr*

- Je l'aime **beaucoup**.
  Ich liebe ihn **sehr**.
- J'ai **beaucoup** souffert de cette situation.
  Ich habe unter dieser Situation **sehr** gelitten.

BIEN

« de manière satisfaisante ou excellente » → *gut*

- Il joue très **bien** du piano.
  Er spielt sehr **gut** Klavier.

se sentir bien → *sich wohl fühlen* ; *jdm gut sein* ; *jdm gut gehen*

- Je ne **me sens** pas **bien**. Je crois que je suis malade.
  Ich **fühle mich** nicht **wohl**. Ich glaube, ich bin krank.
  Mir ist nicht **gut**. Ich glaube, ich bin krank.

« correct », « correctement » → *richtig* ; *recht*

- Je ne trouve pas ça **bien**.
  Ich finde es nicht **richtig**.
- Si je vous comprends **bien**, vous n'êtes pas d'accord.
  Wenn ich Sie **richtig/recht** verstehe, sind Sie nicht einverstanden.

« volontiers » → *gern*

- J'aime **bien** me baigner dans les lacs de montagne l'été.
  Ich bade **gern** in Bergseen im Sommer.

pour justifier une affirmation → *doch*

- Tu sais **bien** qu'il n'aime pas en parler. Pourquoi tu l'embêtes avec ça ?
  Du weißt **doch**, dass er nicht gerne darüber redet. Warum ärgerst du ihn damit?

EXPRESSIONS AVEC « BIEN »

C'est bien fait pour toi !
Es geschieht dir recht!

C'est une fille bien.
Das Mädchen ist in Ordnung.

Tout est bien qui finit bien.
Ende gut, alles gut.

C'EST À/C'EST… QUI/C'EST… QUE

« c'est à qqn de faire qqch. » → accent (noté °) porté sur l'élément que l'on met en relief

- Je ne peux pas décider à ta place. **C'est à toi de** dire ce que tu veux.
  Ich kann es nicht an deiner Stelle entscheiden. °**Du** musst sagen, was du willst.

EXPRESSION FIGÉE

Je t'ai raconté mon secret. Maintenant, c'est à toi (c'est ton tour).
Ich habe dir mein Geheimnis erzählt. Jetzt bist du dran.

c'est… qui/c'est… que → accent (noté °) porté sur l'élément que l'on met en relief

- Comment tu le sais ? – **C'est** Matthias **qui** me l'a dit.
  Woher weißt du das? – **Mat°thias** hat es mir gesagt.

CELA FAIT...

cela fait... que → *es ist... her, dass* ; *seit* (+ D)

- **Cela fait** exactement dix ans **que** je ne l'ai pas vu.
  Es ist genau zehn Jahre **her**, dass ich ihn nicht gesehen habe.
  Ich habe ihn **seit** genau zehn Jahren nicht gesehen.

cela fait... (prix) → *das macht...*

- **Cela fait** 5 euros 50.
  Das macht 5 Euro 50.

CERTAIN(EMENT)

« sûr », « qui fait l'objet d'une certitude » → *sicher*

- C'est une preuve **certaine** de sa culpabilité.
  Das ist ein **sicherer** Beweis für seine Schuld.
- Je ne suis pas **certain**.
  Ich bin **mir** nicht **sicher**.

« imprécis », « pas précisément connu » → *gewiss*

- Une **certaine** Mme Maier a appelé.
  Eine **gewisse** Frau Maier hat angerufen.
- Un casque ne protège que jusqu'à un **certain** point.
  Ein Helm schützt den Träger nur bis zu einem **gewissen** Grad.

« déterminé », « défini » → *bestimmt*

- L'assurance ne rembourse que jusqu'à une **certaine** somme.
  Die Versicherung zahlt nur bis zu einem **bestimmten** Betrag.

certainement → *sicher* ; *gewiss* ; *bestimmt*

- Il ne viendra **certainement** pas.
  Er kommt **sicher / gewiss / bestimmt** nicht.

CESSER

cesser de → *aufhören zu* (+ inf.) ; verbe + *nicht mehr*

- Il a **cessé de** pleuvoir.
  Es hat **aufgehört zu** regnen.
  Es regnet **nicht mehr**.

cesser (le travail) → *niederlegen*

- Les ouvriers ont **cessé** le travail.
  Die Arbeiter haben die Arbeit **niedergelegt**.

▸ CONTINUER À P. 180

CHANCE

avoir de la chance → *Glück haben* ; *Schwein haben*
- Tu as eu de la chance que rien ne te soit arrivé.
  Du **hattest Glück**, dass dir nichts passiert ist.
- Là, on a eu de la chance (du pot).
  Da haben wir noch mal **Schwein gehabt**. [fam.]

ne pas avoir de chance → *Pech haben*
- Jusqu'à maintenant tout avait bien marché, mais cette fois-ci je n'ai pas eu de chance.
  Bisher war immer alles gut gelaufen, aber dieses Mal **hatte** ich **Pech**.

avoir une chance de faire qqch. (probabilité) → *eine Chance haben, etw. zu tun*
- Si tu vas dans ce café le vendredi soir, tu as beaucoup de chances de le rencontrer.
  Wenn du freitagabends in diese Kneipe gehst, **hast** du gute **Chancen**, ihn **zu** treffen.

CHANGER

changer de → *wechseln* (objets interchangeables) ; *neu*
- Il a changé de poste récemment.
  Er hat neulich die Stelle **gewechselt**.
- Il a changé de voiture récemment.
  Er hat seit kurzem ein **neues** Auto. [Il a une nouvelle voiture depuis peu.]

changer (de l'argent) → *wechseln*
- Nous ne sommes plus dans la zone euro, il nous faut changer de l'argent.
  Wir sind nicht mehr in der Euro-Zone. Wir müssen Geld **wechseln**.

changer qqch. à → *etw. an* (+ D) *ändern*
- Cela ne change rien à ma décision.
  Das **ändert** nichts **an** meiner Entscheidung.

« faire un échange » → *umtauschen*
- La veste a un défaut, je voudrais la changer.
  Die Jacke hat einen Fehler, ich möchte sie **umtauschen**.

« se transformer » → *sich ändern* ; *sich verändern*
- Le temps est en train de changer.
  Das Wetter **ändert sich** gerade.

- Les temps **changent** !
  Die Zeiten **ändern sich**!
- Il a beaucoup **changé** depuis que j'ai fait sa connaissance.
  Er hat **sich** stark **verändert**, seitdem ich ihn kennen gelernt habe.

se changer, « changer de vêtements » → *sich umziehen*
- Avant d'aller au théâtre, il faut que je **me change**.
  Bevor wir ins Theater gehen, muss ich **mich umziehen**.

CHEZ

pour un lieu où l'on est → *bei* (+ D)
- Nous avons passé nos vacances **chez** des amis en Allemagne.
  Wir haben unsere Ferien **bei** Freunden in Deutschland verbracht.

pour un lieu où l'on va → *zu* (+ D)
- Il faut que j'aille **chez** le coiffeur.
  Ich muss **zum** Friseur.

COMMENCER

« commencer une activité » → *mit etw.* (D) *anfangen* ; *mit etw.* (D) *beginnen*
- J'ai **commencé** la guitare cette année.
  Ich habe dieses Jahr **mit** Gitarre **angefangen**.

qqch. commence → *etw. beginnt* ; *etw. geht los*
- La soirée **commence** à 21h.
  Die Party **beginnt** um 21 Uhr. (ou : Die Party **geht** um 21 Uhr **los**.)

commencer à → *anfangen zu* (+ inf.) ; *beginnen zu* (+ inf.)
- Il **commence à** pleuvoir.
  Es **fängt an zu** regnen. (ou : Es **beginnt zu** regnen.)

commencer à (qqch. se rapproche) → *langsam/allmählich* + verbe
- Ça **commence à** m'énerver !
  Es **geht** mir **langsam auf die Nerven**!
- Ça fait dix ans qu'il travaille dans ce domaine, c'est normal qu'il **commence à** s'y **connaître**.
  Er arbeitet schon zehn Jahre in dem Bereich. Es ist normal, dass er sich **allmählich auskennt**.

commencer par faire qqch. (première étape dans un processus) → *(zu)erst (ein)mal etw. machen*

- **Commence par** lui demander son avis.
  Frag ihn **erst mal**, was er dazu meint.

CONCERNER

concerner qqn → *jdn/etw. angehen*

- Cela ne **te concerne** pas.
  Das **geht dich** nichts **an**.

être valable pour qqn/qqch. → *jdn betreffen* ; *um jdn/etw.* (A) *gehen*

- Cette règle **concerne** tout le monde.
  Diese Regel **betrifft** alle.
- Il ne se sent pas **concerné**.
  Er fühlt sich nicht **betroffen**.
- J'ai à te parler. Cela **concerne** ton travail.
  Ich muss dich sprechen. Es **geht um** deine Arbeit.

en ce qui me concerne → *was mich (an)betrifft/anbelangt/angeht*

- **En ce qui me concerne**, je ne suis pas d'accord.
  Was mich betrifft, (so) bin ich nicht einverstanden.
  (ou : ich bin nicht einverstanden.)

CONFIANCE

avoir confiance en qqn → *jdm trauen, jdm vertrauen*

- Je n'**ai** pas **confiance en** ce gars-là.
  Diesem Kerl traue ich nicht über den Weg.

« se fier à qqn » → *sich auf jdn verlassen*

- Tu peux avoir **confiance en** lui.
  Auf ihn kannst du **dich verlassen**.

être digne de confiance, « être fiable » → *zuverlässig sein*

- Le témoin est-il **digne de confiance** ?
  Ist der Zeuge **zuverlässig** ?

la confiance en soi → *das Selbstvertrauen*

- Il manque de **confiance en** lui.
  Es mangelt ihm an **Selbstvertrauen**.

CONSEILLER

conseiller qqch. à qqn → *jdm etw. raten* (une action) ; *jdm etw. empfehlen* (une action/un objet)

- Je vous **conseille** de prendre l'autoroute. Ça va beaucoup plus vite.
  Ich **rate** Ihnen, Autobahn zu fahren. Es geht viel schneller.
- Je te **conseille** ce bouquin. Il est génial.
  Ich **empfehle** dir dieses Buch. Es ist toll.

« donner des conseils à qqn » → *jdn beraten*

- Je ne m'y connais pas du tout. Je vais me faire **conseiller** par un spécialiste.
  Ich kenne mich überhaupt nicht aus. Ich werde mich von einem Fachmann **beraten** lassen.

CONTINUER

« poursuivre qqch. » → *etw. fortsetzen*

- Il **a continué** son voyage en direction du sud.
  Er **hat** seine Reise (in) Richtung Süden **fortgesetzt**.

continuer à faire qqch. → *weiter* + verbe

- J'ai dormi une heure, puis j'ai **continué à travailler**.
  Ich habe eine Stunde geschlafen, dann habe ich **weitergearbeitet**.
- Il a **continué à marcher** malgré la douleur.
  Er **ist** trotz des Schmerzes **weitergelaufen**.

continuer (un discours) → *fortfahren*

- Après s'être tu quelques instants, il **continua** son récit.
  Nachdem er eine Weile geschwiegen hatte, **fuhr** er in seiner Erzählung **fort**.

continuer de (prolongement au-delà d'un moment attendu) → *weiterhin* + verbe

- Le ministre impliqué dans le scandale **continue d'être soutenu** par ses amis politiques.
  Der in den Skandal verwickelte Minister **wird weiterhin** von seinen Parteifreunden **unterstützt**.

CROIRE

croire qqch. → *etw. glauben*

- Crois-tu qu'il viendra ? – Non, je ne le **crois** pas.
  Glaubst du, dass er kommt? – Nein, ich **glaube** es nicht.
- Je n'en **crois** pas un mot.
  Ich **glaube** kein Wort (davon).

croire qqn → *jdm glauben*

- Tu ne **me** crois pas ?
  Glaubst du **mir** nicht?

croire en/à qqch. → *an etw.* (A) *glauben*

- Tu crois **aux** fantômes ?
  Glaubst du **an** Gespenster?

« s'imaginer (faussement) » → *glauben* ; *meinen* ; *sich einbilden*

- Il se croit particulièrement malin.
  Er **meint/glaubt**, er wäre besonders schlau.
  Er **bildet sich ein**, besonders schlau zu sein.

ne pas en croire ses yeux → *seinen Augen nicht trauen*

- Lorsque je l'ai vu devant moi, **je n'en ai pas cru mes yeux**.
  Als ich ihn vor mir sah, **traute ich meinen Augen nicht**.

DEMANDER

« poser une question à qqn » → *jdn etw. fragen* ; *jdn nach etw.* (D) *fragen*

- **Demande-lui** comment il va.
  Frag ihn, wie es ihm geht.

NOTEZ BIEN
Attention à la construction du verbe *fragen* : la personne à qui l'on pose une question est à l'**accusatif**.

- Comme je ne connaissais pas la ville, j'ai **demandé** mon chemin à un policier.
  Da ich die Stadt nicht kannte, habe ich einen Polizisten **nach** dem Weg **gefragt**.

se demander → *sich fragen*

- Je **me demande** s'il viendra.
  Ich **frage mich**, ob er kommen wird.

demander à qqn de faire qqch. → *jdn um etw.* (A) *bitten* ; *jdn bitten,... zu* + inf.

- Je **leur** ai **demandé** de l'aide.
  Ich habe **sie um** Hilfe **gebeten**.
- Je **leur** ai **demandé** de m'aider.
  Ich habe **sie gebeten**, mir zu helfen.

NOTEZ BIEN
Attention à la construction du verbe *bitten* : la personne à qui l'on demande de faire quelque chose est à l'**accusatif**.

« réclamer » → *fordern, verlangen*

- Les ouvriers **demandent** une augmentation de salaire.
  Die Arbeiter **fordern** eine Gehaltserhöhung.

« déposer une demande » (devant une instance) → *beantragen*

- L'étudiant a **demandé** une bourse.
  Der Student hat ein Stipendium **beantragt**.

« exiger », « nécessiter » → *erfordern ; verlangen ; in Anspruch nehmen*

- Le sport de montagne **demande** beaucoup d'entraînement.
  Bergsport **erfordert** viel Übung.
- La préparation de la candidature **demande** beaucoup de temps.
  Die Vorbereitung für die Bewerbung **nimmt** viel Zeit **in Anspruch**.

DEVOIR

pour exprimer une obligation → *sollen ; müssen*

- Est-ce que je **dois** apprendre tout cela par cœur ?
  Soll ich das alles auswendig lernen ? [C'est ce qu'on attend de moi ?]
  Muss ich das alles auswendig lernen ? [pour y arriver]

pour exprimer une interdiction → *nicht sollen ; nicht dürfen*

- Ce que je t'ai dit est un secret, tu **ne dois pas** le répéter.
  Was ich dir erzählt habe, ist ein Geheimnis, du **sollst / darfst** es **nicht** weitererzählen.

pour exprimer un conseil → *sollen* au subj. II

- Tu ne **devrais** pas boire autant.
  Du **solltest** nicht so viel trinken.

pour exprimer une supposition → *muss ; dürfte*

- Il **doit** être arrivé à l'heure qu'il est. Je vais appeler pour voir.
  Um die Zeit **muss** er angekommen sein. Ich rufe mal an.
- Cela ne **devrait** pas poser de problème.
  Das **dürfte** kein Problem sein.

« être redevable » → *verdanken*

- Ce que je suis aujourd'hui, c'est à mes parents que je le **dois**.
  Was ich heute bin, **verdanke** ich meinen Eltern.

devoir de l'argent → *schulden*

- Je lui **dois** beaucoup d'argent.
  Ich **schulde** ihm viel Geld.

▸ LES VERBES MODAUX PP. 33-35, 156
▸ *MÜSSEN, SOLLEN, DÜRFEN*, PP. 36-37, 40

(LE) DEVOIR

« l'obligation » → *die Pflicht*
- Je n'ai fait que mon **devoir**.
  Ich habe nur meine **Pflicht** getan.
- Le **devoir** m'appelle.
  Die **Pflicht** ruft.

les devoirs (scolaires) → *die Hausaufgaben*
- Tu as fait tes **devoirs** ?
  Hast du deine **Hausaufgaben** gemacht?

DONT

dont → *dessen* (antécédent masculin ou neutre) ; *deren* (antécédent féminin)
- C'est un beau film, **dont** la fin reste cependant un peu étrange.
  Es ist ein schöner Film, **dessen** Ende dennoch etwas seltsam bleibt.
- C'est une histoire **dont** je ne connais pas la fin.
  Es ist eine Geschichte, **deren** Ende ich nicht weiß.

NOTEZ BIEN
Dans cet emploi, « dont » est complément du nom.
Les pronoms *dessen* et *deren* sont au **génitif**.

dont → *von dem, von der, an dem, an der, unter dem, unter der, was…*
- La maison **dont** je te parle n'existe plus depuis longtemps.
  Das Haus, **von dem** ich dir erzähle, existiert schon lange nicht mehr.
- Ce n'est que récemment que l'on a diagnostiqué la maladie **dont** elle souffre.
  Die Krankheit, **an der** sie leidet, wurde erst vor kurzem diagnostiziert.
- C'est exactement ce **dont** j'ai besoin.
  Das ist genau das, **was** ich brauche.

NOTEZ BIEN
Dans cet emploi, « dont » est complément du verbe de la relative.
Sa traduction dépend de la construction du verbe en allemand.

pour introduire un sous-ensemble → *darunter*

- De nombreux militants ont été arrêtés, **dont** plusieurs artistes.
  Es wurden viele Aktivisten verhaftet, **darunter** mehrere Künstler.

ÉCHANGER

échanger → *tauschen* (transaction) ; *wechseln* ; *austauschen* (des informations, des paroles, des lettres)

- Cet été, j'**échange** mon appartement à Paris contre une petite maison au bord de la mer.
  Im Sommer **tausche** ich meine Wohnung in Paris gegen ein kleines Haus am Meer.
- Avec mon correspondant allemand, j'ai **échangé** des lettres pendant des années.
  Mit meinem deutschen Brieffreund habe ich jahrelang Briefe **gewechselt** (ou : **ausgetauscht**).

ÉCOUTER

écouter qqn → *jdm zuhören*

- Tu **m'écoutes**, quand je te parle ?
  Hörst du **mir** eigentlich **zu**, wenn ich mit dir rede?

écouter qqch. → *(sich) etw. anhören*

- J'aimerais **écouter** le concert à la radio ce soir.
  Ich würde **mir** heute Abend gern das Konzert im Radio **anhören**.

« obéir à qqn », « croire aux paroles de qqn » → *auf* (+ A) *hören*

- Il n'a pas **écouté** mon conseil.
  Er hat nicht **auf** meinen Ratschlag **gehört**.

écouter (discrètement) → *lauschen*

- Il a **écouté** à la porte.
  Er hat an der Tür **gelauscht**.

EN + PARTICIPE PRÉSENT

pour situer un événement dans un cadre → *bei* (+ D)

- Je me suis cassé une jambe **en faisant du ski.**
  Ich habe mir **beim Skifahren** ein Bein gebrochen.

« pendant que, tandis que » → *während*... + verbe

- En l'écoutant, j'ai pris conscience que l'affaire était bien plus complexe que je ne le pensais.
  Während ich ihm zuhörte, bin ich mir bewusst geworden, dass die Sache weit komplizierter war, als ich zunächst gedacht hatte.

« lorsque » → *als*... + verbe

- En passant devant le magasin, j'ai vu que la vitrine était brisée.
  Als ich an dem Laden vorbeigegangen bin, habe ich gesehen, dass das Schaufenster eingeschlagen ist.

pour exprimer un moyen → *indem* + verbe ; *dadurch, dass*... + verbe

- Il a fait beaucoup de progrès **en s'exerçant** régulièrement.
  Er hat große Fortschritte gemacht, **indem** er regelmäßig **geübt hat**.

pour exprimer une hypothèse → *wenn*... + verbe au subj. II

- **En s'exerçant** régulièrement, il ferait des progrès plus vite.
  Wenn er regelmäßig **üben würde**, würde er schneller Fortschritte machen.

> **EXPRESSION FIGÉE**
> En attendant votre réponse, je vous prie de recevoir mes salutations distinguées,
> Hans Schmidt
> In Erwartung Ihrer Antwort verbleibe ich mit freundlichen Grüßen
> Ihr Hans Schmidt

ENCORE

encore → *noch* ; *noch mehr* (encore plus)

- Je prendrais bien **encore** un dessert.
  Ich würde gerne **noch** einen Nachtisch essen.
- Voilà dix assiettes. Vous en voulez **encore** ? [davantage]
  Hier sind zehn Teller. Wollen Sie **noch mehr**?
- Il conduit **encore** plus vite que toi.
  Er fährt **noch** schneller als du.

« toujours » → *immer noch*

- Tu es **encore** là ? Je croyais que tu avais un rendez-vous.
  Bist du **immer noch** da? Ich dachte, du hättest einen Termin.

« une fois de plus, encore une fois » → *schon wieder* (idée d'excès) ; *noch einmal*

- Salut, c'est **encore** moi ! J'ai oublié de te demander quelque chose.
  Hallo, ich bin's **schon wieder**. Ich habe vergessen, dich etwas zu fragen.

- J'ai **encore** relu ton texte et corrigé quelques détails.
  Ich habe deinen Text **noch einmal** gelesen und einige Details korrigiert.

pas encore → *noch nicht*; *noch kein*
- Un instant, je n'ai **pas encore** terminé !
  Moment, ich bin **noch nicht** fertig!
- Au marché, il n'y avait **pas encore** de cerises.
  Auf dem Markt gab es **noch keine** Kirschen.

▸ LA NÉGATION PP. 127-128
▸ NE... PAS P. 194

encore que → *aber*; *obwohl*; *auch wenn (eigentlich)*
- C'est possible, **encore que** j'aie des doutes.
  Es ist gut möglich, **aber** ich habe Zweifel.
- Je veux bien m'en occuper, **encore que** je n'aie pas tellement le temps.
  Ich kann mich darum kümmern, **auch wenn / obwohl** ich **eigentlich** nicht so viel Zeit habe.

(S')ENDORMIR

s'endormir → *einschlafen*
- Quel film ! Je ne vais pas tarder à **m'endormir**.
  Was für ein Film! Ich werde gleich **einschlafen**.

endormir qqn → *jdn einschläfern*; *jdn schläfrig machen*
- Le bruit du train **m'endort**.
  Das Brummen des Zuges **schläfert** mich **ein**. (ou : **macht** mich **schläfrig**.)

NOTEZ BIEN
Le verbe *einschlafen* se construit avec l'auxiliaire *sein*, le verbe *einschläfern* avec l'auxiliaire *haben*.

▸ *SEIN* AUXILIAIRE P. 13
▸ SE RÉVEILLER P. 205

ENFIN

lorsque quelque chose arrive plus tard que prévu → *endlich*
- Le film est **enfin** disponible en DVD.
  Der Film ist **endlich** als DVD erhältlich.

« finalement, en dernier lieu » → *schließlich*
- **Enfin**, je voudrais aborder un dernier point.
  Schließlich möchte ich noch einen letzten Punkt ansprechen.

« bref » → kurz

- Dans la cuisine, il y a un lave-vaisselle, un lave-linge, un sèche-linge, un four à micro-ondes, une machine à café, un grille-pain, **enfin** : tout ce dont on peut avoir besoin.
  In der Küche gibt es einen Geschirrspüler, eine Waschmaschine, einen Wäschetrockner, eine Mikrowelle, eine Kaffeemaschine, einen Toaster… **kurz**: Alles was man braucht.

pour se corriger, exprimer une restriction → *das heißt* (je veux dire) ; *zumindest* (du moins)

- Ça a beaucoup plu à tout le monde, **enfin** presqu'à tout le monde ; Paul, comme d'habitude, a tout critiqué.
  Es hat allen sehr gut gefallen, **das heißt**, fast allen, denn Paul hat wie immer alles kritisiert.
- Il viendra, **enfin**, c'est ce qu'il m'a promis.
  Er kommt, **zumindest** hat er es mir versprochen.

ENTRE

zwischen

- Les relations **entre** les deux États sont tendues en ce moment.
  Die Beziehungen **zwischen** beiden Staaten sind im Moment gespannt.
- Il a accroché le tableau **entre** la fenêtre et la cheminée.
  Er hat das Bild **zwischen** Fenster und Kamin gehängt.

***unter* (parmi)**

- Nous avons passé un week-end agréable **entre** amis.
  Wir hatten ein schönes Wochenende **unter** Freunden.
- Cela reste **entre** nous.
  Das bleibt **unter** uns.

> **EXPRESSION AVEC « ENTRE »**
> Plusieurs agences vont être fermées, entre autres à Francfort et Munich.
> Mehrere Filialen sollen geschlossen werden, unter anderem in Frankfurt und München.

ÊTRE + PARTICIPE PASSÉ

pour décrire un événement qui se déroule (passif) → *werden* + participe passé

- L'exposition doit **être inaugurée** par le maire.
  Die Ausstellung soll vom Bürgermeister **eröffnet werden**.

- **pour décrire une qualité du sujet de la phrase → *sein* + adj.**
  - Il **est** très **fatigué** depuis quelque temps.
    Er **ist** seit einiger Zeit sehr **müde**.
- **pour décrire le résultat de l'action → *sein* + participe passé**
  - Le magasin n'**est ouvert** que depuis deux mois.
    Der Laden **ist** erst seit zwei Monaten **geöffnet**.
- **pour exprimer le passé composé → *sein* + participe passé**
  - Que **sont**-ils **devenus** ?
    Was **ist** aus ihnen **geworden**?
- **« être assis, couché, debout, accroché » → *sitzen*, *liegen*, *stehen*, *hängen***
  - Par ce beau temps, beaucoup de gens **sont assis** aux terrasses des cafés et restaurants.
    Bei dem schönen Wetter **sitzen** viele Leute auf den Terrassen der Cafés und Restaurants.

ÊTRE EN TRAIN DE

- **à l'instant → *gerade* + verbe**
  - Il est **en train de** se préparer pour sortir.
    Er macht sich **gerade** fertig, um aus dem Haus zu gehen.
- **pour insister sur le déroulement de l'action → *am* + inf. subst. + *sein***
  - Il est sans cesse **en train de** râler.
    Er ist ständig **am** Nörgeln.
- **pour exprimer deux actions simultanées → *beim* + inf. subst.**
  - Il a été surpris **en train** de tricher.
    Er wurde **beim** Schummeln erwischt.

FAILLIR

- **→ *beinahe* + verbe au subj. II passé**
  - J'ai **failli avoir** un accident ce matin.
    Heute Morgen **hätte** ich **beinahe** einen Unfall **gehabt**.

FAIRE

- **pour exprimer une action en général → *tun***
  - Il l'a **fait** exprès.
    Er hat es absichtlich **getan**.
- **pour exprimer une action liée à un processus de fabrication → *machen***
  - Attends, je **fais** une photo !
    Warte mal, ich **mache** ein Bild!

- Ah te voilà ! Qu'est-ce que tu **fais** [fabriques] depuis tout ce temps ?
  Da bist du ja! Was **machst** du denn die ganze Zeit?

faire + nom d'action (la cuisine, du ski, du piano...) → différents verbes

- Elle aime bien **faire la cuisine**.
  Sie **kocht** gern.
- Tu **fais du piano** depuis longtemps ?
  Spielst du schon lange **Klavier**?
- Mon frère **fait de la moto**.
  Mein Bruder **fährt Motorrad**.

pour exprimer une impression → adj. + *aussehen*

- On ne peut pas écrire une chose pareille. Cela ne **fait** pas sérieux.
  So etwas kann man nicht schreiben. Es **sieht** nicht seriös **aus**.

« faire faire qqch. » → *etw. machen lassen*

- J'ai **fait** réparer la voiture.
  Ich habe das Auto reparieren **lassen**.

NOTEZ BIEN
Après un infinitif, le participe passé de *lassen* est identique à la forme de l'infinitif (*lassen* et non *gelassen*).

EXPRESSIONS AVEC « FAIRE »
Il **fait beau/mauvais**, en Allemagne ?
Ist das Wetter schön/schlecht in Deutschland?
Il **fait chaud** dehors ?
Ist es draußen warm?

▸ SE FAIRE P. 207, Y FAIRE P. 213

(NE PAS) FALLOIR

dans une phrase affirmative → *müssen*, parfois *sollen*

- J'aimerais partir en vacances, mais avant, il **faut** que je termine ce travail.
  Ich würde gern in Urlaub fahren, aber vorher **muss** ich diese Arbeit fertig machen.
- Le client a appelé. Il **faut** que tu le rappelles. [Il veut que tu le rappelles.]
  Der Kunde hat angerufen. Du **sollst** ihn zurückrufen.
  [nécessité dépendant de la volonté de qqn]

dans une phrase négative → *nicht sollen* ; *nicht dürfen* (plus fort)

- Il a besoin de concentration, il **ne faut (surtout) pas** le déranger !
  Er muss sich konzentrieren, du **sollst (darfst)** ihn **nicht** stören.

▸ *MÜSSEN, SOLLEN* PP. 36-37
▸ DEVOIR P. 182

FINIR

« terminer qqch. » → *mit etw.* (D) *fertig sein*

- Est-ce que tu as **fini** ton rapport ?
  Bist du **mit** deinem Bericht **fertig**?

« cesser de faire qqch. » → *aufhören, etw. zu tun*

- Tu as **fini** de m'embêter ?
  Hörst du endlich **auf**, mich **zu** ärgern?

finir par + inf. → *schließlich* + verbe

- Je n'avais aucune nouvelle. J'ai **fini par** l'appeler.
  Ich hatte nichts von ihm gehört. Ich habe ihn **schließlich** angerufen.

être fini → *aus sein*

- Le match **est fini**.
  Das Spiel **ist aus**.
- C'est fini entre nous.
  Zwischen uns **ist** es **aus**.

pour exprimer la fin d'une action → préverbes : *aus/auf/zu Ende* + verbe

- **Finis** ton assiette !
  Iss deinen Teller **auf**!
- Nous avons **fini** la bouteille hier.
  Wir haben die Flasche gestern **ausgetrunken**.
- J'ai **fini** (de lire) le roman hier.
  Ich habe den Roman gestern **zu Ende gelesen**.

HEURE

« l'heure qu'il est » → *Uhr*

- Quelle **heure** est-il ? – Il est quatre heures et demie.
  Wie viel **Uhr** ist es? – Es ist halb fünf.

NOTEZ BIEN

Le substantif *Uhr* est **facultatif** pour indiquer les heures **pleines**.

Es ist vier (Uhr). Il est quatre heures.

Il n'est pas exprimé lorsque l'on indique l'heure dans les autres cas.

Es ist halb drei. Il est deux heures et demie
Es ist Viertel nach acht. Il est huit heures et quart.
Es ist zwanzig vor sechs. Il est six heures moins vingt.

pour indiquer une durée → *Stunde*

- Le film dure deux **heures** et demie.
  Der Film dauert zweieinhalb **Stunden**.

IL Y A

il y a + objets comptables → *es gibt*

- Ici, il y a beaucoup de bons restaurants.
  Hier **gibt es** viele gute Restaurants.
- Il y a beaucoup à faire.
  Es gibt viel zu tun.
- Il n'y a plus de pain.
  Es gibt kein Brot mehr.

pour exprimer la présence de quelque chose → *(da)sein* ; *stehen* (position debout) ; *sitzen* (position posée ou assise) ; *liegen* (position allongée)

- Il n'y a pas de soleil aujourd'hui.
  Heute **ist** keine Sonne.
- Il n'y avait pas de verres sur la table.
  Auf dem Tisch **standen** keine Gläser.
- Il y a un oiseau sur la branche.
  Auf dem Ast **sitzt** ein Vogel.

> **EXPRESSION FIGÉE**
> Qu'est-ce qu'il y a ? Pourquoi tu me regardes comme ça ?
> Was ist los? Warum siehst du mich so an?

pour mettre en relief un élément

- Il y a peu de gens qui réussissent dans ce domaine.
  Nur wenige °Leute haben in diesem Gebiet Erfolg.

▸ C'EST QUE P. 175

« depuis » → *seit* (+ D)

- Il y a bien dix ans que je ne l'ai pas vu.
  Ich habe ihn **seit gut zehn Jahren** nicht gesehen.

▸ CELA FAIT P. 176

JAMAIS

dans une phrase négative → *nie* ; *niemals*

- Je l'ai souvent tiré du pétrin, mais il ne m'a jamais remercié.
  Ich habe ihm oft aus der Patsche geholfen, aber er hat mir **nie(mals)** gedankt.

dans une phrase affirmative → *je* ; *jemals*

- As-tu jamais entendu parler d'une chose pareille ?
  Hast du **je(mals)** von so etwas gehört?

LOUER

pour le locataire → *mieten*

- Pour les vacances, nous avions **loué** une maison au bord de la mer.
  Für die Ferien hatten wir ein Haus am Meer **gemietet**.

pour le propriétaire → *vermieten*

- Nous avons un petit appartement dans le centre-ville que nous **louons** à des étudiants.
  Wir haben eine kleine Wohnung in der Innenstadt, die wir an Studenten **vermieten**.

MAIS

pour exprimer une opposition → *doch* ; *aber*

- Je l'aime, **mais** je ne sais pas si elle m'aime.
  Ich liebe sie, **doch** ich weiß nicht, ob sie mich liebt.
  [coexistence de deux choses problématiques]
- Le voyage a été long, **mais** cela en valait la peine.
  Die Fahrt hat lange gedauert, **aber** es hat sich gelohnt.
  [argument en faveur d'une certaine conclusion]

pour rectifier → *sondern*

- Il n'a pas acheté une maison **mais** seulement un appartement.
  Er hat kein Haus gekauft, **sondern** bloß eine Wohnung.

▸ LES MOTS DE LIAISON PP. 148-150

MÊME

« précis(ément) » → *gerade*

- Au moment **même** où j'allais sortir, le téléphone a sonné.
  Gerade als ich aus dem Haus gehen wollte, hat das Telefon geklingelt.

« pas plus tard que » → *noch*

- Je l'ai rencontré ce matin **même** pour discuter des détails.
  Ich habe mich heute Morgen **noch** mit ihm getroffen, um die Einzelheiten zu besprechen.
- Une suite est déjà prévue, avant **même** que le film ne soit sorti.
  Noch bevor der Film in den Kinos ist, ist eine Fortsetzung geplant.

pour présenter une information comme inattendue → *selbst* ; *sogar*

- Il dort fenêtre ouverte **même** l'hiver.
  Er schläft **selbst/sogar** im Winter bei offenem Fenster.

moi-même, toi-même, lui-même... → *selbst*

- Il a restauré sa maison **lui-même**.
  Er hat sein Haus **selbst** renoviert.

même si → *selbst wenn*

- Viens, **même** s'il **est** tard.
  Komm, **selbst wenn** es spät ist.

pas même/même pas → *nicht einmal*

- Cela fait des mois qu'il ne m'a pas appelé, **pas même** pour mon anniversaire.
  Er hat mich seit Monaten nicht angerufen, **nicht einmal** zum Geburtstag.

(LE) MÊME, (LA) MÊME

pour un seul objet → *derselbe*, *dieselbe*, *dasselbe*

- Je le connais. Nous habitons le **même** immeuble.
  Ich kenne ihn. Wir wohnen im **selben** Haus.

pour deux objets différents → *der/die/das gleiche*

- C'est amusant ! Nous avons le **même** pantalon !
  Es ist witzig! Wir haben die **gleiche** Hose!

MORT

la mort → *der Tod*

- Il n'a pas peur de la **mort**.
  Er fürchtet sich nicht vor dem **Tod**.

mort (adjectif) → *tot* ; *ausgestorben*

- On a trouvé des poissons **morts** dans la rivière.
  In dem Fluss wurden **tote** Fische gefunden.
- Le dimanche, la ville était complètement **morte**.
  Am Sonntag ist die Stadt völlig **ausgestorben** (ou : **tot**).

NOTEZ BIEN
Ausgestorben a seulement un sens **figuré**.

être mort (passé composé de « mourir ») → *sterben* au parfait

- Fassbinder **est mort** en 1982 à l'âge de 37 ans.
  Fassbinder **ist** 1982 im Alter von 37 Jahren **gestorben**.

NAÎTRE

pour une personne → *geboren werden*; *geboren sein*
- Il **est né** un dimanche.
  Er **wurde/ist** an einem Sonntag **geboren**.

pour une relation → *entstehen*
- Comment leur amitié **est-elle née**?
  Wie **ist** ihre Freundschaft **entstanden**?

pour des sentiments (« surgir ») → *aufkommen*
- Son attitude étrange a fait **naître** des soupçons.
  Sein komisches Verhalten hat einen Verdacht **aufkommen** lassen.

NE... PAS

nicht
- Nous l'avons attendu tout l'après-midi mais il **n**'est **pas** venu.
  Wir haben den ganzen Nachmittag auf ihn gewartet, doch er ist **nicht** gekommen.

devant des groupes nominaux exprimant une quantité → *kein*
- Je **n**'ai **pas** eu de difficultés à trouver le chemin.
  Ich hatte **keine** Schwierigkeiten, den Weg zu finden.
- Je **n**'ai pas faim.
  Ich habe **keinen** Hunger.
- Je **n**'ai **pas** envie d'y aller.
  Ich habe **keine** Lust, hinzugehen.

▸ LA NÉGATION PP. 127-128

NE... QUE

« pas davantage que » → *nur*; *bloß*
- Je t'inviterais bien à prendre un verre, mais je **n**'ai **que** deux euros sur moi.
  Ich würde dich gerne auf ein Glas einladen, aber ich habe **nur/bloß** zwei Euro bei mir.

« pas avant » → *erst*
- Je **ne** comprends **que** maintenant ce qui s'est passé.
  Ich verstehe **erst** jetzt, was passiert ist.

« pas davantage » (pour l'instant) → *erst*
- Nous ne pouvons pas faire déjà notre pause de midi!
  Nous **n**'avons fait **qu**'un tiers du trajet.
  Wir können nicht schon jetzt Mittagspause machen!
  Wir haben **erst** ein Drittel der Strecke zurückgelegt.

OCCASION

« circonstance » → *der Anlass*
- À quelle **occasion** cette photo a-t-elle été prise ?
  Zu welchem **Anlass** wurde dieses Foto gemacht?

« opportunité » → *die Gelegenheit*
- J'ai eu plusieurs fois l'**occasion** d'entendre ses conférences.
  Ich hatte mehrfach die **Gelegenheit**, seine Vorträge zu hören.
- C'est une bonne **occasion** de faire sa connaissance.
  Es ist eine gute **Gelegenheit**, ihn kennen zu lernen

d'occasion → *gebraucht* ; *second hand*
- Tu as vu mon nouvel appareil-photo ? Je l'ai acheté **d'occasion** sur Internet.
  Hast du meine neue Kamera gesehen? Ich habe sie **gebraucht** im Internet gekauft.

ON

désigne des personnes indéterminées, représentatives d'un point de vue général → *man*
- Une fois en haut, **on** a une très belle vue sur la vieille ville.
  Wenn man oben ist, hat **man** eine herrliche Aussicht auf die Altstadt.
- **On** ne le dirait pas, mais il a 85 ans.
  Man glaubt es nicht, aber er ist 85.

désigne les gens en général → *man*
- **On** ne me croit pas et pourtant je dis la vérité.
  Man glaubt mir nicht, doch ich sage die Wahrheit.

« on dit que » → *man sagt, dass* + verbe à la fin ; *sollen* + inf.
- **On dit** qu'il a gagné au loto.
  Man sagt, dass er im Lotto gewonnen hat.
  Er **soll** im Lotto gewonnen haben. ▸ *SOLLEN* PP. 41, 154

désigne des personnes non connues ou non précisées → tournure passive
- **On** a arrêté les travaux.
  Die Bauarbeiten **wurden eingestellt**. ▸ LE PASSIF PP. 43-45

« nous » → *wir*
- Qu'est-ce qu'**on** fait aujourd'hui ?
  Was machen **wir** heute?

OÙ

lieu où se situe qqch./qqn → *wo*

- Sais-tu **où** nous sommes ?
  Weißt du, **wo** wir sind?

lieu vers lequel s'effectue un déplacement → *wohin* ; *wo... hin*

- **Où** faut-il placer les tables et les chaises ?
  Wo muss man die Tische und Stühle **hin**stellen?
- Je te suivrai **où** que tu ailles.
  Ich folge dir, **wohin** du auch gehst.
  Ich folge dir, **wo** du auch **hin**gehst.

d'où → *woher* ; *wo... her*

- D'où viens-tu ?
  Woher kommst du?
  Wo kommst du **her**?
- D'où sais-tu cela ?
  Woher weißt du das?
- D'où vient ce nom ?
  Woher kommt (denn) dieser Name?
  Wo kommt (denn) dieser Name **her**?

PENDANT

pour exprimer la simultanéité de deux actions → *während*

- **Pendant que** tu ranges ici, je vais déjà préparer les valises.
  Während du hier aufräumst, packe ich schon mal die Koffer.
  [conjonction]
- **Pendant** la guerre, nous étions à l'étranger.
  Während des Krieges waren wir im Ausland. [préposition + G]

pour situer une action dans le temps → *in* (+ D)

- Nous déménagerons **pendant** l'été.
  Wir ziehen **im** Sommer um.

pour exprimer une durée → *lang* (+ A)

- Il s'est entraîné **pendant des mois**.
  Er hat **monatelang** trainiert.
- Les visiteurs ont dû faire la queue **pendant trois heures**.
  Die Besucher mussten **drei Stunden (lang)** Schlange stehen.

NOTEZ BIEN
Lang se place **après** l'indication de durée à l'accusatif.

PERMETTRE

« autoriser » → *erlauben* ; *gestatten*
- Ses parents lui ont **permis** de sortir.
  Seine Eltern haben ihm **erlaubt**, auszugehen.
- Il n'est pas **permis** de faire des photos dans le musée.
  Das Fotografieren ist im Museum nicht **erlaubt**.
  (ou : nicht **gestattet** [officiel])
- Je me suis **permis** de le tutoyer.
  Ich habe mir **erlaubt**, ihn zu duzen.
- **Permettez**-vous que je fume ?
  Gestatten Sie, dass ich rauche ? [officiel]

« rendre possible » → *erlauben* ; *ermöglichen* ; *zulassen*
- Son état de santé ne lui **permet** pas de travailler.
  Sein Gesundheitszustand **erlaubt** ihm nicht, zu arbeiten.
- Si le temps le **permet**, j'aimerais manger dehors.
  Wenn das Wetter es **zulässt**, möchte ich draußen essen.

se permettre financièrement → *sich leisten*
- Avec mon salaire, je ne peux pas **me permettre** de vivre à Paris.
  Mit meinem Gehalt kann ich es **mir** nicht **leisten**, in Paris zu wohnen.

POUR

pour désigner le bénéficiaire → *für*
- J'ai acheté ces fleurs **pour** toi.
  Ich habe diese Blumen **für** dich gekauft.

« du point de vue de » → *für*
- Il est grand **pour** son âge.
  Er ist groß **für** sein Alter.

être pour que → *dafür sein, dass*
- Êtes-vous **pour que** la Turquie entre dans l'Union européenne ?
  Sind Sie dafür, dass die Türkei der EU beitritt ?

partir pour → *nach* ; *in* (+ A)
- Il est déjà **parti pour** le Canada / les États-Unis.
  Er ist schon **nach** Kanada / **in die** USA abgereist.

pour cette raison → *aus diesem Grund* ; *deshalb* ; *deswegen*
- Cet ordinateur portable me plaît beaucoup mais il est très cher. C'est **pour cette raison** que je ne l'ai pas encore acheté.
  Dieser Laptop gefällt mir sehr, aber er ist sehr teuer. **Aus diesem Grund** habe ich ihn mir noch nicht gekauft.

pour + inf. (dans le but de...) → *um... zu* + inf.

- **Pour faire** des progrès, il faut s'entraîner régulièrement.
  Um Fortschritte **zu machen**, muss man regelmäßig üben.

pour que → *damit* + verbe à la fin

- Il faut tout faire **pour qu**'une chose pareille ne se reproduise pas.
  Man muss alles tun, **damit** sich so etwas nie wiederholt.

POURQUOI

« pour quelle raison » → *warum*

- **Pourquoi** ne m'as-tu rien dit ? J'aurais pu t'aider.
  Warum hast du mir nichts gesagt? Ich hätte dir helfen können.

« dans quel but » → *wozu*

- **Pourquoi** faire tant d'efforts ? Cela ne sert à rien.
  Wozu sich so viel Mühe machen? Es bringt nichts.

POUVOIR

« être capable de » → *können*

- **Peux**-tu m'aider à réparer mon vélo ?
  Kannst du mir helfen, mein Fahrrad zu reparieren?

« être autorisé à », « avoir le droit de » → *dürfen*

- **Peut**-on fumer ici ?
  Darf man hier rauchen?
- Ce n'était pas très malin, si je **puis** me permettre.
  Das war nicht sehr schlau, wenn ich das sagen **darf**.

« être possible » → *sein können* ; *möglich sein* ; *möglicherweise* + verbe

- Il **se peut qu**'il n'en ait rien su.
  Es **kann** sein, dass er nichts davon gewusst hat.
  Es **ist möglich**, dass er nichts davon gewusst hat.
  Möglicherweise hat er nichts davon gewusst.

pour exprimer une supposition → *kann* ; *mag* ; *wird* (*wohl*)

- Quel âge **peut**-il bien avoir ?
  Wie alt **kann / mag / wird** er **wohl** sein?

▸ LES VERBES MODAUX PP. 35-36, 156
▸ *KÖNNEN*, *DÜRFEN* PP. 37-38
▸ *DÜRFEN*, *KÖNNEN*, *MÖGEN* PP. 40-41

EXPRESSIONS FIGÉES

Qu'y puis-je ?
Was kann ich dafür?

On n'y peut rien.
Da kann man nichts machen.

Fais-le, toi. Moi, je n'en peux plus.
Mach das selbst. Ich kann nicht mehr.

le pouvoir → *die Macht* ; *die Kraft*

- Il est resté trente ans au **pouvoir**.
  Er blieb dreißig Jahre an der **Macht**.
- Il affirme posséder des **pouvoirs** surnaturels.
  Er behauptet, übernatürliche **Kräfte** zu haben.
- Le **pouvoir d'achat** des salariés a baissé ces dernières années.
  Die **Kaufkraft** der Arbeitnehmer ist in den letzten Jahren gesunken.

PRÉFÉRER

« aimer davantage qqch. » → *lieber mögen* ; *lieber* + verbe

- Je **préfère** le poisson à la viande.
  Ich **mag lieber** Fisch als Fleisch.
  Ich **esse lieber** Fisch als Fleisch.

« donner la préférence à » → *bevorzugen* ; *etw. ist jdm lieber*

- Je **préfère** cette solution.
  Ich **bevorzuge** diese Lösung.
  Diese Lösung **ist mir lieber**.
- Je **préfèrerais que** tu viennes demain.
  Mir wäre es lieber, wenn du morgen kommen würdest.

préférer faire qqch. → *lieber* + verbe (plus fréquent) ; *bevorzugen, etw. zu tun*

- Je **préfère dormir** sous la tente.
  Ich **schlafe lieber** im Zelt.
  Ich **bevorzuge es,** im Zelt **zu** schlafen.
- Je **préfère dormir** sous la tente **que** dans le refuge avec les ronfleurs.
  Ich **schlafe lieber** im Zelt **als** in der Berghütte mit den Schnarchern.

préféré → *Liebling(s)-*

- Quel est ton livre **préféré** ?
  Was ist dein **Lieblings**buch?

PROPOSER

« suggérer » → *vorschlagen* ; *einen Vorschlag machen*

- Que **proposes**-tu pour améliorer le service ?
  Was **schlägst** du **vor**, um den Service zu verbessern?
- Il a **proposé** quelques améliorations.
  Er **hat** einige **Verbesserungsvorschläge gemacht**.

« offrir » (un service, un objet) → *anbieten*

- Il m'a **proposé** un apéritif mais je n'en ai pas voulu.
  Er **hat** mir einen Aperitiv **angeboten**, aber ich wollte keinen.
- Il a gentiment **proposé** de porter mon sac.
  Er hat freundlicherweise **angeboten**, meine Tasche zu tragen.

se proposer pour → *sich bereit erklären*

- Il s'est **proposé pour** nous aider.
  Er hat **sich bereit erklärt**, uns zu helfen.

QUAND

dans une question → *wann*

- **Quand** partez-vous en vacances ?
  Wann fahrt ihr in Urlaub?
- Je me demande **quand** il part en vacances.
  Ich frage mich, **wann** er in Urlaub fährt.

dans une subordonnée temporelle → *wenn* ; *als*

- **Quand** j'allais chez ma grand-mère, elle faisait toujours des crêpes pour moi.
  Wenn ich meine Großmutter besuchte, hat sie immer für mich Crêpes gemacht.
- **Quand** tu viendras nous voir, nous t'emmènerons visiter une grotte à stalactites.
  Wenn du uns besuchen kommst, zeigen wir dir eine Tropfsteinhöhle.
- **Quand** j'étais enfant, je passais mes vacances chez ma grand-mère.
  Als ich ein Kind war, verbrachte ich die Ferien bei meiner Großmutter.

▸ *ALS* ET *WENN* P. 133

quand bien même + conditionnel → *selbst wenn* + verbe à l'indicatif ; *selbst wenn* + inf. + *sollte*

- **Quand bien même** cela ne marcherait pas, ce ne serait pas une catastrophe.
  Selbst wenn es nicht klappt, wäre das keine Katastrophe.
  Selbst wenn es nicht klappen **sollte**, das wäre keine Katastrophe.

▸ AVOIR BEAU P. 172
▸ MÊME (SI) P. 193

RATER

« ne pas réussir » → *nicht gelingen* ; *misslingen* ; (pour un travail manuel) *verpfuschen*

- J'ai **raté** mon gâteau.
  Der Kuchen **ist** mir nicht **gelungen**.
- La fête était complètement **ratée**.
  Das Fest war völlig **misslungen**.

NOTEZ BIEN
Attention à la construction des verbes *nicht gelingen* ou *misslingen* : « l'objet raté » est le sujet de la phrase.

- La coiffeuse a **raté** ma coupe.
  Die Friseuse hat meine Frisur **verpfuscht**. [fam.]

rater (un examen) → *in/bei einer Prüfung durchfallen*

- J'ai déjà **raté** trois fois le permis de conduire.
  Ich bin schon drei Mal **in** der Fahrprüfung **durchgefallen**.

rater (un train, une occasion) → *verpassen*

- Il est passé à la télé la semaine dernière, mais j'ai **raté** l'émission.
  Er war letzte Woche im Fernsehen, aber ich habe die Sendung **verpasst**.

▸ RÉUSSIR PP. 204-205

RÉFLÉCHIR

« étudier, considérer qqch. » → *über etw. nachdenken*

- J'ai longuement **réfléchi** à notre nouvelle situation.
  Ich habe lange über unsere neue Situation **nachgedacht**.

« réfléchir en vue d'une décision, d'une action » → *sich* (D) *etw. überlegen*

- Tu feras le voyage avec nous ? – Je ne sais pas encore. Il faut que j'y **réfléchisse**.
  Fährst du mit uns? – Ich weiß es noch nicht. Ich muss **es mir überlegen**.

« refléter » → *widerspiegeln*

- La lune **réfléchit** la lumière du soleil.
  Der Mond **spiegelt** das Licht der Sonne **wider**.

REFUSER

« refuser de faire qqch./que qqch. soit fait » → *es ablehnen, ... zu* + inf. ; *es ablehnen, dass* + verbe à la fin

- Ils ont **refusé de** m'écouter lorsque j'ai voulu expliquer mes raisons.
  Sie **lehnten** es **ab**, mich **anzuhören**, als ich meine Gründe erklären wollte.
- Il a **refusé que** je participe au projet.
  Er **lehnte es ab, dass** ich an dem Projekt teilnehme.

« refuser de faire qqch. d'attendu ou de demandé » → *sich weigern, etw. zu tun*

- Il a **refusé** de lui serrer la main.
  Er hat **sich geweigert**, ihm die Hand zu schütteln.

refuser qqch. (à qqn) → *(jdm) etw. verweigern* ; *(jdm) etw. ablehnen*

- On lui a **refusé** son visa.
  Ihm wurde das Visum **verweigert/abgelehnt**.

refuser qqn → *jdn abweisen*

- Rapidement, les billets pour le concert ont été tous vendus et on a dû **refuser** beaucoup de monde.
  Die Karten für das Konzert waren schnell ausverkauft und es mussten viele Leute **abgewiesen werden**.

REGARDER

« diriger son regard » → *sehen* ; *schauen* ; *gucken*

- **Regarde** ! Il y a une mésange devant la fenêtre.
  Guck mal! (ou : **Schau** mal!) Vor dem Fenster sitzt eine Meise.
- En **regardant** par la fenêtre, on a une vue sur la mer.
  Wenn man aus dem Fenster **sieht/schaut/guckt**, kann man auf das Meer blicken.
- Pendant que je parlais, il ne cessait de **regarder** la pendule.
  Während ich sprach, **blickte/schaute** er ständig auf die Uhr.

NOTEZ BIEN

Avec les verbes *blicken*, *schauen*, *sehen*, les prépositions mixtes (*auf*, *in*...) exprimant le point vers lequel est dirigé le regard sont suivies de l'**accusatif**.

▸ PRÉPOSITIONS + A PP. 86 ET 110

«regarder qqch. avec attention» → *(sich) etw. ansehen*; *(sich) etw. anschauen*; *(sich) etw. angucken*

- J'ai **regardé** tes photos, elles sont magnifiques.
  Ich habe **mir** deine Bilder **angesehen/angeschaut/angeguckt**. Sie sind wunderschön.

«observer qqch.» → *etw. betrachten*

- J'ai **regardé** à nouveau le portrait attentivement et j'ai découvert de nouveaux détails.
  Ich habe das Porträt noch einmal genau **betrachtet** und dabei neue Details entdeckt.

«regarder qqch./qqn en spectateur» → *etw.* (D)/*jdm zusehen*

- Nous avons visité les ateliers et j'ai **regardé les ouvriers** (travailler).
  Wir haben die Werkstatt besichtigt und **den Arbeitern** (bei der Arbeit) **zugesehen**.

regarder la télévision → *fernsehen*; *ferngucken*; *Fernsehen gucken*

- Il **regarde la télévision** toute la journée.
  Er **sieht/guckt** den ganzen Tag **fern**.
  Er **guckt** den ganzen Tag **Fernsehen**.

NOTEZ BIEN
Le verbe *gucken* (de même que *angucken*, *ferngucken*) est familier.

EXPRESSION FIGÉE
Cela ne te regarde pas !
Das geht dich nichts an!

REMARQUER, FAIRE REMARQUER

auffallen*; *bemerken

- J'ai **remarqué** quelque chose de bizarre.
  Mir ist etwas Komisches **aufgefallen**.
  Ich habe etwas Komisches **bemerkt**.

NOTEZ BIEN
Attention à la construction du verbe *auffallen* : «l'objet remarqué» est le sujet de la phrase.

« attirer l'attention de qqn sur qqch. » → *jdn auf etw. (A) aufmerksam machen* ; *jdn auf etw. (A) hinweisen* (avec l'idée de rappel à l'ordre)

- Je m'étais trompé de date. Heureusement qu'il **me l'a fait remarquer**.
  Ich hatte mich im Datum geirrt. Zum Glück hat er **mich darauf aufmerksam gemacht**. (ou : hat er **mich darauf hingewiesen**.)

« faire une remarque (critique) » → *etw. anmerken*

- Ce n'est pas très correct, si je peux le **faire remarquer**.
  Es ist nicht ganz korrekt, wenn ich das **anmerken** darf.

sans se faire remarquer → *unauffällig*

- Il est sorti de la salle **sans se faire remarquer**.
  Er hat **unauffällig** den Raum verlassen.

RENCONTRER

« faire la connaissance de qqn » → *jdn kennen lernen*

- C'est ici que j'ai **rencontré** ma femme, il y a vingt ans.
  Meine Frau habe ich hier vor zwanzig Jahren **kennen gelernt**.

« retrouver » → *treffen* ; *sich mit jdm treffen*

- Tu as pu **rencontrer** ton collègue ?
  Hast du deinen Kollegen **treffen** können?
  Hast du **dich mit** deinem Kollegen **treffen** können?

« rencontrer qqn par hasard » → *jdm begegnen* ; *jdn treffen*

- Je l'ai **rencontré** par hasard dans la rue.
  Ich **bin ihm** zufällig auf der Straße **begegnet**.
  Ich **habe ihn** zufällig auf der Straße **getroffen**.

NOTEZ BIEN
Alors que le parfait des verbes *kennen lernen* et *treffen* se forme avec l'auxiliaire *haben*, le parfait de *begegnen* est formé avec l'auxiliaire *sein*.

RÉUSSIR

« parvenir à un résultat » → *gelingen* ; *schaffen*

- Tu as bien **réussi** la photo.
  Das Foto **ist dir** gut **gelungen**.
- Paul lui a parlé longuement, mais il n'a pas **réussi à** le convaincre.
  Paul hat lange mit ihm gesprochen, aber **es ist ihm nicht gelungen**, ihn zu überzeugen.
  Paul hat lange mit ihm gesprochen, aber **er hat es nicht geschafft**, ihn zu überzeugen. [fam.]

NOTEZ BIEN
Attention à la construction de *gelingen* : « l'objet réussi » est le **sujet** de la phrase.

réussir (un examen) → *bestehen*
- Il n'a **réussi** son permis de conduire qu'à la deuxième tentative.
  Er hat die Fahrprüfung erst beim zweiten Versuch **bestanden**.

réussir (en général) → *Erfolg haben*
- Faut-il être intelligent pour **réussir** ?
  Muss man intelligent sein, um **Erfolg** zu **haben**?

▸ RATER P. 201

RÉVEILLER

se réveiller → *aufwachen*
- Nous prenons l'avion ce soir. Je suis si excité que je **me suis réveillé** à cinq heures ce matin.
  Wir fliegen heute Abend. Ich bin so aufgeregt, dass ich heute Morgen um fünf **aufgewacht bin**.

NOTEZ BIEN
Attention à la construction du verbe *aufwachen* : il n'y a pas de *sich* et le parfait se forme avec l'auxiliaire *sein*.

réveiller qqn → *jdn wecken*
- Mon train est à 7h. Peux-tu me **réveiller** à 6h ?
  Mein Zug fährt um 7. Kannst du mich um 6 **wecken**?

▸ S'ENDORMIR P. 186

S'ARRÊTER

s'arrêter (véhicule) → *(an)halten*
- Le train ne **s'arrête** qu'une minute dans cette gare.
  Der Zug **hält** nur eine Minute in diesem Bahnhof.
- [en voiture] Pourrais-tu **t'arrêter** un instant ? J'aimerais faire une photo.
  Könntest du kurz **anhalten**? Ich würde gern ein Foto machen.

« s'arrêter d'avancer » → *stehen bleiben*
- Il s'arrêta devant la porte.
  Er **blieb** vor der Tür **stehen**.

s'arrêter (de manière temporaire) → *(mit etw.) aussetzen*
- Lorsqu'elle a eu son bébé, elle **s'est arrêtée** un an (de travailler).
  Als sie ihr Baby bekam, **setzte** sie ein Jahr (mit der Arbeit) **aus**.

▸ ARRÊTER P. 167

SANS

sans + nom → *ohne* (+ A)

- Sans toi, je suis perdu.
  Ohne dich bin ich verloren.

sans + nom → *-los* ; *-frei*

- Il est **sans** emploi (au chômage).
  Er ist arbeits**los**.
- Il y a de plus en plus de **sans-abri**.
  Es gibt immer mehr **Obdachlose**.
- Aujourd'hui, on ne peut plus acheter que de l'essence **sans plomb**.
  Heutzutage gibt es nur noch **bleifreies** Benzin zu kaufen.

NOTEZ BIEN
Les suffixes *-los* et *-frei* permettent de former des adjectifs à partir de noms.
die Arbeit (le travail) → arbeitslos (sans travail)
das Obdach (l'abri) → obdachlos (sans abri)
das Blei (le plomb) → bleifrei (sans plomb)

sans + inf. → *ohne... zu* + inf.

- Elle est partie **sans** rien dire à personne.
  Sie ist weggegangen, **ohne** jemandem etwas **zu** sagen.

sans que + verbe → *ohne dass* + verbe à la fin

- Elle est partie **sans que** personne ne sache pourquoi.
  Sie ist weggegangen, **ohne dass** jemand weiß, warum.

NOTEZ BIEN
Ohne dass est suivi d'un verbe à l'**indicatif** en allemand.

SAVOIR

savoir qqch. → *wissen*

- Sais-tu de qui est ce film ?
  Weißt du, von wem der Film ist?

« savoir faire qqch. » → *etw. tun können*

- Il sait skier, bien qu'il ne l'ait jamais vraiment appris.
  Er **kann** Ski fahren, obwohl er es nie wirklich gelernt hat.

« maîtriser » → *können* + nom

- Sais-tu (parler) allemand ?
  Kannst du Deutsch?
- Sais-tu ton poème par cœur ?
  Kannst du das Gedicht auswendig?

EXPRESSION FIGÉE

Qui a organisé tout cela ? – Je n'en sais rien. [Je n'en ai pas la moindre idée.]
Wer hat das alles organisiert? – (Ich habe) keine Ahnung.

▸ KÖNNEN P. 37

SE FAIRE

lorsque le sujet contrôle l'action → *sich lassen* + inf.

- Il veut **se faire** opérer à l'étranger, c'est moins cher qu'ici.
  Er will **sich** im Ausland operieren **lassen**, es ist nicht so teuer wie hier.

lorsque le sujet ne contrôle pas l'action → verbe au passif

- Je **me** suis **fait** voler mon vélo la semaine dernière.
  Mir **wurde** letzte Woche das Fahrrad **gestohlen / geklaut** [fam.].
- Je me suis **fait avoir**.
  Ich **wurde reingelegt**.

s'en faire → *sich Sorgen machen*

- Ne t'en **fais** pas, ça va s'arranger.
  Mach dir keine Sorgen. Es wird schon werden.

se faire à → *sich an* (+ A) *gewöhnen*

- Il n'arrive pas à **se faire à** son nouvel environnement.
  Er kann **sich an** seine neue Umgebung nicht **gewöhnen**.

▸ FAIRE P. 188

SEUL

« solitaire » → *allein* ; *einsam*

- Tu vis **seul** dans ce grand appartement ?
  Lebst du **allein** in dieser großen Wohnung?
- Paradoxalement, dans les grandes villes, beaucoup de gens se sentent **seuls**.
  Paradoxerweise fühlen sich in Großstädten viele Menschen **einsam**.

NOTEZ BIEN

Allein est invariable ; il ne s'utilise jamais comme épithète mais uniquement comme **adverbe** ou comme **attribut**.

« sans famille » → *allein stehend*

- Dans les grandes villes, il y a de plus en plus de **personnes seules**.
  In den Großstädten gibt es immer mehr **Alleinstehende**.

- **«unique» → *einzig***
  - C'est la **seule** chose que je sache faire.
    Es ist das **Einzige**, was ich kann.

- **«seulement» → *nur, allein***
  - **Seul** un miracle pourrait le sauver.
    Nur/allein ein Wunder könnte ihn noch retten.

SI

- **pour exprimer la condition ou l'hypothèse → *wenn***
  - **Si** tu l'invites, il viendra sûrement.
    Wenn du ihn einlädst, kommt er bestimmt.
  - Que ferais-tu **si** tu gagnais au loto ?
    Was würdest du tun, **wenn** du im Lotto gewinnen würdest?

- **comme si → *als ob* + verbe au subj. II**
  - Il fait **comme** s'il ne s'était rien passé.
    Er tut, **als ob** nichts passiert wäre.

▸ L'EXPRESSION DE L'IRRÉEL P. 31
▸ LA CONDITION P. 137

- **dans une question indirecte → *ob***
  - Il n'a pas répondu à ma lettre. Je me demande **s'**il n'a pas déménagé.
    Er hat auf meinen Brief nicht geantwortet. Ich frage mich, **ob** er nicht umgezogen ist.

▸ *OB* P. 131

- **pour exprimer la graduation → *so***
  - J'étais **si** fatigué que j'ai dormi douze heures.
    Ich war **so** müde, dass ich zwölf Stunden geschlafen habe.

- **Et si… (suggestion) → *Wie wäre es mit* (+ D) ; *wie wäre es, wenn* + verbe au subj. II**
  - **Et si** on buvait une bière ? Tu n'as pas soif ?
    Wie wäre es mit einem Bier? Bist du nicht durstig?
  - Et si nous allions au restaurant ce soir ?
    Wie wäre es, wenn wir heute Abend essen gingen?

- **sauf si… → *außer* + sujet + verbe ; *außer wenn* + verbe à la fin**
  - Je ne me mêle pas de ses affaires, **sauf** s'il me demande conseil.
    Ich mische mich nicht in seine Angelegenheiten ein, **außer wenn** er mich um Rat fragt. (ou : **außer** er fragt mich um Rat.)

SORTIR

« sortir d'un lieu » → *aus* (+ D) *gehen/kommen* ; *hinausgehen* ; *verlassen* (+ A)

- En **sortant**, j'ai réalisé que j'avais oublié mon parapluie.
  Als ich **aus dem Haus gegangen bin**, habe ich festgestellt, dass ich meinen Regenschirm vergessen hatte.
  Als ich **hinausgegangen bin**, habe ich festgestellt, dass ich meinen Regenschirm vergessen hatte.
- Il n'est **sorti** du bureau qu'à 21h aujourd'hui.
  Heute **ist** er erst um 21 Uhr **aus** dem Büro **gekommen**.
  Heute **hat** er erst um 21 Uhr das Büro **verlassen**.

« faire une sortie » → *ausgehen* ; *in* (+ A) *gehen*

- On **sort** ce soir ?
  Gehen wir heute Abend **aus**?
- Tu te souviens qu'on **sort au théâtre** ce soir ?
  Erinnerst du dich, dass wir heute Abend **ins Theater gehen**?

SUIVRE

dans un sens spatial → *jdm folgen* ; *hinter jdm hergehen* ; *jdm nachgehen*

- Nous avons **suivi** trop longtemps une fausse piste.
  Wir **sind** zu lange einer falschen Spur **gefolgt**.
- Si vous voulez bien me **suivre**…
  Würden Sie mir bitte **folgen**…

NOTEZ BIEN

Le verbe *folgen* se construit avec le datif et l'auxiliaire *sein*.

NOTEZ BIEN

Suivant le moyen de locomotion utilisé ou la manière de se déplacer, on utilisera différents verbes : *gehen* (aller à pied), *laufen* (marcher d'un pas rapide), *fahren* (aller en voiture), *fliegen* (aller en avion), *kommen* (se déplacer vers un but), etc.

Je l'ai dépassé, mais il m'a **suivi** jusqu'à ce qu'il me rattrape.
Ich habe ihn überholt, aber dann **ist** er mir **nachgefahren**, bis er mich eingeholt hat.

J'ai **suivi** cette voiture pendant 2 km, puis elle a tourné.
Ich bin zwei Kilometer **hinter** diesem Auto **hergefahren**, dann ist es abgebogen.

Partez. Je vous **suis**.
Geht schon los, ich **komme nach**.

▸ ALLER P. 165

« comprendre qqch. » → *folgen* (+ D)

- Je ne vous **suis** pas. Que voulez-vous dire par là ?
  Ich kann **Ihnen** nicht **folgen**. Was meinen Sie damit?

dans un sens temporel → *(auf etw.) folgen* ; *etw.* (D) *folgen*

- L'hiver **fut suivi** d'un mois d'avril doux et sec.
  Auf den harten Winter **folgte** ein milder, trockener April.
  Dem harten Winter **folgte** ein milder, trockener April.
- À **suivre**… [pour une série]
  Fortsetzung **folgt**.
- La situation peut être décrite **comme suit**…
  Die Situation lässt sich **wie folgt** darstellen…

« suivre le déroulement de qqch. » → *etw. verfolgen*

- J'ai **suivi** l'émission depuis le début, mais je n'ai rien compris.
  Ich habe die Sendung von Anfang an **verfolgt**, aber ich habe nichts verstanden.

« suivre une règle, un conseil » → *befolgen*

- Pourquoi n'as-tu pas **suivi** mon conseil ?
  Warum hast du meinen Rat nicht **befolgt**?

« suivre un cours » → *besuchen*

- À la fac, j'ai **suivi** des cours en histoire de l'art.
  An der Uni habe ich Vorlesungen in Kunstgeschichte **besucht**.

TANT

« tellement » → *so…* ; *so viel* ; *so sehr* ; *so* + adv.

- Il gagne **tant** d'argent qu'il ne sait pas quoi en faire.
  Er verdient **so viel** Geld, dass er nicht weiß, was er damit soll.
- Ils ont **tant** souffert pendant la guerre !
  Sie haben im Krieg **so sehr** gelitten.
- Je n'aime pas **tant que ça** la glace au chocolat.
  Ich mag nicht **so sehr** Schokoladeneis.
- J'ai fait ce chemin **tant de fois** que je le connais par cœur.
  Ich habe diesen Weg **so oft** zurückgelegt,
  dass ich ihn auswendig kenne.

▸ BEAUCOUP P. 174

tant que (conjonction), aussi longtemps que → *solange*

- **Tant qu**'il n'a pas été condamné, l'accusé est présumé innocent.
  Solange der Angeklagte nicht verurteilt worden ist, gilt er als unschuldig.

« puisque » → *wenn... schon*

- Pourrais-tu aller chercher des glaçons, **tant que** tu es debout ?
  Wenn du **schon** stehst, könntest du Eiswürfel holen?
- Tant qu'à faire !
  Wennschon, dennschon!

si tant est que → *wenn überhaupt* ; *sofern*

- Je lui donnerai un coup de main, **si tant est que** cela soit nécessaire.
  Ich werde ihm helfen, **wenn** es **überhaupt** nötig ist.
  Ich werde ihm helfen, **sofern** es nötig ist.

en tant que → *als*

- **En tant qu'**entraîneur, je dois veiller au moral de l'équipe.
  Als Trainer muss ich über die Moral der Mannschaft wachen.

▸ Autant pp. 170-171

TOUJOURS

« constamment » → *immer*

- Quoi qu'il arrive, il est **toujours** de bonne humeur !
  Egal, was passiert, er ist **immer** guter Laune!

« encore » → *immer noch*

- Tu es **toujours** là ? Je ne t'entends plus.
  Bist du **immer noch** da? Ich höre dich nicht mehr.

« depuis toujours » → *schon immer*

- Elle a **toujours** voulu être danseuse.
  Sie wollte **schon immer** Tänzerin werden.

TRAVERSER

« traverser un espace » → verbe de déplacement + *durch* (+ A) ; *durchqueren*

- D'abord on **traverse** un petit bois, puis on arrive à un chemin que l'on suit jusqu'à la rivière.
  Zuerst **geht** man **durch** einen kleinen Wald, dann kommt man auf einen Weg. Diesem folgt man bis zum Fluss.
- Nous avons **traversé** toute l'Europe.
  Wir haben ganz Europa **durchquert**.

« passer au-dessus d'un espace » → verbe de déplacement + *über* (+ A) ; *überqueren*

- Il a été le premier à **traverser** la Manche en montgolfière.
  Er **flog** als erster in einem Heißluftballon **über** den Ärmelkanal.
- On ne doit pas **traverser** lorsque le feu piéton est rouge.
  Man darf nicht bei Rot **über die Straße gehen**.
- En suivant le chemin, tu arrives à un croisement, qu'il te faut **traverser**.
  Wenn du den Weg weiter gehst, kommst du an eine Kreuzung, die du **überqueren** musst.

VENIR DE (PASSÉ IMMÉDIAT)

→ verbe au parfait ou au plus-que-parfait + *(so)eben* ou *gerade*

- Je **venais de raccrocher** quand le téléphone a sonné.
  Ich **hatte gerade aufgelegt**, als das Telefon klingelte.
- Je **viens de rentrer** à l'instant. [de passer la porte]
  Ich **bin soeben** zur Tür **hereingekommen**. [fam : reingekommen]

VOULOIR

« vouloir faire qqch. » → *etw. tun wollen*

- Ils **veulent** déménager dans un autre quartier.
  Sie **wollen** in ein anderes Viertel ziehen.

vouloir (au conditionnel) → *möchte*

- Ils **voudraient** un plus grand appartement.
  Sie **möchten** eine größere Wohnung.
- Mon ami **voudrait** faire votre connaissance.
  Mein Freund **möchte** Sie kennen lernen.

veux-tu que je/que nous → *soll ich/sollen wir*

- **Tu veux** que je vienne te chercher (à la gare) ?
  Soll ich dich (am Bahnhof) abholen?

« avoir envie de qqch. » → *etw. mögen*

- Tu **veux** une bière ? Une brune ou une blonde ?
  Magst du ein Bier? Ein dunkles oder ein helles?

en vouloir à qqn → *jdm böse sein*

- Tu **m'en veux** encore ?
  Bist du **mir** immer noch **böse**?

▸ *SOLLEN, WOLLEN, MÖGEN* PP. 36-39

Y

pour un lieu où l'on est → *dort*

- J'aime cette région. J'y passe souvent mes vacances.
  Ich mag diese Gegend. Ich verbringe **dort** oft meine Ferien.

pour un lieu où l'on va → *(da)hin* ; *(dort)hin*

- Nous y sommes allés à pied.
  Wir sind zu Fuß **hin**.

« à qqch. » → *da(r)* + préposition (en fonction du verbe)

- Je ne peux pas m'y fier.
  Ich kann mich nicht **darauf** verlassen. [sich auf (+ A) verlassen]
- J'y pense souvent.
  Ich denke oft **daran**. [an (+ A) denken]

> **EXPRESSION AVEC « Y »**
>
> On y va ?
> Gehen wir?
>
> Tu t'y connais en champignons ?
> Kennst du dich mit Pilzen aus?

Y FAIRE

« se débrouiller avec » → *mit etw.* (D) *umgehen*

- Il sait y faire avec les enfants.
  Er kann **mit** Kindern **umgehen**.

« changer qqch. à » → *daran ändern*

- C'est comme ça. Qu'est-ce que tu veux qu'on y fasse ?
  Es ist so. Was soll man **daran ändern**?

▸ FAIRE P. 188

FAUX AMIS

das Antiquariat : la librairie d'occasion	l'antiquaire : der Antiquitätenhändler
das Baiser : la meringue	le baiser : der Kuss
die Balance : l'équilibre	la balance : die Waage
das Café : le salon de thé	le café (boisson) : der Kaffee
der Christ : le chrétien	le Christ : Christus
demonstrieren : manifester	démontrer : beweisen
der Dom : la cathédrale	la coupole, le dôme : die Kuppel
das Feuilleton : la rubrique culturelle d'un journal	le feuilleton télévisé : die Fernsehserie
das Klavier : le piano	le clavier : die Tastatur
die Kamera : l'appareil-photo	la caméra : die Filmkamera
die Karawane : la caravane (de chameaux…)	la caravane : der Wohnwagen
der Koffer : la valise	le coffre (de voiture) : der Kofferraum le coffre : die Truhe
das Kostüm : le tailleur	le costume : der Anzug
die Filiale : la succursale, l'agence	la filiale : die Tochtergesellschaft
die Parole : le slogan	la parole : das Wort
der Dirigent : le chef d'orchestre	le dirigeant : der Manager, der Boss
die Garage : le parking, le garage	le garage automobile : die (Auto)werkstatt
das Lokal : le restaurant, le café, le bar	le local : der Raum
die Messe : la messe la foire (expo)	
die Phantasie : l'imagination	la fantaisie, l'humeur : die Laune
die Rakete : la fusée	la raquette (tennis) : der Schläger la raquette (chaussure) : der Schneeschuh
effektiv : efficace	effectif : tatsächlich
ignorieren : ignorer délibérément	ignorer, ne pas savoir : nicht wissen
immatrikuliert sein : être inscrit à l'université	être immatriculé (véhicule) : zugelassen sein
indiskutabel : qui ne mérite pas qu'on en débatte	indiscutable : unbestreitbar
peinlich : embarrassant	méticuleux, pinailleur : penibel pénible : beschwerlich, mühsam
salopp : négligé	Quel salaud ! : So ein Schwein!
der Tank : le réservoir (carburant)	le tank : der Panzer
der Tresor : le coffre-fort (dans les hôtels)	le trésor : der Schatz
Mach kein Theater! : Arrête ton cinéma !	

CONFUSIONS FRÉQUENTES AVEC L'ANGLAIS

bekommen : recevoir

to become : devenir

bei : chez

by : par

fast : presque

fast : rapide

das Gift : le poison

a gift : un cadeau

still : silencieux

still : encore

nicht müssen : ne pas être obligé de

must not : ne pas devoir

spenden : faire un don

to spend : dépenser

der Stempel : le tampon

a stamp : un timbre

also : donc

also : aussi

schauen : voir

to show : montrer

Vocabulaire

@ Vous trouverez sur le site www.bescherelle.com l'enregistrement intégral des rubriques « Vous les connaissez. Savez-vous les prononcer ? » et « Un peu de conversation ».

Abréviations utilisées

N : nominatif
A : accusatif
D : datif
G : génitif

adj. : adjectif
adj. subst. : adjectif substantivé

sing. : singulier
plur. : pluriel

qqch. : quelque chose
qqn : quelqu'un

jdn : *jemanden*
jdm : *jemandem*
etw. : *etwas*

Le masculin est utilisé dans les listes qui suivent comme genre grammaticalement neutre pour les noms et adjectifs.

1 L'individu

Vous les connaissez. Savez-vous les prononcer ?

das Kind ❖ der Junge ❖ das Mädchen ❖ das Baby ❖ der Tod

L'IDENTITÉ

der Mensch (en, en) **:** l'être humain, la personne
der Mann (¨er) **:** l'homme
männlich : masculin
die Frau (en) **:** la femme
weiblich : féminin
die Leute : les gens

der Name (ns, n) **:** le nom
der Vorname (ns, n) **:** le prénom
der Nachname (ns, n) **:** le nom de famille
der Spitzname (ns, n) **:** le surnom

heißen (ie, ei) **:** s'appeler
verheiratet : marié
ledig : célibataire

die Staatsangehörigkeit : la nationalité
der Personalausweis (e) **:** la carte d'identité

LES ÂGES DE LA VIE

geboren werden (u, o, i / ist) **:** naître
leben : vivre
das Leben : la vie
(an + D) sterben (a, o, i / ist) **:** mourir (de qqch.)
der Tod : la mort

das Baby (s) **:** le bébé
das Kind (er) **:** l'enfant
der Junge (n, n) **:** le garçon
das Mädchen (-) **:** la fille

der Jugendliche [adj. subst.] **:** l'adolescent
der Erwachsene [adj. subst.] **:** l'adulte

das Alter (-) **:** l'âge
jung : jeune
alt : vieux
alt werden (u, o, i / ist) **:** vieillir

UN PEU DE CONVERSATION

- **Wie alt ist sie denn? – Sie ist fünfzig (Jahre alt).**
  Quel âge a-t-elle ? – Elle a cinquante ans.
- **Ich bin Französin, aber mein Freund ist Deutscher.**
  Je suis française, mais mon ami est allemand.
- **Ich möchte Ihnen unsere neue Kollegin, Frau Schneider, vorstellen.**
  J'aimerais vous présenter notre nouvelle collègue, Mme Schneider.
- **Mein Bruder hat mir oft von Ihnen erzählt. Es freut mich sehr, Sie kennen zu lernen.**
  Mon frère m'a souvent parlé de vous. Je suis très heureux de faire votre connaissance.
- **Ich kenne ihn doch. Wie heißt er noch mal?**
  Mais je le connais. Il s'appelle comment déjà ?

L'APPARENCE PHYSIQUE

aus/sehen (a, e, ie) **:** avoir l'air

schön : beau
hässlich : laid

die Figur : la silhouette

klein : petit
groß : grand
dick : gros
schlank : mince

das Gesicht (er) **:** le visage
die Brille : les lunettes
das Haar (e) **:** les cheveux
der Bart (¨e) **:** la barbe

dunkel : foncé [peau, cheveux]
hell : clair
blond : blond
lang : long
kurz : court

LA PERSONNALITÉ, LE COMPORTEMENT

der Charakter (e) **:** le caractère
das Verhalten : le comportement
sich verhalten (ie, a, ä) **:** se comporter

böse : méchant
nett : gentil, sympathique
zurückhaltend : réservé
komisch : bizarre, étrange
höflich : poli
freundlich : aimable
frech : insolent
unverschämt : culotté
neugierig : curieux
schüchtern : timide
zurückhaltend : réservé

aufgeschlossen : ouvert
stolz : fier
arrogant : arrogant
der Angeber (-) **:** le frimeur
bescheiden : modeste, humble
zuverlässig : fiable
ehrlich : honnête
dickköpfig : têtu
mutig : courageux
vorsichtig : prudent
ängstlich : peureux, inquiet
feige : lâche
egoistisch : égoïste
geizig : avare, radin

UN PEU DE CONVERSATION

- Wie sieht sie denn aus? – Sie ist groß, hat lange Haare, trägt eine Brille.
  Elle ressemble à quoi ? – Elle est grande, a les cheveux longs et porte des lunettes.
- Ich habe fünf Kilo zugenommen. Ich passe in keine Hose mehr!
  J'ai pris cinq kilos. Je ne rentre plus dans aucun pantalon !
- Mensch, wie sieht °der denn aus! – Ja, das ist wohl der Neue.
  Mon Dieu, tu as vu à quoi il ressemble ! – Oui, ce doit être le nouveau.
- Sie achtet auf ihre Figur.
  Elle fait attention à sa ligne.
- Findest du nicht, dass er sich komisch verhält in letzter Zeit?
  Tu ne trouves pas qu'il a un comportement bizarre ces derniers temps ?
- So eine Unverschämtheit!
  Quel culot !

MINI QUIZ

1 Un policier vous dit : *Ihren Ausweis, bitte!* De quoi s'agit-il ?

2 Traduisez : *°Du bist aber komisch!*

3 Comment dit-on « Mademoiselle » en allemand ?

4 Traduisez : « Il a les cheveux courts. »

RÉPONSES

1 Il vous demande votre carte d'identité.

2 « Qu'est-ce que tu es bizarre ! »

3 *Frau*. Aujourd'hui, on ne fait généralement plus la distinction entre « Madame » et « Mademoiselle ». Le terme *Fräulein*, qui traduit littéralement « Mademoiselle », est vieilli.

4 *Er hat kurze Haare*. Attention : il n'y a pas d'article défini. Cette différence de construction entre le français et l'allemand s'applique aux parties du corps en général : *Sie hat blaue Augen, kurze Beine, kleine Hände*...

2 La famille

Vous les connaissez. Savez-vous les prononcer ?

die Tochter / die Töchter ❖ der Onkel ❖ der Großvater ❖ die Trennung

LES MEMBRES DE LA FAMILLE

die Familie (n) **:** la famille

die Eltern : les parents
der Vater (¨) **:** le père
die Mutter (¨) **:** la mère
der Sohn (¨e) **:** le fils
die Tochter (¨) **:** la fille
der Bruder (¨) **:** le frère
die Schwester (n) **:** la sœur
die Geschwister : les frères et sœurs

die Patchworkfamilie : la famille recomposée

verwandt : parent, apparenté

die Großeltern : les grands-parents
der Großvater (¨) **:** le grand-père
die Großmutter (¨) **:** la grand-mère
der Enkel (-) **:** le petit-fils
die Enkelin (nen) **:** la petite-fille

der Onkel (-) **:** l'oncle
die Tante (n) **:** la tante
der Neffe (n, n) **:** le neveu
die Nichte (n) **:** la nièce
der Cousin (s) **:** le cousin
die Kusine (n) **:** la cousine

UN PEU DE CONVERSATION

- Hast du Geschwister? – Ja, zwei jüngere Brüder, aber keine Schwester. Ich bin der Älteste.
  Tu as des frères et sœurs ? – Oui, j'ai deux frères cadets, mais pas de sœur. Je suis l'aîné.
- Zu meinem Geburtstag hatte ich alle Verwandten, aber auch viele Freunde eingeladen.
  Pour mon anniversaire, j'avais invité toute la famille, mais aussi beaucoup d'amis.
- Wie ist es, als Einzelkind aufzuwachsen?
  Ça fait comment d'être enfant unique ?
- Haben Sie Kinder? – Ja, einen Jungen und ein Mädchen.
  Avez-vous des enfants ? – Oui, un garçon et une fille.

- **Ich möchte dir den Mann der Nichte von der Schwester meines Großvaters vorstellen.**
Je te présente l'époux de la nièce de la sœur de mon grand-père.
- **Er ist als viertes Kind in einer kinderreichen Familie aufgewachsen, die sehr arm war.**
Il était le quatrième enfant d'une famille nombreuse et très pauvre.
- **Mein Großvater mütterlicherseits ist Franzose und mein Großvater väterlicherseits ist Deutscher.**
Mon grand-père maternel est français et mon grand-père paternel est allemand.
- **Vierköpfige Familie sucht Einfamilienhaus zur Miete in Frankfurt und Umgebung.**
Famille de quatre personnes recherche maison individuelle à louer dans Francfort et ses environs.

LA BELLE-FAMILLE

die Schwiegereltern : les beaux-parents
der Schwiegervater (¨) **:** le beau-père
die Schwiegermutter (¨) **:** la belle-mère
die Stiefmutter (¨) **:** la belle-mère (2e femme du père)
der Stiefvater (¨) **:** le beau-père (2e mari de la mère)

LA VIE EN COUPLE

mit jdm zusammen/leben : vivre avec qqn
der (Lebens)partner (-) **:** le partenaire

(jdn) heiraten : se marier (avec qqn)
verheiratet sein : être marié
die Hochzeit (en) **:** le mariage, les noces
das Ehepaar (e) **:** le couple marié
der Ehemann (¨er) **:** l'époux
die Ehefrau (en) **:** l'épouse

ledig : célibataire

LA SÉPARATION, LE DIVORCE

jdn verlassen (ie, a, ä) **:** quitter qqn
sich (von jdm) trennen : se séparer (de qqn)
die Trennung : la séparation
sich (von jdm) scheiden lassen (ie, a, ä) **:** divorcer (de qqn)
geschieden sein : être divorcé
die Scheidung (en) **:** le divorce

der Witwer (-) **:** le veuf
die Witwe (n) **:** la veuve

UN PEU DE CONVERSATION

- **Sind Sie verheiratet? – Nein, wir leben schon zwölf Jahre ohne Trauschein zusammen.**
  Vous êtes mariés ? – Non, nous vivons ensemble depuis douze ans sans être mariés.
- **Wer hat das Sorgerecht nach einer Trennung oder nach einer Scheidung?**
  Qui a l'autorité parentale après une séparation ou un divorce ?
- **Als alleinerziehende Mutter hat sie es nicht leicht.**
  En tant que mère célibataire, ce n'est pas facile pour elle.
- **Nach zehn Jahren Ehe haben wir uns letzte Woche getrennt.**
  Après dix ans de mariage, nous nous sommes séparés la semaine dernière.

L'ÉDUCATION

jdn erziehen (o, o) **:** éduquer qqn
die Erziehung : l'éducation

betreuen : garder [des enfants]
jdn verwöhnen : gâter qqn
jdm gehorchen : obéir à qqn
ungehorsam : désobéissant

jdn bestrafen : punir qqn
jdn aus/schimpfen : gronder qqn [fortement]

gut erzogen : bien élevé
brav : sage
streng : sévère
nachsichtig : indulgent

Un peu de conversation

- **Na Kinder, seid ihr auch alle brav gewesen?**
  Alors les enfants, vous avez été sages ?
- **Ich finde nicht, dass das Kind schlecht erzogen ist. Es hat einfach viel Charakter.**
  Je ne trouve pas que cet enfant soit mal élevé. Simplement, il a du caractère.
- **Ich würde nicht sagen, dass ich anti-autoritär erzogen wurde, aber ich hatte immer viele Freiheiten.**
  Je ne dirais pas que j'ai reçu une éducation libérale, mais j'ai toujours eu beaucoup de libertés.
- **Seitdem sie wieder arbeitet, wird das Kind von einer Tagesmutter betreut.**
  Depuis qu'elle a repris son travail, son enfant est gardé par une nounou.

Mini quiz

1 *Ehe*, *Hochzeit*, *Heirat* peuvent être traduits par « mariage » en français. Complétez les phrases suivantes par le mot qui convient :
Nach der ... hat sie den Namen ihres Ehemanns angenommen.
Zu der ... waren hundert Leute eingeladen.
Nach zwanzig Jahren ... haben sie sich getrennt.

2 Traduisez : « Ils se sont mariés l'été dernier. »

3 Qu'est-ce qu'un *Kindergarten* ?

4 Retrouvez le sens des mots suivants : *der Schwiegervater*, *die Schwiegermutter*, *die Schwiegertochter*, *der Schwiegersohn*.

Réponses

1 *Nach der Heirat hat sie den Namen ihres Ehemanns angenommen.*
Zu der Hochzeit waren hundert Leute eingeladen.
Nach zwanzig Jahren Ehe haben sie sich getrennt.

2 *Sie haben letzten Sommer geheiratet.* Attention : *heiraten* n'est pas un verbe pronominal.

3 Il s'agit d'un jardin d'enfants privé qui accueille les enfants de moins de 6 ans. En Allemagne, les enfants ne vont à l'école qu'à partir de 6 ans.

4 *Der Schwiegervater* : le beau-père (père du conjoint), *die Schwiegermutter* : la belle-mère (mère du conjoint), *die Schwiegertochter* : la belle-fille, *der Schwiegersohn* : le gendre.

3 Le corps et la santé

Vous les connaissez. Savez-vous les prononcer ?

der Fuß ❖ **der Finger** ❖ **das Ohr** ❖ **der Knochen** ❖ **blind**

LE CORPS

der Körper (-) **:** le corps
die Haut : la peau
der Muskel (n) **:** le muscle
das Blut : le sang
der Nerv (en) **:** le nerf
der Knochen (-) **:** l'os

der Kopf (¨e) **:** la tête
das Gesicht (er) **:** le visage
das Auge (n) **:** l'œil
das Ohr (en) **:** l'oreille
die Nase (n) **:** le nez
der Mund (¨er) **:** la bouche
der Zahn (¨e) **:** la dent

der Arm (e) **:** le bras
die Schulter (n) **:** l'épaule
die Hand (¨e) **:** la main
der Finger (-) **:** le doigt
das Bein (e) **:** la jambe
das Knie (-) **:** le genou
der Fuß (¨e) **:** le pied

der Bauch (¨e) **:** le ventre
der Rücken (-) **:** le dos
der Po [fam.] (s) **:** les fesses

das Herz (ens, en) **:** le cœur
die Lunge (n) **:** le poumon
atmen : respirer
der Magen (¨) **:** l'estomac
verdauen : digérer

UN PEU DE CONVERSATION

- Er hat ihr zugehört und tröstend ihre Hand genommen.
  Il l'a écoutée et lui a pris la main pour la consoler.
- Sie hatte Tränen in den Augen.
  Elle avait les larmes aux yeux.
- Es geht mir langsam auf die Nerven!
  Ça commence à m'énerver !
- Du solltest besser die Finger davon (weg)lassen!
  Tu ne devrais pas t'en mêler !
- Wir drücken dir die Daumen!
  On croise les doigts !

LES CINQ SENS

sehen (a, e, ie) **:** voir
sich (D) **etw.** (A) **an/sehen** (a, e, ie) **:** regarder qqch.
etw. beobachten : observer qqch.
etw. erblicken : apercevoir qqch.
blind : aveugle

sich (D) **etw.** (A) **an/hören :** écouter qqch.
jdm [+ adj.] **zu/hören :** écouter qqn
klingen (a, u) **:** produire un son
laut : bruyant
leise : peu bruyant, calme
still : silencieux
taub : sourd

etw. riechen (o, o) **:** sentir qqch.
nach (+ D) **riechen** (o, o) **:** avoir une odeur de
der Geruch (¨e) **:** l'odeur
stinken (a, u) **:** sentir mauvais

schmecken : avoir bon goût
nach (+ D) **schmecken :** avoir goût de
der Geschmack (¨e) **:** le goût
probieren : goûter
süß : sucré
salzig : salé
sauer : acide
bitter : amer
scharf : très épicé, fort

etw. berühren : toucher qqch.
hart : dur
weich : mou
glatt : lisse
rau : rugueux

warm : chaud
heiß : très chaud, brûlant
kalt : froid

UN PEU DE CONVERSATION

- Schau mal! So mache ich das.
  Regarde ! C'est comme ça que je fais.
- Der letzte Film von Fatih Atkin hat mir sehr gut gefallen, ich würde ihn mir ganz gerne noch mal ansehen.
  Le dernier film de Fatih Atkin m'a beaucoup plu, j'aimerais bien le revoir.
- Ich habe den ganzen Nachmittag in der Wohnung aufgeräumt, und er hat einfach nur zugesehen, statt mir zu helfen.
  J'ai passé l'après-midi à faire des rangements dans l'appartement, et il n'a fait que regarder au lieu de m'aider.
- Ich habe mir die CD angehört, die du mir geborgt hast. Ich finde die Band nicht so toll!
  J'ai écouté le CD que tu m'as prêté. Je trouve le groupe pas si terrible que ça !
- Chicoréesalat schmeckt immer ein bisschen bitter.
  La salade d'endives, c'est toujours un peu amer.
- Zerbrechlich. Bitte nicht anfassen!
  Fragile. Prière de ne pas toucher !

POSTURES, MOUVEMENTS ET GESTES

sich bewegen : bouger
sich rühren : faire un mouvement
stehen/bleiben (ie, ie / ist) : s'arrêter
gehen (i, a / ist) : aller, marcher
rennen (a, a / ist) : courir
springen (a, u / ist) : sauter
steigen (ie, ie / ist) : monter
nehmen (a, o) : prendre
ergreifen (i, i) : saisir
fest/halten (ie, a, ä) : tenir [fermement]
drücken : serrer, presser
los/lassen (ie, a, ä) : lâcher
stehen (a, a) : être [debout]
auf/stehen (a, a / ist) : se lever
sitzen (a, e) : être assis
sich (hin)setzen : s'asseoir
liegen (a, e) : être allongé
sich hin/legen : se coucher

UN PEU DE CONVERSATION

- Es ist nicht so weit; lass uns doch laufen.
  Ce n'est pas très loin; allons-y à pied.
- Es ist sehr spät. Wenn du deine Bahn erreichen willst, musst du rennen.
  Il est très tard. Si tu veux attraper ton train, il faut que tu courres.
- Keine Angst, ich halt' dich fest. Dir kann nichts passieren.
  N'aie pas peur, je te tiens. Il ne peut rien t'arriver.
- Ich geh' jetzt ins Bett; wir müssen morgen ziemlich früh aufstehen.
  Je vais me coucher maintenant; on doit se lever assez tôt demain.

HYGIÈNE ET SOINS CORPORELS

sauber : propre
schmutzig : sale
sich waschen (u, a, ä) : se laver
duschen : se doucher
baden : se baigner
die Seife (n) : le savon
das Shampoo (s) : le shampooing
sich die Zähne putzen : se brosser les dents
sich rasieren : se raser
sich schminken : se maquiller

L'ÉTAT DE SANTÉ

gesund : en bonne santé
fit [fam.] : en forme
müde sein : être fatigué
krank : malade
die Krankheit (en) : la maladie
an (+ D) **leiden** (i, i) : souffrir de
gesund werden (u, o, i / ist) : guérir
sich erholen : se remettre
schlafen (ie, a, ä) : dormir
der Schlaf : le sommeil

LES MALADIES ET LES BLESSURES

sich erkälten : prendre froid
Fieber haben : avoir de la fièvre

der Schnupfen : le rhume
die Grippe : la grippe
der Krebs : le cancer
Aids : le sida

ansteckend : contagieux

sich verletzen : se blesser
sich (D) **etw.** (A) **brechen** (a, o, i) **:** se casser qqch.
bluten : saigner
der Schmerz (en) **:** la douleur

UN PEU DE CONVERSATION

- Bist du fertig? Können wir gehen? – Nein, ich muss mich noch rasieren!
  Tu es prêt? On peut y aller? – Non, il faut encore que je me rase!
- Ich fühle mich nicht wohl. Ich glaube, ich habe mich erkältet.
  Je ne me sens pas bien. Je crois que j'ai pris froid.
- Können wir nicht eine kleine Pause machen? Meine Knie tun weh.
  On ne peut pas faire une petite pause? J'ai mal aux genoux.
- Ich habe gerade meine Temperatur gemessen. Ich habe neununddreißig Grad Fieber.
  Je viens de prendre ma température. J'ai 39 de fièvre.
- Ich wünsche Dir eine gute Besserung!
  Je te souhaite un bon rétablissement!

CHEZ LE MÉDECIN

der Arzt (¨e) **:** le médecin
den Arzt holen : faire venir le médecin

jdn behandeln : soigner qqn
etw. verschreiben (ie, ie) **:** prescrire qqch.

jdn krank/schreiben (ie, ie) **:** donner un arrêt-maladie à qqn

das Krankenhaus (¨er) **:** l'hôpital
jdn operieren : opérer qqn

LES REMÈDES

die Apotheke (n) **:** la pharmacie
das Medikament (e) **:** le médicament

die Tablette (n) **:** le comprimé
die Pille (n) **:** la pilule
die Spritze (n) **:** la piqûre
die Diät : le régime

wirken : faire effet [médicament]
die Nebenwirkung (en) **:** l'effet secondaire
jdn impfen : vacciner qqn

UN PEU DE CONVERSATION

- Ich habe in letzter Zeit dauernd Kopfschmerzen; ich glaube, ich muss zum Arzt.
  Ces derniers temps, j'ai tout le temps des maux de tête ; il faut que j'aille chez le médecin, je crois.
- Er hat eine Bauchgrippe. Er war beim Arzt und ist drei Tage krankgeschrieben.
  Il a une grippe intestinale. Il est allé chez le médecin et il est arrêté trois jours.
- Ich weiß nicht, ob ich mich operieren lassen soll oder nicht.
  Je ne sais pas si je dois me faire opérer ou pas.
- Wenn du nach Afrika willst, musst du dich gegen Gelbfieber impfen lassen.
  Si tu veux aller en Afrique, tu dois te faire vacciner contre la fièvre jaune.
- Mein Arzt hat mir ein Medikament verschrieben, aber ich vertrage es nicht.
  Mon médecin m'a prescrit un médicament, mais je ne le supporte pas.

MINI QUIZ

1 Retrouvez le sens de : *Ich habe die Nase voll.*
2 Traduisez : « J'ai mal aux pieds. »
3 Traduisez : « Il faut que j'aille chez le médecin. »
4 Qu'est-ce qu'un *Privatpatient* ?

RÉPONSES

1 « J'en ai marre. »
2 *Mir tun die Füße weh. Meine Füße tun weh.*
3 *Ich muss zum Arzt.* Le complément directionnel rend facultatif l'emploi de *gehen*.
4 C'est un patient qui a souscrit à une assurance maladie privée. Contrairement au *Kassenpatient*, il paye lui-même le médecin et le pharmacien.

4 Les émotions

Vous les connaissez. Savez-vous les prononcer ?

lachen ❖ **lächeln** ❖ **melancholisch** ❖ **die Angst** ❖ **verzweifelt**

LA JOIE, LE BONHEUR

sich freuen : être content, se réjouir

das Glück : le bonheur, la chance
glücklich : heureux
froh : heureux, content
fröhlich : joyeux
die Begeisterung : l'enthousiasme
der Spaß : le plaisir

lustig : drôle
witzig : amusant
der Scherz (e) **:** la plaisanterie

lachen : rire
lächeln : sourire

LA TRISTESSE

traurig : triste
unglücklich : malheureux
melancholisch : mélancolique

der Kummer : le chagrin
der Liebeskummer : le chagrin d'amour
seufzen : soupirer

die Träne (n) **:** la larme
weinen : pleurer
heulen : crier, pleurer
trösten : consoler

verzweifelt : désespéré
etw. (A) **bedauern :** regretter qqch.

UN PEU DE CONVERSATION

- Der Zug fährt gleich los. Na dann, schöne Ferien und viel Vergnügen in den Bergen!
  Le train va partir… Alors, bonnes vacances et amusez-vous bien à la montagne !
- Er ist heute in Paris und will mich sehen. Ich freu' mich so!
  Il est à Paris aujourd'hui et veut me voir. Je suis tellement contente !
- Er hat Liebeskummer. Marie hat ihn doch verlassen.
  Il a un chagrin d'amour. Marie l'a quitté, tu sais.

- Wie schön, dass ihr da seid! Wir haben uns ja so lange nicht gesehen!
  Je suis bien content de vous voir ! Ça fait si longtemps qu'on ne s'est pas vu !
- Ich war gestern zum ersten Mal reiten, mit Silke, und das hat richtig Spaß gemacht!
  J'ai fait du cheval pour la première fois hier avec Silke, et je me suis vraiment bien amusée.
- Was ist eigentlich mit ihm los? Er ist in letzter Zeit ziemlich schlecht drauf.
  Qu'est-ce qui lui arrive ? Il n'est pas vraiment de bonne humeur ces derniers temps.

L'ÉTONNEMENT, LA PEUR

sich über (+ A) **wundern :** s'étonner de
erstaunt : étonné
überrascht : surpris
verblüfft : stupéfait
sprachlos : sans voix
baff [fam.] **:** baba

die Überraschung : la surprise
jdn überraschen : surprendre qqn
jdn (bei + D) erwischen : surprendre qqn [en train de faire qqch.]
unerwartet : inattendu

die Angst (¨e) **:** la peur
(vor + D) Angst haben : avoir peur (de)
sich vor (+ D) **fürchten :** avoir peur de
die Furcht : la crainte
erschrecken (a, o, i / ist) **:** prendre peur
jdn erschrecken : faire peur à qqn
der Schrecken : la frayeur

besorgt : soucieux, inquiet
die Sorge (n) **:** le souci

UN PEU DE CONVERSATION

- Dass man so was machen kann! Ich bin völlig sprachlos.
  Dire qu'on peut faire des choses pareilles ! J'en reste bouche bée.
- So was aber auch! Da bin ich auch sehr überrascht.
  Ça alors ! Ça me surprend moi aussi.
- Ich bin mit 90 statt 70 erwischt worden. Jetzt muss ich 90 Euro Buße zahlen, so was Dummes!
  Je me suis fait prendre à 90 au lieu de 70. J'ai une amende de 90 euros à payer, c'est trop bête !
- °Der ist verheiratet?! Das gibt's doch nicht!
  Lui, marié ?! C'est pas vrai ! [surprise]
- Endlich seid ihr da! Ich habe mir solche °Sorgen um euch gemacht!
  Vous voilà enfin ! Je me suis fait tellement de souci pour vous.

- **Ihm geht es nicht so gut. Er hat zu viel Stress im Büro und fürchtet um seine Stelle.**
  Il ne va pas très bien. Il a trop de stress au bureau et il a peur de perdre son poste.

LA COLÈRE, LA HONTE

wütend : furieux
der Zorn : la colère
die Aufregung : l'énervement
(auf jdn) sauer sein [fam.] : être en colère (contre qqn)
empört : indigné
entsetzt : horrifié, choqué
sich schämen (+ G) : avoir honte (de)
verlegen : gêné
rot werden (u, o, i / ist) : rougir
das Minderwertigkeitsgefühl (e) : le sentiment d'infériorité
erniedrigend : humiliant

UN PEU DE CONVERSATION

- **Warum regst du dich denn so auf?**
  Mais enfin, pourquoi tu t'énerves comme ça ?
- **Er hatte mir versprochen zu kommen und jetzt sagt er in letzter Minute ab! Ich bin einfach sauer.**
  Il m'avait promis de venir et voilà qu'il décommande à la dernière minute. Je l'ai vraiment mauvaise !
- **So etwas zu erzählen! Du solltest dich schämen.**
  Raconter une chose pareille ! Tu devrais avoir honte.
- **Tut mir leid, ich habe dich ganz vergessen. Das ist mir peinlich.**
  Désolé, je t'ai complètement oublié. Je suis gêné.

MINI QUIZ

1 Trouvez la différence entre les phrases suivantes :
Sie freut sich auf das Geschenk. Sie freut sich über das Geschenk.
2 Complétez les phrases suivantes avec le verbe *erschrecken* :
Der Hund hat mich..., Ich bin vor dem...
3 Quel est le sens de *aus allen Wolken fallen* (*die Wolke* : le nuage) ?

RÉPONSES

1 *Sich freuen auf* (+ A) renvoie à un événement futur [il lui tarde de recevoir le cadeau], *über* (+ A) introduit l'objet de la joie [le cadeau lui plaît].
2 *Der Hund hat mich erschreckt.* (Le chien m'a fait peur.) Lorsqu'il est employé de manière transitive, *erschrecken* est faible. *Ich bin vor dem Hund erschrocken.* (J'ai eu peur du chien.) Lorsqu'il est employé de manière intransitive, *erschrecken* est fort et construit avec l'auxiliaire *sein*.
3 « Tomber des nues ».

5 Les relations humaines

Vous les connaissez. Savez-vous les prononcer ?

das Gespräch ❖ antworten ❖ verachten ❖ der Kuss ❖ der Streit

LA PAROLE

sprechen (a, o, i) **:** parler

die Sprache : la langue, le langage

das Gespräch (e) **:** la conversation

das Gesprächsthema (en) **:** le sujet de conversation

über (+ A) **reden :** parler de

etw. besprechen (a, o, i) **:** discuter de qqch.

sich unterhalten (ie, a, ä) **:** avoir une conversation

(von etw. etw.) erzählen : raconter (qqch. au sujet de qqch.)

sich aus/drücken : s'exprimer

jdn unterbrechen (a, o, i) **:** interrompre qqn

jdn etw. fragen : demander qqch. à qqn

die Frage (n) **:** la question

auf etw. (A) **antworten :** répondre à qqch.

UN PEU DE CONVERSATION

- Darf ich dich etwas fragen?
  Je peux te demander quelque chose ?
- Ich hatte ihm nie davon erzählt, aber eines Tages ergab es sich in einem Gespräch.
  Je ne lui en avais jamais parlé, mais un jour, c'est venu dans la conversation.
- Ich hatte meinen Bruder seit zwei Jahren nicht gesehen, und wir haben uns lange über meine Eltern unterhalten.
  Je n'avais pas vu mon frère depuis deux ans et nous avons eu une longue conversation au sujet de mes parents.

LE RESPECT, L'ATTENTION, LA CONFIANCE

der Respekt vor (+ D) **:** le respect de
die Rücksicht (en) **:** l'égard, l'attention
Rücksicht auf jdn nehmen (a, o, i) **:** tenir compte de qqn, faire attention à qqn
jdn schätzen : avoir de l'estime pour qqn
aufmerksam : attentif
höflich : poli

das Vertrauen zu jdm : la confiance en qqn
jdm vertrauen : faire confiance à qqn
jdm etw. an/vertrauen : confier qqch. à qqn
sich auf jdn verlassen (ie, a, ä) **:** se fier à qqn
zuverlässig : fiable
jdm glauben : croire qqn
sein Wort halten (ie, a, ä) **:** tenir parole

UN PEU DE CONVERSATION

- Der Kranke muss besonders rücksichtsvoll behandelt werden.
  Ce malade doit être traité avec beaucoup de respect.
- Ich kenne ihn schon lange, habe viel mit ihm zusammen gearbeitet und schätze ihn sehr.
  Je le connais depuis longtemps, j'ai beaucoup travaillé avec lui et je l'estime beaucoup.
- Ich habe dir versprochen, dass ich dir immer helfen würde, wenn du es brauchst. Du weißt ja, dass du dich auf mich verlassen kannst.
  Je t'ai toujours promis de t'aider quand tu en aurais besoin. Tu sais bien que tu peux compter sur moi.
- Wenn er dir das versprochen hat, wird er sein Wort halten. Das kannst du mir glauben.
  S'il te l'a promis, il tiendra parole. Tu peux me croire.

LE MÉPRIS, LA JALOUSIE, LE MENSONGE

rücksichtslos : sans égard
frech : insolent
jdn verachten : mépriser qqn
jdn erniedrigen : humilier qqn
arrogant : arrogant
jdn aus/lachen : se moquer de qqn
jdm misstrauen : se méfier de qqn
jdn betrügen (o, o) **:** tromper qqn
schummeln : tricher
jdn verraten (ie, a, ä) **:** trahir qqn

der Verdacht : le soupçon
(auf + A**) eifersüchtig :** jaloux (de) [amour]
(auf + A**) neidisch :** jaloux, envieux (de)
jdn (um + A**) beneiden :** envier qqn (pour)
lügen (o, o) **:** mentir
die Lüge (n) **:** le mensonge

UN PEU DE CONVERSATION

- Er warf ihm einen Blick voller Verachtung zu.
  Il lui a lancé un regard plein de mépris.
- Du bist gemein! Nimm doch ein bisschen Rücksicht!
  Tu es odieux ! Fais donc un peu attention !
- Ich glaub' dir kein Wort! Auf dich ist kein Verlass!
  Je ne crois pas un mot de ce que tu dis ! On ne peut pas se fier à toi !
- Sein Benehmen ist verdächtig, findest du nicht?
  Son comportement est suspect, tu ne trouves pas ?

L'AMITIÉ, L'AFFECTION

der Freund (e) : l'ami
die Freundin (nen) : l'amie
der Kumpel (-/s) [fam.] : le pote
der Gast (¨e) : l'invité
die Gastfreundschaft : l'hospitalité
der Bekannte [adj. subst.] : la connaissance [personne]
jdn kennen lernen : faire la connaissance de qqn
sich verstehen (a, a) : s'entendre
jdn gern haben : aimer bien qqn
sympathisch : sympathique
nett : gentil, sympathique
jdm helfen (a, o, i) : aider qqn
jdn lieb haben : aimer qqn [affection]

L'AMOUR

jdn lieben : aimer qqn
sich in jdn verlieben : tomber amoureux de qqn
jdn verführen : séduire qqn
jdn umarmen : étreindre qqn
jdn küssen : embrasser qqn
der Kuss (¨e) : le baiser
mit jdm zusammen sein : être avec qqn
mit jdm schlafen (ie, a, ä) : faire l'amour avec qqn
liebevoll : affectueux
zärtlich : tendre

UN PEU DE CONVERSATION

- Die meisten seiner Freunde kennt er vom Studium.
  La plupart de ses amis, il les a connus pendant ses études.
- Er ist sehr nett. Hast du ihn mal kennen gelernt?
  Il est très sympathique. Tu l'as déjà rencontré ?
- Ich mag ihn sehr und wir verstehen uns gut.
  Je l'aime beaucoup et nous nous entendons bien.
- Der hat sich wohl in sie verliebt.
  On dirait qu'il est tombé amoureux d'elle.
- Du hast aber auch gar kein Verständnis für mich.
  Tu n'es vraiment pas compréhensif vis-à-vis de moi.

LA HAINE, L'AGRESSIVITÉ

jdn hassen : haïr
der Feind (e) **:** l'ennemi
der Vorwurf (¨e) **:** le reproche
jdm etw. vor/werfen (a, o, i) **:** reprocher qqch. à qqn
(über + A**) meckern :** râler (sur)
sich (über + A**) auf/regen :** s'énerver (à propos de)
schimpfen : pester
jdn beleidigen : vexer qqn
jdm drohen : menacer qqn
jdn verletzen : offenser qqn
sich mit jdm prügeln : se battre avec qqn

LA DISPUTE, LA RÉCONCILIATION

sich mit jdm streiten (i, i) **:** se disputer avec qqn
der Streit (igkeiten) **:** la dispute
sich mit jdm überwerfen (a, o, i) **:** se fâcher avec qqn
sich (an jdm) rächen : se venger (de qqn)
jdm etw. heim/zahlen : rendre la pareille à qqn
jdm etw. übel nehmen (a, o, i) **:** en vouloir à qqn de qqch.
auf jdn böse sein : être en colère contre qqn
das Missverständnis (se) **:** le malentendu
verärgert : fâché
schmollen : bouder
sich versöhnen : se réconcilier
sich entschuldigen : s'excuser
jdm etw. verzeihen (ie, ie) **:** pardonner
etw. (A) **bedauern :** déplorer qqch.
etw. (A) **bereuen :** regretter qqch.
sich einer Sache (G) **schämen :** avoir honte de qqch.

UN PEU DE CONVERSATION

- Ich werd's dir heimzahlen!
  Tu me le paieras !
- Man soll nicht Böses mit Bösem vergelten.
  Il ne faut pas rendre le mal par le mal.
- Das ist wohl die Höhe! Ich und eifersüchtig!
  Ça alors, c'est la meilleure ! Moi, jaloux !
- Es tut mir sehr leid, dass ich dich beleidigt habe. Das war wirklich nicht Absicht.
  Je suis désolé de t'avoir vexé. Je n'ai vraiment pas fait exprès.
- Bitte entschuldige, dass ich mich nicht gemeldet habe. Ich hatte unheimlich viel zu tun.
  Excuse-moi de ne pas avoir donné de nouvelles. J'avais énormément de choses à faire.
- Wollen wir uns versöhnen?
  On fait la paix ?

MINI QUIZ

1 Quel est le point commun entre ces trois verbes : *helfen, glauben, drohen* ?

2 Traduisez « mots » dans les phrases suivantes : « Dans son discours, le ministre a su trouver les mots justes. » et « Il y a des mots dans le texte que je ne comprends pas. »

3 Comment dit-on « Bises » à la fin d'une lettre en allemand ?

4 Que signifie *das Rendez-vous* en allemand ?

5 Retrouvez le sens des mots suivants : *der Liebhaber (-), der Liebling, die Liebesbeziehung (en), das Liebespaar (e)*.

RÉPONSES

1 Ils se construisent avec le datif alors que leurs équivalents français « aider, croire, menacer » se construisent avec un complément d'objet direct.

2 *In seiner Rede konnte der Minister die richtigen Worte finden.* *Worte* signifie « les phrases, les paroles ». *In dem Text sind Wörter, die ich nicht verstehe.* *Wörter* a le sens d'« unités lexicales ».

3 Tout dépend des circonstances. Généralement, on utilise *Lieben Gruß* ou *Liebe Grüße* (affectueux, abrégé en LG dans les mails ou les SMS) ou *Viele Grüße* (amical). En France, on se fait souvent la bise ; en Allemagne, les personnes peu intimes se serrent la main, les amis proches ou les personnes qui ont un lien familial se prennent dans les bras.

4 C'est un rendez-vous amoureux. « Rendez-vous » en français se dit *der Termin* en allemand.

5 *Der Liebhaber (-)* : l'amant, *der Liebling* : le préféré, le chéri, *die Liebesbeziehung (en)* : la relation amoureuse, *das Liebespaar (e)* : le couple d'amoureux.

6 La connaissance, l'opinion, les croyances

Vous les connaissez. Savez-vous les prononcer ?

der Gedanke ❖ intelligent ❖ verstehen ❖ die Hölle / die Höhle ❖ die Kirche / die Kirsche

LA PENSÉE, L'INTELLIGENCE, LA CONNAISSANCE

an (+ A) **denken** (a, a) **:** penser à
über (+ A) **nach/denken** (a, a) **:** méditer sur
der Gedanke (ns, n) **:** la pensée
sich (D) **etw.** (A) **überlegen :** réfléchir à qqch.

der Geist (er) **:** l'esprit
die Vernunft : la raison

intelligent : intelligent
klug : malin
dumm : bête

verstehen (a, a) **:** comprendre

begreifen (i, i) **:** saisir
der Begriff (e) **:** la notion
erklären : expliquer
bedeuten : signifier
die Bedeutung (en) **:** la signification
der Sinn : le sens

wissen (u, u) **:** savoir
das Wissen : le savoir
kennen (a, a) **:** connaître
die Kenntnis (se) **:** la connaissance
sich (in + D) **aus/kennen** (a, a) **:** s'y connaître (en)

UN PEU DE CONVERSATION

- Möchtest du nicht mit? Überleg's dir doch!
  Tu ne voudrais pas venir avec nous ? Réfléchis-y !
- Denk darüber nach, ob du wirklich mit ihr arbeiten kannst.
  Demande-toi si tu peux vraiment travailler avec elle.
- Ich verstehe nichts von Mathematik.
  Je ne comprends rien aux mathématiques.

- Ich kann mir nicht erklären, wie es dazu gekommen ist. Was meinst du denn?
  Je n'arrive pas à m'expliquer comment on a pu en arriver là. Tu en dis quoi ?
- Ich wollte dich nur informieren, falls du nicht Bescheid weißt.
  Je voulais juste te prévenir, au cas où tu ne serais pas au courant.

L'OPINION, LA CONVICTION, LE DOUTE

meinen : vouloir dire [personne]
die Meinung (en) **:** l'opinion, l'avis
die öffentliche Meinung : l'opinion publique
die Sichtweise (n) **:** la façon de voir
einen Standpunkt vertreten (a, e, i) **:** défendre un point de vue
sich zu (+ D) **äußern :** s'exprimer au sujet de
überzeugt : convaincu
die Überzeugung (en) **:** la conviction
sicher : certain
die Ahnung (en) **:** le pressentiment
ahnen : pressentir
an (+ D) **zweifeln :** douter de
vermuten : supposer

▸ LA PAROLE P. 233

LE SOUVENIR, L'IMAGINATION

jdm ein/fallen (ie, a, ä / ist) **:** venir à l'esprit de qqn
sich an (+ A) **erinnern :** se souvenir de
die Erinnerung (en) **(an** + A) **:** le souvenir (de)
sich (D) **etw.** (A) **merken :** se souvenir de, retenir qqch.
vergessen (a, e, i) **:** oublier
sich (D) **etw.** (A) **vor/stellen :** imaginer qqch.
die Vorstellung (en) **:** l'idée [que l'on se fait de qqch.]
die Phantasie : l'imagination
sich (D) **etw.** (A) **ein/bilden :** s'imaginer qqch. [faussement]

UN PEU DE CONVERSATION

- Ich habe die Kamera erst vor einem Jahr gekauft. Ich kann mir nicht vorstellen, dass sie schon kaputt ist.
  J'ai acheté cet appareil-photo il y a un an seulement. Je ne peux pas imaginer qu'il soit déjà cassé.
- Wir haben uns eine neue Küche gekauft. Aus meiner Sicht hätten wir darauf verzichten können.
  Nous nous sommes acheté une nouvelle cuisine. De mon point de vue, nous aurions pu nous en passer.
- Weißt du, wie das auf Deutsch heißt? – Ach ja, ich wusste es, aber es fällt mir nicht mehr ein.
  Sais-tu comment ça se dit en allemand ? – Ah oui, je le savais, mais ça ne me revient plus.

- **Wie heißt das Medikament noch mal? Ich kann mir den Namen nicht merken.**
  Comment s'appelle ce médicament déjà ? Je n'arrive pas à retenir le nom.
- **Warum antwortet er nicht? Ist er etwa krank? – Nicht dass ich wüsste!**
  Pourquoi est-ce qu'il ne répond pas ? Il est peut-être malade ? – Pas que je sache !
- **Soweit ich weiß, ist dieser Pilz nicht giftig, aber ich bin mir nicht sicher.**
  Pour autant que je sache, ce champignon n'est pas vénéneux, mais je n'en suis pas sûr.

LA FOI RELIGIEUSE

der Gläubige [adj. subst.] **:** le croyant, le fidèle
der Glaube (ns) **:** la foi
der Aberglaube (ns) **:** la superstition
beten : prier

der Gott (¨er) **:** le dieu
die Seele (n) **:** l'âme
das Paradies (e) **:** le paradis
die Holle : l'enter
der Teufel (-) **:** le diable
die Sünde (n) **:** le péché

christlich : chrétien
katholisch : catholique
evangelisch : protestant
jüdisch : juif
islamisch : musulman
Christus : le Christ
die Auferstehung : la résurrection

das Evangelium (Evangelien) **:** l'Évangile
die Bibel : la Bible
der Koran : le Coran

die Kirche (n) **:** l'église
die Synagoge (n) **:** la synagogue
die Moschee (n) **:** la mosquée

LES MYTHES, LES CONTES ET LÉGENDES

der Mythos (Mythen) : le mythe
die Sage (n) **/ die Legende** (n) **:** la légende
das Märchen (-) **:** le conte de fées
die Fee (n) **:** la fée
die Hexe (n) **:** la sorcière
das Gespenst (er) **:** le fantôme
der Kobold (e) **:** le lutin
der Drache (n, n) **:** le dragon
das Einhorn (¨er) : la licorne
das Gespenst (er) : le fantôme
der Menschenfresser (-) : l'ogre
der Riese (n, n) : le géant
der Zwerg (e) : le nain

UN PEU DE CONVERSATION

- **Er geht jeden Sonntag in die Kirche.**
  Il va tous les dimanches à l'église.
- **Juden, Christen und Muslime glauben an einen einzigen Gott.**
  Les juifs, les chrétiens et les musulmans croient en un seul dieu.

- **Goethes Faust geht auf eine Sage aus dem Mittelalter zurück.**
  Le Faust de Goethe remonte à une légende du Moyen Âge.
- **Hast du Angst vor Gespenstern?**
  Tu as peur des fantômes ?
- **Erzähl mir doch keine Märchen!**
  Ne me raconte pas d'histoires !

MINI QUIZ

1 Traduisez : « Sais-tu parler allemand ? »

2 Retrouvez le sens des mots suivants : *der Kirchturm* (*der Turm* : la tour), *das Kirchenfenster*, *der Sündenbock* (*der Bock* : le bouc), *der Teufelskreis*.

3 Prononcez à voix haute : *Kirche* (l'église) et *Kirsche* (la cerise), *Hölle* (l'enfer) et *Höhle* (la grotte).

4 Comment dit-on « le temple » (protestant) en allemand ?

RÉPONSES

1 *Kannst du Deutsch (sprechen)?* « Savoir » renvoie ici plutôt à une capacité qu'à une connaissance, d'où l'emploi de *können*.

2 *Der Kirchturm* : le clocher, *das Kirchenfenster* : le vitrail, *der Sündenbock* : le bouc émissaire, *der Teufelskreis* : le cercle vicieux. Cf. Les noms composés, pp. 119-120

3 Cf. Vous les connaissez. Savez-vous les prononcer ?, p. 238

4 *Die Kirche*

7 Se nourrir et se vêtir

Vous les connaissez. Savez-vous les prononcer ?

der Hunger ❖ **das Obst** ❖ **der Kaffee** ❖ **die Kartoffel** ❖ **das Frühstück**

LES ALIMENTS

essen (a, e, i) **:** manger
Hunger haben : avoir faim

das Fleisch : la viande
die Wurst (¨e) **:** la saucisse
der Fisch (e) **:** le poisson
das Ei (er) **:** l'œuf
der Käse : le fromage
die Butter : le beurre
die Sahne : la crème
der Quark : le fromage blanc

das Obst : les fruits
das Gemüse : les légumes

der Apfel (¨) **:** la pomme
die Birne (n) **:** la poire
die Kirsche (n) **:** la cerise
die Pflaume (n) **:** la prune
die Nuss (¨e) **:** la noix
die Tomate (n) **:** la tomate

die Kartoffel (n) **:** la pomme de terre
die Möhre (n) **:** la carotte
der Kohl (e) **:** le chou
die Bohne (n) **:** le haricot
der Pilz (e) **:** le champignon

das Brot (e) **:** le pain
die Nudeln : les pâtes
die Marmelade : la confiture
der Honig : le miel

LES CONDIMENTS

das Salz : le sel
der Pfeffer : le poivre
das Öl (e) **:** l'huile
der Essig : le vinaigre
der Senf : la moutarde
der Zucker : le sucre

LES BOISSONS

trinken (a, u) **:** boire
Durst haben : avoir soif

das Wasser : l'eau
der Alkohol : l'alcool
der Wein (e) **:** le vin
das Bier : la bière

der Saft (¨e) **:** le jus de fruits
die Milch : le lait
der Kaffee : le café
der Tee : le thé, l'infusion
die heiße Schokolade : le chocolat chaud

UN PEU DE CONVERSATION

- Was willst du zum Essen trinken? Rotwein? Bier?
  Qu'est-ce que tu veux boire pour le repas ? Du vin rouge ? De la bière ?
- Ich hätte gern eine heiße Schokolade oder einen Milchkaffee.
  Je prendrais bien un chocolat chaud ou un café au lait.
- Ich habe großen Hunger, und du?
  J'ai très faim, et toi ?
- Der Käse ist alle. Ich habe den letzten Rest aufgegessen.
  Il n'y a plus de fromage. J'ai terminé le morceau qui restait.

LA CUISINE

kochen : faire la cuisine
braten (ie, a, ä) **:** rôtir
grillen : faire griller
frittieren : frire
backen : cuire au four [un gâteau]
auf/wärmen : réchauffer

der Backofen (¨) **:** le four
der Herd (e) **:** la cuisinière
der Kühlschrank (¨e) **:** le réfrigérateur

der Topf (¨e) **:** la casserole
die Pfanne (n) **:** la poêle
die Backform (en) **:** le moule
die Schüssel (n) **:** le plat, le saladier
das Schneidebrett (en) **:** la planche à découper

gar : cuit
roh : cru

LE REPAS

das Frühstück : le petit déjeuner
das Mittagessen : le déjeuner
das Abendessen : le dîner

das Gericht (e) **:** le plat
die Vorspeise (n) **:** l'entrée
der Nachtisch (e) **:** le dessert
der Kuchen (-) **:** le gâteau

der Teller (-) **:** l'assiette
das Glas (¨er) **:** le verre
das Besteck : les couverts
das Messer (-) **:** le couteau
die Gabel (n) **:** la fourchette
der Löffel (-) **:** la cuillère

die Flasche (n) **:** la bouteille

Un peu de conversation

- **Zum Frühstück gab es Vollkornbrot, Butter, Wurst, weichgekochte Eier und Erdbeermarmelade. Ich hatte auch einen Kuchen gebacken.**
  Pour le petit déjeuner, il y avait du pain complet, du beurre, de la charcuterie, des œufs à la coque et de la confiture de fraises. J'avais aussi fait un gâteau.
- **Bleib doch ein bisschen. Ich koche mal schnell einen Kaffee.**
  Reste donc un peu. Je fais un café.
- **Hast °du den Tisch gedeckt? Es stehen noch keine Gläser.**
  C'est toi qui as mis la table ? Il manque les verres.
- **Du könntest wenigstens den Tisch abräumen!**
  Tu pourrais au moins débarrasser la table !
- **Hast du schon zu Abend gegessen? – Nein, wenn du willst, können wir zusammen essen.**
  Tu as déjà dîné ? – Non, si tu veux, on peut dîner ensemble !

LES VÊTEMENTS, S'HABILLER

die Kleidung : les vêtements
die Klamotte (n) **:** la fringue
die Hose (n) **:** le pantalon
der Rock (¨e) **:** la jupe
das Kleid (er) **:** la robe
das Hemd (en) **:** la chemise
das T-Shirt (s) **:** le tee-shirt
der Pullover (-) **:** le pull
der Mantel (¨) **:** le manteau
die Jacke (n) **:** la veste

sich an/ziehen (o, o) **:** s'habiller
sich aus/ziehen (o, o) **:** se déshabiller
an/haben : porter [un habit]
Mode sein : être à la mode
an/probieren : essayer

LES CHAUSSURES ET LES ACCESSOIRES

der Schuh (e) **:** la chaussure
der Stiefel (-) **:** la botte
der Hut (¨e) **:** le chapeau
die Mütze (n) **:** la casquette, le bonnet
der Handschuh (e) **:** le gant
der Schal (s / e) **:** l'écharpe
die Handtasche (n) **:** le sac à main
der Gürtel (-) **:** la ceinture
der Schmuck : les bijoux
der Regenschirm (e) **:** le parapluie

LES TISSUS

der Stoff (e) **:** le tissu
die Wolle : la laine
die Baumwolle : le coton
die Seide : la soie
der Samt : le velours
das Leder : le cuir
die Wäsche : le linge
waschen (u, a, ä) **:** laver
reinigen lassen (ie, a, ä) **:** faire nettoyer
ein/gehen (i, a / ist) **:** rétrécir
der Fleck (e) **:** la tache
bügeln : repasser

UN PEU DE CONVERSATION

- **Könnte ich dieses Paar Schuhe anprobieren? – Ja, gerne. Welche Schuhgröße haben Sie?**
  Pourrais-je essayer cette paire de chaussures ? – Oui, bien sûr. Vous chaussez du combien ?
- **Auf der Terrasse ist mir jetzt kalt. Wenn wir draußen essen, muss ich einen Pullover anziehen.**
  J'ai froid maintenant sur la terrasse. Si nous mangeons dehors, il faut que je mette un pull.
- **Du darfst den Wollpullover nicht zu heiß waschen. Er könnte sonst eingehen.**
  Il ne faut pas laver le pull en laine trop chaud. Sinon, il pourrait rétrécir.
- **Pass auf! Obstflecken lassen sich nicht so leicht entfernen.**
  Fais attention ! Les taches de fruits ne s'enlèvent pas si facilement.

MINI QUIZ

1 Qu'est-ce que le *Abendbrot* ?

2 Retrouvez le sens des mots suivants : *Blutwurst* (*das Blut* : le sang), *Weißwurst*, *Bratwurst*, *Leberwurst* (*die Leber* : le foie).
Et traduisez : *Das ist mir Wurst.*

3 Traduisez : « Je n'ai pas faim. »

4 Vous voulez boire un demi dans un bar. Que commandez-vous ?

5 Traduisez les mots suivants : « une robe en soie, un manteau en velours, un pull en coton, une veste en cuir ».

6 Retrouvez le sens de *sich verkleiden* à partir de la phrase :
Die Kinder haben sich als Feen und Piraten verkleidet.

RÉPONSES

1 Le *Abendbrot* fait souvent office de repas du soir ; c'est un repas froid à base de tartines, de charcuterie et de fromage.

2 *Blutwurst* : du boudin, *Weißwurst* : du boudin blanc, *Bratwurst* : de la saucisse à griller, *Leberwurst* : du pâté de foie [en forme de salami].
Das ist mir Wurst : Peu importe [ça m'est égal]. Cf. Les noms composés, pp. 119-120

3 *Ich habe keinen Hunger.* (Attention à la négation !)

4 *Ein kleines Bier* (25 cl). *Ein großes Bier* (50 cl).

5 En allemand, on utilise généralement des noms composés :
une robe en soie : *ein Seidenkleid*, un manteau en velours : *ein Samtmantel*, un pull en coton : *ein Baumwollpullover*, une veste en cuir : *eine Lederjacke.*

6 Se déguiser. « Les enfants se sont déguisés en fées et en pirates. »

8 Se loger

Vous les connaissez. Savez-vous les prononcer ?

das Haus ❖ der Stock ❖ das Dach / die Dächer ❖ der Balkon ❖ der Strom

LES HABITATIONS

das Haus (¨er) **:** la maison, l'immeuble
das Gebäude (-) **:** le bâtiment
das Wohngebäude : l'immeuble [habitation]
die Wohnung (en) **:** l'appartement
der Stock (Stockwerke) **:** l'étage
das Landhaus : la maison de campagne
die Berghütte (n) **:** le chalet
bauen : construire
gut gelegen : bien situé
(in + D**) wohnen :** habiter (dans)
der Nachbar (n, n) **:** le voisin
mieten : louer [locataire]
vermieten : louer [propriétaire]
die Wohngemeinschaft (en) **:** la colocation
der Besitzer (-) **:** le propriétaire
die Nebenkosten : les charges
ein/ziehen (o, o, ist) **:** emménager
der Umzug (¨e) **:** le déménagement

▸ LOUER P. 198

UN PEU DE CONVERSATION

- Dieses Gebäude steht unter Denkmalschutz.
  C'est un immeuble classé.
- Wir wollen in eine Neubauwohnung ziehen, damit wir weniger Heizkosten haben.
  Nous voulons déménager dans du neuf, pour économiser du chauffage.
- Die Wohnung, die ich besichtigt habe, ist zu laut. Sie geht zu einer Straße mit viel Verkehr.
  L'appartement que j'ai visité est trop bruyant. Il donne sur une rue très passante.
- Sie leben zu dritt in einer kleinen Einzimmerwohnung.
  Ils vivent à trois dans un petit studio.

LA MAISON

der Eingang (¨e) **:** l'entrée [à l'extérieur]
die Mauer (n) **:** le mur [extérieur]
das Dach (¨er) **:** le toit
der Schornstein (e) **:** la cheminée
das Fenster (-) **:** la fenêtre
der Balkon (e/s) **:** le balcon
der Hof (¨e) **:** la cour
der Garten (¨) **:** le jardin
die Tür (en) **:** la porte
der Schlüssel (-) **:** la clé
klingeln : sonner
die Treppe (n) **:** l'escalier
der Fahrstuhl (¨e) **:** l'ascenseur
die Diele (n) **:** l'entrée [à l'intérieur]
der Raum (¨e) **/ das Zimmer** (-) **:** la pièce
das Wohnzimmer (-) **:** le séjour
die Küche (n) **:** la cuisine
das Schlafzimmer (-) **:** la chambre
das Arbeitszimmer (-) **:** le bureau
das Badezimmer (-) **:** la salle de bains
die Toilette (n) **:** les toilettes
die Wand (¨e) **:** le mur, la cloison
der Gang (¨e) **:** le couloir
der Keller (-) **:** la cave

UN PEU DE CONVERSATION

- Meine Schwester hat eine nette Zweizimmerwohnung gefunden, mit Keller und Balkon und zahlt nur 300 Euro warm.
  Ma sœur a trouvé un chouette deux pièces, avec cave et balcon et ne paye que 300 euros, chauffage compris.
- Mein Vater hat die alte Scheune zur Wohnung umgebaut.
  Mon père a transformé la vieille grange en logement.
- Wir wollen unser Haus vergrößern und eine Veranda anbauen.
  Nous prévoyons d'agrandir notre maison et de construire une véranda.
- Die Wohnung ist nach Süden ausgerichtet, mit Blick auf einen schönen Garten.
  L'appartement est orienté plein sud, avec vue sur un joli jardin.

LES MEUBLES

der Tisch (e) **:** la table
der Stuhl (¨e) **:** la chaise
die Bank (¨e) **:** le banc
das Sofa (s) **:** le canapé
der Sessel (-) **:** le fauteuil
das Bett (en) **:** le lit
der Schrank (¨e) **:** l'armoire
das Regal (e) **:** l'étagère
die Garderobe (n) **:** le porte-manteau
der Spiegel (-) **:** le miroir
der Vorhang (¨e) **:** le rideau [épais]
die Tapete (n) **:** le papier peint
der Teppich (e) **:** le tapis

L'ÉCLAIRAGE ET LE CHAUFFAGE

das Licht (er) **:** la lumière
die Lampe (n) **:** la lampe
die (Glüh)birne (n) **:** l'ampoule

die Steckdose (n) **:** la prise de courant
der Schalter (-) **:** l'interrupteur
der Strom : l'électricité

die Kerze (n) **:** la bougie

heizen : chauffer
der Heizkörper (-) **:** le radiateur
der Kamin (e) **:** la cheminée

ein/schalten : allumer
aus/schalten : éteindre

an sein : être allumé
aus sein : être éteint

UN PEU DE CONVERSATION

- Im Wohnzimmer steht ein großer Eichenschrank, am Fenster hängen weiße Gardinen.
  Dans le salon, il y a une grande armoire en chêne ; il y a des voilages à la fenêtre.
- In welchem Stock befindet sich die Wohnung? Liegt sie im Zentrum? Wie hoch ist denn die Miete?
  À quel étage se trouve l'appartement ? Il est dans le centre ? À combien s'élève le loyer ?
- Es ist ziemlich dunkel hier. – Soll ich das Licht anmachen oder Kerzen anzünden?
  C'est assez sombre ici. – Tu veux que j'allume la lumière ou des bougies ?
- Wo möchtest du den Fernseher hinstellen? – Hier, in die Ecke, gegenüber dem Sofa.
  Où voudrais-tu mettre la télé ? – Là, dans le coin, en face du canapé.

LE MÉNAGE

putzen : faire le ménage

auf/räumen : ranger
sauber machen : nettoyer
der Staub : la poussière

sauber : propre
schmutzig : sale

der Staubsauger (-) **:** l'aspirateur
der Besen (-) **:** le balai
der Lappen (-) **:** le torchon
der Schwamm (¨e) **:** l'éponge
der Eimer (-) **:** le seau
der Müll : les ordures

LES RÉPARATIONS

der Schaden (¨) **:** le dégât
das Leck (s) **:** la fuite
kaputt : cassé

reparieren : réparer

das Werkzeug (e) **:** l'outil
der Hammer (¨) **:** le marteau
die Schraube (n) **:** la vis
die Bohrmaschine (n) **:** la perceuse
die Leiter (n) **:** l'échelle

Un peu de conversation

- **Der Heizkörper im Bad leckt. Wir müssen einen Klempner holen.**
  Le radiateur de la salle des bains fuit. Il faut faire venir un plombier.
- **Vor dem Einzug will er die Wohnung renovieren: Neu streichen, Laminat legen, die Fenster austauschen lassen.**
  Avant d'emménager, il veut rénover l'appartement : le repeindre, poser du parquet flottant, faire changer les fenêtres.
- **Könntest du bitte den Müll runtertragen?** [fam.]
  Tu veux bien descendre la poubelle ?
- **Bevor seine Eltern zurückkamen, hat er im ganzen Haus geputzt und gesaugt.**
  Avant le retour de ses parents, il a fait le ménage et passé l'aspirateur dans toute la maison.

Mini quiz

1 Qu'est-ce qu'un *Hausmeister* ?

2 Retrouvez le sens des mots suivants : *der Schreibtisch*, *der Nachttisch*, *der Esstisch*, *der Kühlschrank* (*kühl* : frais), *der Wandschrank*.

3 Traduisez : « J'ai déménagé à Berlin le mois dernier. », « Je quitte ma coloc' le week-end prochain. »

4 Quelle est la différence entre *wohnen* et *bewohnen* ?

5 Retrouvez le sens de *vermieten*.

Réponses

1 Un concierge

2 *Der Schreibtisch* : le bureau (meuble), *der Nachttisch* : la table de nuit, *der Esstisch* : la table de la salle à manger, *der Kühlschrank* : le réfrigérateur, *der Wandschrank* : le placard. Cf. Les noms composés, pp. 119-120

3 *Ich bin letzten Monat nach Berlin (um)gezogen.* Attention à l'ordre des éléments et à l'auxiliaire.
Ich ziehe nächstes Wochenende aus meiner WG aus. Notez la différence entre le préverbe *um* (changer de lieu) et le préverbe *aus* (sortir d'un lieu).

4 *Wohnen* est un verbe intransitif : *In meinem Haus wohnen viele Kinder.* (Il y a beaucoup d'enfants qui habitent dans mon immeuble.)
Bewohnen est un verbe transitif : *Die Wohnung unter mir ist nicht bewohnt.* (L'appartement au-dessous de chez moi n'est pas habité.)

5 « Louer » (pour le propriétaire). Comparez *mieten* et *vermieten* avec *kaufen* (acheter) et *verkaufen* (vendre).

9 La ville, les services

Vous les connaissez. Savez-vous les prononcer ?

die Stadt ❖ **das Viertel** ❖ **der Bahnhof** ❖ **die Oper** ❖ **die U-Bahn**

LES ÉLÉMENTS DU PAYSAGE URBAIN

die Stadt (¨e) **:** la ville
städtisch : urbain, citadin
der Stadtplan (¨e) **:** le plan de la ville

die Hauptstadt (¨e) **:** la capitale
die Großstadt (¨e) **:** la grande ville
die Altstadt (¨e) **:** la vieille ville

das Zentrum (Zentren) **:** le centre-ville
das Stadtviertel (-) **:** le quartier
der Platz (¨e) **:** la place
die Straße (n) **:** la rue

die Umgehungsstraße (n) **:** le périphérique, la rocade
der Vorort (e) **:** la banlieue

der Bürgersteig (e) **:** le trottoir
die Fußgängerzone (n) **:** la zone piétonne
die Kreuzung (en) **:** le carrefour
die (Verkehrs)ampel (n) **:** le feu (tricolore)
die Brücke (n) **:** le pont
der Park (s) **:** le parc

der Brunnen (-) **:** la fontaine
das Schild (er) **:** le panneau
die Straßenlaterne (n) **:** le réverbère
die Telefonzelle (n) **:** la cabine téléphonique
der Parkplatz (¨e) **:** le parking

LES BÂTIMENTS

das Rathaus (¨er) **:** l'hôtel de ville
der Bahnhof (¨e) **:** la gare
das Krankenhaus (¨er) **:** l'hôpital
die Schule (n) **:** l'école
der Dom (e) **:** la cathédrale

das Schwimmbad (¨er) **:** la piscine
das Theater (-) **:** le théâtre
die Oper (n) **:** l'opéra
das Parkhaus (¨er) **:** le parking couvert

LES ADMINISTRATIONS ET LES SERVICES

geöffnet : ouvert
geschlossen : fermé

der Schalter (-) **:** le guichet
Schlange stehen (a, a) **:** faire la queue
ein Formular aus/füllen : remplir un formulaire
die Unterschrift (en) **:** la signature
unterschreiben (ie, ie) **:** signer

das Postamt (¨er) **:** le bureau de poste
der Briefkasten (¨) **:** la boîte aux lettres
der Brief (e) **:** la lettre
die Postkarte (n) **:** la carte postale
das Paket (e) **:** le paquet
die Postleitzahl (en) **:** le code postal
die Briefmarke (n) **:** le timbre
jdm etw. schicken : envoyer qqch. à qqn
einen Brief ein/werfen (a, o, i) **:** poster une lettre
mit Luftpost : par avion

die Bank (en) **:** la banque
die Sparkasse (n) **:** la caisse d'épargne
zur Bank gehen (i, a / ist) **:** aller à la banque
der Geldautomat (en, en) **:** le distributeur de billets
Geld ab/heben (o, o) **:** retirer de l'argent
überweisen (ie, ie) **:** virer [argent]
der Bankauszug (¨e) **:** le relevé bancaire
das Konto überziehen (o, o) **:** se mettre à découvert

UN PEU DE CONVERSATION

- Abends war die Innenstadt völlig ausgestorben. Ich habe kaum jemand auf der Straße gesehen.
  Le soir, le centre-ville était complètement mort. Je n'ai vu presque personne dans la rue.
- Welches sind Ihre Öffnungszeiten? – Wir haben von zehn bis zwanzig Uhr durchgehend geöffnet.
  Quels sont vos horaires d'ouverture ? – Nous sommes ouverts de dix heures à vingt heures sans interruption.
- Ich darf heute nicht vergessen, das Päckchen bei der Post abzuholen.
  Il ne faut surtout pas que j'oublie d'aller chercher le paquet à la poste aujourd'hui.
- An welchem Schalter kann ich ein Päckchen aufgeben?
  À quel guichet est-ce que je peux déposer un paquet ?
- Wie muss ich einen Brief nach Frankreich frankieren?
  À combien dois-je affranchir une lettre pour la France ?
- Ich möchte diesen Brief als Einschreibebrief verschicken. – Ja, füllen Sie bitte dieses Formular aus.
  Je voudrais envoyer cette lettre en recommandé – Oui, remplissez ce formulaire s'il vous plaît.
- Ich möchte ein Girokonto eröffnen.
  Je voudrais ouvrir un compte courant.

LES TRANSPORTS

die öffentlichen Verkehrsmittel : les transports publics
die U-Bahn (Untergrundbahn) : le métro
die Straßenbahn (en) **:** le tram(way)
der Bus (se) **:** le bus
die Haltestelle (n) **:** l'arrêt
der Fahrplan (¨e) **:** les horaires
der Fahrschein (e) **:** le ticket
das Taxi (s) **:** le taxi
auf (+ A) **warten :** attendre [le bus, le métro]
das Auto (s) **:** la voiture
der Lastkraftwagen (-) **:** le camion
das Motorrad (¨er) **:** la moto
das Moped (s) **:** la mobylette
das Fahrrad (¨er) **:** le vélo
der Fahrradweg (e) **:** la piste cyclable
der Fußgänger (-) **:** le piéton

UN PEU DE CONVERSATION

- Wollen wir mit der U-Bahn fahren? – Ich würde lieber das Auto nehmen; abends fahren nicht so viele Züge.
  On y va en métro ? – Je préfèrerais prendre la voiture ; il n'y a pas beaucoup de métros le soir.
- Darf man hier parken?
  Est-ce qu'on peut se garer ici ?
- Du, pass auf! Du wärst beinahe bei Rot über die Ampel gefahren!
  Eh, fais attention ! Tu as failli griller le feu !

FAIRE DES ACHATS

kaufen : acheter
der Kauf (¨e) **:** l'achat
verkaufen : vendre
einkaufen gehen (i, a / ist) **:** faire des courses
etw. um/tauschen : échanger qqch.
das Geschäft (e) **/ der Laden** (¨) **:** le magasin, la boutique
das Schaufenster (-) **:** la vitrine
die Kasse (n) **:** la caisse
der Preis (e) **:** le prix
die Mehrwertsteuer : la TVA
kosten : coûter
teuer : cher
billig : pas cher
preiswert : bon marché
der Sommerschlussverkauf : les soldes d'été
das Sonderangebot (e) **:** l'offre promotionnelle
das Schnäppchen (-) [fam.] **:** la bonne affaire
zahlen : payer
wechseln : faire la monnaie
aus/geben (a, e, i) **:** dépenser [de l'argent]
das Kleingeld : la monnaie
das Bargeld : l'argent liquide
die Kreditkarte (n) **:** la carte de crédit

LES COMMERCES

der Obst- und Gemüsehändler (-) **:** le marchand de fruits et légumes
der Metzger (-) **:** le boucher
der Fischhändler (-) **:** le poissonnier
der Bäcker (-) **:** le boulanger
der Käsehändler (-) **:** le fromager
der Buchhändler (-) **:** le libraire
das Schreibwarengeschäft (e) **:** la papeterie
der Supermarkt (¨e) **:** le supermarché
das Kaufhaus (¨er) **:** le grand magasin
das Einkaufszentrum (en) **:** le centre commercial
die Selbstbedienung : le libre-service
die Abteilung (en) **:** le rayon
der Einkaufswagen (-) **:** le caddie

L'ACTIVITÉ COMMERCIALE

der Händler (-) **:** le commerçant
der Kunde (n, n) **:** le client
der Konsum : la consommation
verbrauchen : consommer
das Produkt (e) **:** le produit
die Ware (n) **:** la marchandise
die Auswahl (an + D) **:** le choix
gut sortiert sein : être bien achalandé
verfügbar : disponible
vergriffen : épuisé
auf Lager : en stock
die Bestellung (en) **:** la commande
etw. liefern : livrer qqch.

Un peu de conversation

- **Was kosten die Kirschen? – Pfund anderthalb Euro. Sie sind gerade im Angebot.**
  Combien coûtent les cerises ? – 1,50 euros les 500 g. Elles sont en promotion en ce moment.
- **Darf ich mich selbst bedienen? – Ja, natürlich!**
  Je peux me servir moi-même ? – Oui, bien sûr !
- **Kann ich mit Kreditkarte bezahlen?**
  Je peux régler avec une carte de crédit ?
- **Das Buch war ausverkauft. Ich habe es bestellen müssen. Es kommt nächste Woche.**
  Ils n'avaient plus le livre en stock. J'ai dû le commander. Il arrivera la semaine prochaine.
- **Der Kühlschrank ist fast leer. Ich muss noch heute einkaufen.**
  Le réfrigérateur est presque vide. Il faut que je fasse les courses aujourd'hui.

Mini quiz

1 Retrouvez le nom allemand des villes suivantes : Cologne, Munich, Francfort, Aix-la-Chapelle, Trèves, Ratisbonne, Vienne, Venise.
2 Comment forme-t-on les noms d'habitants d'une ville (les Berlinois, les Parisiens, les Munichois...) ?
3 Retrouvez le sens de *schwarz fahren*.
4 Qu'est-ce que le *S-Bahn* ?
5 Quels sont les horaires d'ouverture des magasins en Allemagne ?
6 Quel est le moyen de paiement privilégié des Allemands ?

Réponses

1 *Köln*, *München*, *Frankfurt*, *Aachen*, *Trier*, *Regensburg*, *Wien*, *Venedig*.
2 On ajoute le suffixe *-er* au nom de ville : *die Berliner*, *die Pariser*, *die Münch(e)ner*...
3 Voyager sans titre de transport
4 *Die Schnellbahn* est un métro régional, une sorte de RER à l'intérieur d'une agglomération.
5 Ces dernières années, les horaires d'ouverture ont été assouplis. Dans les grandes villes, les magasins sont souvent ouverts jusqu'à 20h – voire 22h – du lundi au samedi ; mais dans les villes de taille moyenne ou petite, ils ferment généralement à 18h en semaine et à 14h le samedi.
6 Les Allemands payent très souvent en liquide, même pour des sommes élevées. Les cartes de crédit sont moins utilisées qu'en France et les chèques n'existent pour ainsi dire pas.

10 La nature, le climat

Vous les connaissez. Savez-vous les prononcer ?

der Weg ❖ **der Bach** ❖ **der Strand** ❖ **der Vogel / die Vögel** ❖ **die Sonne**

L'ENVIRONNEMENT NATUREL

die Natur : la nature
die Landschaft (en) **:** le paysage
wild : sauvage

das Dorf (¨er) **:** le village
der Bauer (n, n) **:** le paysan
der Hügel (-) **:** la colline
die Ebene (n) **:** la plaine
die Wiese (n) **:** la prairie
der Wald (¨er) **:** la forêt, le bois
das Feld (er) **:** le champ
der Weg (e) **:** le chemin
der Bach (¨e) le ruisseau
der Teich (e) **:** l'étang

das Meer (e) **:** la mer
die Küste (n) **:** la côte
der Strand (¨e) **:** la plage

das Wasser : l'eau
die Ebbe : la marée basse
die Flut : la marée haute
die Insel (n) **:** l'île

der Berg (e) **:** la montagne
das Gebirge (-) **:** la montagne [région]
der Gipfel (-) **:** le sommet
der Fels(en) (-) **:** le rocher
die Höhe (n) **:** l'altitude
das Tal (¨er) **:** la vallée
der Gletscher (-) **:** le glacier

die Höhle (n) **:** la grotte
wandern : faire de la marche
bergsteigen : faire de l'alpinisme
die Lawine (n) **:** l'avalanche
die Berghütte (n) **:** le refuge

UN PEU DE CONVERSATION

- Wo würdest du am liebsten wohnen? In der Stadt, auf dem Land, am Meer, in den Bergen?
  Où est-ce que tu préfèrerais vivre ? En ville, à la campagne, au bord de la mer, à la montagne ?
- Hast du schon mal Urlaub auf dem Bauernhof gemacht? Ich kann es mir mit Kindern gut vorstellen.
  As-tu déjà passé des vacances à la ferme ? Je pense que ça doit être bien avec des enfants.

- **Bei Ebbe kann man schöne Strandspaziergänge machen und Muscheln sammeln.**
  À marée basse, on peut faire de belles promenades sur la plage et ramasser des coquillages.
- **Wegen Schneefalls sind viele Alpenpässe gesperrt. Und es besteht Lawinengefahr.**
  En raison des chutes de neige, de nombreux cols alpins sont fermés. Et il y a des risques d'avalanches.
- **Ich bin müde. Ist es noch weit bis zur Hütte?**
  Je suis fatigué. Le refuge est encore loin?

LES ANIMAUX

das Tier (e) **:** l'animal

der Hund (e) **:** le chien
die Katze (n) **:** le chat

das Pferd (e) **:** le cheval
die Kuh (¨e) **:** la vache
das Schwein (e) **:** le cochon
das Schaf (e) **:** le mouton
das Kaninchen (-) **:** le lapin
das Huhn (¨er) **:** la poule, le poulet
die Ente (n) **:** le canard

die Maus (¨e) **:** la souris
der Fuchs (¨e) **:** le renard
der Bär (en, en) **:** l'ours
der Löwe (n, n) **:** le lion
der Affe (n, n) **:** le singe

der Vogel (¨) **:** l'oiseau
fliegen (o, o / ist) **:** voler
singen (a, u) **:** chanter

die Taube (n) **:** le pigeon
der Spatz (en, en) **:** le moineau
die Nachtigall (en) **:** le rossignol
die Schwalbe (n) **:** l'hirondelle
die Amsel (n) **:** le merle
die Meise (n) **:** la mésange
der Adler (-) **:** l'aigle
der Fisch (e) **:** le poisson
schwimmen (a, o / ist) **:** nager
die Forelle (n) **:** la truite
der Lachs (e) **:** le saumon
der Hai (e) **:** le requin

die Schlange (n) **:** le serpent
die Eidechse (n) **:** le lézard
der Frosch (¨e) **:** la grenouille
die Kröte (n) **:** le crapaud

das Insekt (en) **:** l'insecte
stechen (a, o, i) **:** piquer
die Mücke (n) **:** le moustique
die Biene (n) **:** l'abeille
der Schmetterling (e) **:** le papillon
die Fliege (n) **:** la mouche
die Ameise (n) **:** la fourmi

die Spinne (n) **:** l'araignée

der Wurm (¨er) **:** le ver

die Schnecke (n) **:** l'escargot, la limace

LES PLANTES

die Pflanze (n) **:** la plante

pflanzen : planter

das Blatt (¨er) **:** la feuille

das Gras : l'herbe

der Baum (¨e) **:** l'arbre

der Obstbaum (¨e) **:** l'arbre fruitier

die Eiche (n) **:** le chêne

die Buche (n) **:** le hêtre

der Ahorn (e) **:** l'érable

die Linde (n) **:** le tilleul

die Tanne (n) **:** le sapin

die Kiefer (n) **:** le pin

die Blume (n) **:** la fleur

die Rose (n) **:** la rose

die Tulpe (n) **:** la tulipe

die Sonnenblume (n) **:** le tournesol

die Osterglocke (n) **:** la jonquille

blühen : fleurir

pflücken : cueillir

▸ LE GENRE DES ARBRES ET DES FLEURS P. 57

UN PEU DE CONVERSATION

- Meine Nachbarin hält fünf Katzen, einen Hund, einen Hamster und drei Kanarienvögel.
  Ma voisine a cinq chats, un chien, un hamster et trois canaris.
- Hast du gesehen? Die Krokusse blühen schon!
  Tu as vu ? Les crocus ont fleuri !
- Vielen Dank für die Einladung! Ich habe dir Blumen mitgebracht.
  Merci pour ton invitation ! Je t'ai apporté des fleurs.
- In dieser Region wird überwiegend Mais angebaut.
  Dans cette région, on cultive surtout du maïs.
- Dieser Schrank ist aus Buchenholz.
  Cette armoire est en hêtre.

LE TEMPS QU'IL FAIT

das Wetter : le temps [qu'il fait]

der Himmel : le ciel

die Luft : l'air

schön : beau

schlecht : mauvais

trocken : sec

mild : doux

warm : chaud

heiß : très chaud

schwül : lourd

bedeckt : couvert

feucht : humide

die Sonne : le soleil

scheinen (ie, ie) **:** briller

die Wolke (n) **:** le nuage

der Nebel (-) **:** le brouillard

der Regen : la pluie

der Hagel : la grêle

der Sturm (¨e) **:** la tempête

das Gewitter (-) **:** l'orage

der Wind (e) **:** le vent

wehen : souffler

schneien : neiger

frieren (o, o) **:** geler

▸ LE GENRE DES PHÉNOMÈNES ATMOSPHÉRIQUES P. 56

Un peu de conversation

- **Heute ist tolles Wetter. Es regnet nicht mehr. Die Sonne scheint, alles blüht, die Vögel zwitschern.**
  Aujourd'hui, il fait un temps magnifique. Il ne pleut plus. Le soleil brille, tout est en fleur, les oiseaux chantent.
- **In den Weihnachtsferien fahren viele Leute in den Schnee; ich würde lieber irgendwo am Strand in der Sonne liegen.**
  Pendant les vacances de Noël, beaucoup de gens vont à la neige ; je préfèrerais être quelque part à la plage au soleil.
- **Heute Nacht hat es gefroren und am Morgen waren es noch minus 2 Grad.**
  Cette nuit, il a gelé et ce matin, il faisait encore moins 2.
- **Vorsicht! Die Straßen sind glatt.**
  Attention ! Les routes sont verglacées.
- **Es soll am Wochenende starke Gewitter geben. Wir sollten nicht in die Berge fahren.**
  Ce week-end, on annonce de violents orages. Nous ne devrions pas aller en montagne.

Mini quiz

1 Retrouvez le sens des expressions suivantes : *Schwein haben*, *eine Meise haben*, *Schlange stehen*.
2 Retrouvez le sens des mots suivants : *die Tierwelt*, *die Pflanzenwelt*.
3 Traduisez : « Nous aimons bien aller à la montagne l'été. »
4 En pensant à l'anglais *shower*, retrouvez le sens des mots suivants : *der Regenschauer*, *der Schneeschauer*.

Réponses

1 *Schwein haben* : avoir du pot, *eine Meise haben* : avoir un grain, *Schlange stehen* : faire la queue.
2 *Die Tierwelt* : la faune, *die Pflanzenwelt* : la flore.
3 *Wir fahren im Sommer gern in die Berge.*
4 *der Regenschauer* : l'averse de pluie, *der Schneeschauer* : l'averse de neige. Cf. Les noms composés, pp. 119-120

11 Les problèmes environnementaux

Vous les connaissez. Savez-vous les prononcer ?

der Atommüll ❖ **die Ökosteuer** ❖ **recyceln** ❖ **die Windenergie** ❖ **die Solarenergie**

LA POLLUTION

die Umwelt : l'environnement
die Umweltverschmutzung : la pollution de l'environnement
verschwenden : gaspiller

der Schadstoff (e) **:** le polluant
krebserregend : cancérigène

der Asbest : l'amiante
das Blei : le plomb
das (Erd)öl : le pétrole
der Kunststoff (e) **:** le plastique
die Chemikalien : les produits chimiques
das Pestizid (e) **:** le pesticide
genverändert : transgénique

die fossilen Energiequellen : les énergies fossiles
das Abgas : les gaz d'échappement
der Atommüll : les déchets nucléaires

die Öko-Katastrophe (n) **:** la catastrophe écologique
die Ölpest : la marée noire
das Ozonloch : le trou de la couche d'ozone
der Treibhauseffekt : l'effet de serre
der Klimawandel : le changement climatique
die Erderwärmung : le réchauffement climatique
die Entwaldung : la déforestation

UN PEU DE CONVERSATION

- Der Minister behauptete, dass für Menschen und Umwelt keine Gefahr besteht.
  Le ministre a affirmé qu'il n'y avait pas de danger pour les personnes et pour l'environnement.
- In Babynahrung wurden nicht vernachlässigbare Mengen eines krebserregenden Stoffes gefunden.
  Dans des petits pots pour bébés, on a trouvé des quantités non négligeables d'une substance cancérigène.

- In Atomkraftwerken passieren immer wieder Störfälle.
  Il se produit sans cesse des incidents dans les centrales nucléaires.
- Es ist schon lange bekannt, dass einige industrielle Gase die Ozonschicht zerstören und zum Treibhauseffekt beitragen.
  On sait depuis longtemps que certains gaz industriels détruisent la couche d'ozone et contribuent à l'effet de serre.

LA DÉFENSE DE L'ENVIRONNEMENT

das umweltbewusste Verhalten : le comportement écologique
der Naturschutz : la protection de la nature
die Ökosteuer : la taxe écologique
der Bioladen (¨) **:** le magasin bio
das Bioprodukt (e) **:** le produit bio
unbehandelt : non traité
biologisch abbaubar : biodégradable
die Mülltrennung : le tri des déchets
recyceln : recycler
der Kompost : le compost
die Pfandflasche (n) **:** la bouteille consignée
das Recyclingpapier : le papier recyclé
der Energieverbrauch : la consommation d'énergie
Energie sparen : économiser l'énergie
die Energiesparlampe (n) **:** l'ampoule à faible consommation
die Isolierung (en) **:** l'isolation
die nachhaltige Entwicklung : le développement durable
die erneuerbaren Energien : les énergies renouvelables
die Windenergie : l'énergie éolienne
die Solarenergie : l'énergie solaire
die Erdwärme : la géothermie
der Biotreibstoff (e) **:** le bio-carburant

UN PEU DE CONVERSATION

- Dieses Auto gilt als besonders umweltfreundlich. Umweltbewusste nehmen aber das Fahrrad.
  Cette voiture est considérée comme particulièrement écologique. Mais quand on est écolo, on prend le vélo.
- Um unnötige Verpackung zu vermeiden, kaufe ich frische Produkte auf dem Markt.
  Pour éviter les emballages inutiles, j'achète des produits frais au marché.
- Zu Hause essen wir nur Bio.
  À la maison, on ne mange que bio.
- Wirf die Bierflasche nicht weg, es ist Pfand drauf!
  Ne jette pas la bouteille de bière, elle est consignée !
- Um gegen die Klimaerwärmung zu kämpfen, müssen drastische Energiesparmaßnahmen getroffen und die erneuerbaren Energien gefördert werden.
  Pour lutter contre le réchauffement climatique, il est nécessaire de prendre des mesures drastiques d'économie d'énergie et de promouvoir les énergies renouvelables.

MINI QUIZ

1 Retrouvez le sens des mots suivants : *die Photovoltaikanlage, die Windkraftanlage, die Biogasanlage* et *das Kernkraftwerk, das Wärmekraftwerk, das Wasserkraftwerk.*

2 En Allemagne, on pratique depuis longtemps le tri des déchets (*die Mülltrennung*). Que trouve-t-on indiqué sur les cinq différentes poubelles ?

3 Comment s'appelle le parti écologiste en Allemagne ?

RÉPONSES

1 *Die Photovoltaikanlage* : les panneaux solaires, *die Windkraftanlage* : l'éolienne, *die Biogasanlage* : l'installation de production de biogaz (*die Anlage* : l'installation), *das Kernkraftwerk* : la centrale atomique, *das Wärmekraftwerk* : la centrale thermique, *das Wasserkraftwerk* : la centrale hydraulique (*das Kraftwerk* : la centrale).
Cf. Les noms composés, pp. 119-120

2 *Kompost* (compost) ou *Bioabfall* (déchets organiques), *Verpackung* (emballages), *Altpapier* ou *Papier* (papier), *Altglas* ou *Glas* (verre), *Restmüll* (autres).

3 *Bündnis 90, Die Grünen* (Alliance 90 / Les Verts). Le parti écologiste actuel est issu de la fusion, en 1993, du parti écologiste ouest-allemand (*die Grünen*) et d'une alliance de mouvements civiques d'opposition de l'ex-RDA (*Bündnis 90*).

12 Le temps qui passe, les périodes de l'histoire

Vous les connaissez. Savez-vous les prononcer ?

der Tag ❖ der Monat ❖ das Datum ❖ die Vergangenheit ❖ lang

LA MESURE DU TEMPS

die Uhr (en) **:** l'heure [qu'il est], la montre
der Wecker (-) **:** le réveil

früh : tôt
spät : tard

die Sekunde (n) **:** la seconde
die Minute (n) **:** la minute
die Viertelstunde (n) **:** le quart d'heure
die Stunde (n) **:** l'heure [durée]

der (Wochen)tag (e) **:** le jour (de la semaine)
der Morgen (-) **:** le matin
der Mittag (e) **:** le midi
der Nachmittag (e) **:** l'après-midi
der Abend (e) **:** le soir
die Nacht (¨e) **:** la nuit

die Woche (n) **:** la semaine
das Wochenende (n) **:** le week-end
der Monat (e) **:** le mois
die Jahreszeit (en) **:** la saison
das Jahr (e) **:** l'année
das Jahrhundert (e) **:** le siècle
das Jahrtausend (e) **:** le millénaire

der Kalender (-) **:** le calendrier, l'agenda
das Datum (Daten) **:** la date
der Termin (e) **:** la date limite, le rendez-vous
eines Tages : un jour [adv.]

UN PEU DE CONVERSATION

- Wieviel Uhr ist es denn? – Es ist halb fünf vorbei, du solltest gehen.
  Quelle heure est-il ? – Il est quatre heures et demie passées, tu devrais y aller.
- Um wieviel Uhr klingelt morgen der Wecker? – Um 7. Ist es zu früh?
  À quelle heure sonne le réveil demain ? – À 7 heures. C'est trop tôt ?
- Wollen wir uns am Donnerstag treffen? – Unter der Woche habe ich keine Zeit. Wir könnten uns am Samstag sehen.
  On se retrouve jeudi ? – En semaine, je n'ai pas le temps. Nous pourrions nous voir samedi.

- Das war am 3. (dritten) Oktober, an einem Sonntag. Ich weiß es, ich hatte es im Kalender notiert.
  C'était le 3 octobre, un dimanche. Je le sais, je l'avais noté dans mon agenda.

LE PASSÉ, LE PRÉSENT, L'AVENIR

die Zeit (en) **:** le temps [qui passe]
die Vergangenheit : le passé
gerade : à l'instant
vor kurzem : il y a peu
gestern : hier
damals : à l'époque
zu dieser Zeit : à cette époque
früher : autrefois
ehemalig : ancien, ex-

die Gegenwart : le présent
zur Zeit : en ce moment
jetzt : maintenant
heute : aujourd'hui
zeitgenössich : contemporain
nun : à présent

die Zukunft : le futur
nachher : tout à l'heure [dans le futur]
sofort : tout de suite

bald : bientôt
demnächst : prochainement
morgen : demain
morgen früh : demain matin
übermorgen : après-demain
später : plus tard

der Augenblick (e) **:** l'instant
der Moment (e) **:** le moment
schon : déjà
noch : encore
vergehen (i, a / ist) : s'écouler

vorbei sein : être passé
verlaufen (ie, au, äu / ist) **:** se dérouler
an/dauern : se prolonger, durer
verzögern : retarder
etw. auf (+ A) **verschieben** (o, o) **:** repousser qqch. à
voraus/sehen (a, e, ie) **:** prévoir

UN PEU DE CONVERSATION

- Gerade war er noch da. Jetzt ist er aber weg. Du musst warten, bis er zurückkommt.
  Il était là à l'instant. Mais maintenant il est parti. Il faut que tu attendes qu'il revienne.
- Er hat früher in Frankreich gewohnt. Zurzeit wohnt er in Berlin.
  Il a habité en France autrefois. En ce moment, il habite à Berlin.
- Schon zehn Jahre! Wie die Zeit vergeht!
  Déjà dix ans ? Comme le temps passe !
- Der Chef war nicht da. Die Arbeitssitzung wurde auf nächsten Mittwoch verschoben.
  Le chef n'était pas là. La séance de travail a été repoussée à mercredi prochain.
- Komm später vorbei, im Augenblick bin ich beschäftigt.
  Passe plus tard ; là, je suis occupé.
- Wir sehen uns morgen früh. Bis dann!
  On se voit demain matin. À plus tard !

LA DURÉE ET LA FRÉQUENCE

dauern : durer
die Dauer : la durée

lang : long
endlos : sans fin
ewig : éternel
ständig : constant
rund um die Uhr : 24 heures sur 24
vorläufig : provisoire
vorübergehend : temporaire

zuerst : d'abord
dann : ensuite, puis
schließlich : à la fin, enfin

enden : se terminer
unterbrechen (a, o, i) : interrompre
fort/setzen : reprendre, poursuivre

der Zeitraum (¨e) : la période
gleichzeitig : en même temps
inzwischen : entre-temps
immer : toujours
meistens : la plupart du temps
häufig : fréquent, fréquemment
oft : souvent

das Mal (e) : la fois
mehrmals : plusieurs fois
manchmal : parfois

nie : jamais

wieder : de nouveau
wiederholen : répéter
regelmäßig : régulier
gewöhnlich : habituel

UN PEU DE CONVERSATION

- Gehst du oft ins Schwimmbad? – Einmal in der Woche mit einer Freundin.
  Tu vas souvent à la piscine ? – Une fois par semaine avec une amie.
- Du bist schon wieder zu spät! Wo warst du denn die ganze Zeit?
  Une fois de plus, tu es en retard ! Tu étais où pendant tout ce temps ?
- Meine Sitzung hat länger gedauert, als ich dachte.
  Ma réunion a duré plus longtemps que je n'aurais cru.
- Soweit ich weiß, beginnen die Semesterferien Mitte Februar und enden Mitte April.
  Autant que je sache, les vacances universitaires commencent à la mi-février et se terminent à la mi-avril.

▸ LES ADVERBES DE TEMPS PP. 115-116

LES PÉRIODES DE L'HISTOIRE

die Geschichte (n) : l'histoire
das Ereignis (se) : l'événement
geschehen (a, e, ie / ist) : se produire
die Epoche (n) : l'époque

die Vorgeschichte : la Préhistoire
das Altertum : l'Antiquité

das Mittelalter : le Moyen Âge
die Renaissance : la Renaissance
die Neuzeit : les Temps modernes
die neueste Zeit : l'époque contemporaine

DES RÉALITÉS HISTORIQUES

die Burg (en) **:** le château-fort
der Ritter (-) **:** le chevalier
der Kreuzzug (¨e) **:** la croisade
der Adel : la noblesse
der Kaiser (-) **:** l'empereur
der Hof (¨e) **:** la cour
der Fürst (en, en) **:** le prince
der Herzog (¨e) **:** le duc
der Graf (en, en) **:** le comte
der Glaubenskrieg (e) **:** la guerre de religion
die Aufklärung : les Lumières
die französische Revolution : la Révolution française
das zweite Kaiserreich : le Second Empire
der erste Weltkrieg (e) **:** la Première Guerre mondiale
der Versailler Vertrag : le traité de Versailles
der Nationalsozialismus : le national-socialisme
die Nachkriegszeit : l'après-guerre
der kalte Krieg : la guerre froide
der eiserne Vorhang : le rideau de fer
die DDR : la RDA
die BRD : la RFA
der Mauerfall : la chute du Mur [de Berlin]
die Wiedervereinigung : la réunification

MINI QUIZ

1 Traduisez : « Le soir, nous regardons la télé. » Comment dirait-on dans la même phrase : « le matin », « l'après-midi », « la nuit » ?
2 Traduisez : « Aujourd'hui, nous sommes le 15 janvier. »
3 Quels sont en allemand les jours de la semaine, les mois de l'année, les saisons ?
4 Traduisez : « Il a joué du piano pendant deux heures. »
5 Retrouvez le sens des mots suivants : *die Tageszeitung*, *die Wochenzeitung*.
6 Quel est le sens de *vorgestern* et *übermorgen* ?

RÉPONSES

1 *Abends sehen wir fern.* De la même manière, on dirait : *morgens* (le matin), *nachmittags* (l'après-midi), *nachts* (la nuit).
2 *Heute haben wir den 15. (fünfzehnten) Januar.* Cf. Les dates, p. 75
3 Les jours de la semaine : *Montag*, *Dienstag*, *Mittwoch*, *Donnerstag*, *Freitag*, *Samstag*, *Sonntag*
Les mois : *Januar*, *Februar*, *März*, *April*, *Mai*, *Juni*, *Juli*, *August*, *September*, *Oktober*, *November*, *Dezember*
Les saisons : *der Winter* (l'hiver), *der Frühling* (le printemps), *der Sommer* (l'été), *der Herbst* (l'automne). Notez bien : les jours, les mois et les saisons sont de genre masculin en allemand ! Cf. Le genre des noms, p. 56
4 *Er hat zwei Stunden lang Klavier gespielt.* Ne pas confondre *Uhr* [l'heure qu'il est] et *Stunde* [l'unité de mesure].
5 *Die Tageszeitung* : le quotidien, *die Wochenzeitung* : l'hebdomadaire. Cf. Les noms composés, pp. 119-120
6 *Vorgestern* : avant-hier, *übermorgen* : après-demain.

13 Les techniques de communication

Vous les connaissez. Savez-vous les prononcer ?

das Telefon ❖ das Handy ❖ der Computer ❖ der Laptop ❖ der USB-Stick

LE TÉLÉPHONE

das Telefon (e) **:** le téléphone
jdn an/rufen (ie, u) **:** téléphoner à qqn
mit jdm telefonieren : parler avec qqn au téléphone
die Telefonnummer (n) **:** le numéro de téléphone
eine Nummer wählen : composer un numéro
klingeln : sonner
besetzt : occupé
das Handy (s) **:** le téléphone portable
der Akku (s) **:** la batterie
den Akku wieder auf/laden (u, a, ä) **:** recharger la batterie
die SMS : le SMS
simsen : écrire un SMS

UN PEU DE CONVERSATION

- Guten Tag, hier ist Maria. Könnte ich bitte Anna sprechen?
  Bonjour, c'est Maria. Est-ce que je pourrais parler à Anna s'il vous plaît?
- Könntest du mir die Paula geben? Ich bin der Markus.
  Tu pourrais me passer Paula? C'est de la part de Markus.
- Könnten Sie mich mit Frau Meier verbinden? – Sie ist gerade nicht erreichbar. Soll ich ihr etwas ausrichten?
  Pourriez-vous me mettre en relation avec Madame Meier? – Elle n'est pas joignable en ce moment. Voulez-vous que je lui transmette un message?
- Der Leiter des Geschäfts war nicht da, als ich angerufen habe. Ich habe auf dem Anrufbeantworter eine Nachricht hinterlassen.
  Le responsable du magasin n'était pas là quand j'ai appelé. J'ai laissé un message sur le répondeur.

L'ORDINATEUR

der Computer (-) **:** l'ordinateur
der Laptop (s) **:** l'ordinateur portable

der Bildschirm (e) **:** l'écran
die Maus (¨e) **:** la souris
die Software (s) **:** le logiciel
die Festplatte (n) **:** le disque dur
die CD-Rom (s) **:** le CD-rom
der USB-Stick (s) **:** la clé USB

der Drucker (-) **:** l'imprimante
aus/drucken : imprimer
die Datei (en) **:** le fichier
der Ordner (-) **:** le dossier

das Fenster (-) **:** la fenêtre

tippen : taper [texte]
(auf + A) **klicken :** cliquer (sur)
speichern : enregistrer
löschen : supprimer
kopieren : copier
schneiden (i, i) **:** couper
(in + A) **ein/fügen :** coller (dans)
der DVD-Brenner (-) : le graveur de DVD
brennen (a, a) : graver

INTERNET

das Netz : le réseau
das Modem (s) **:** le modem
das Internet : Internet
die Website (s) **:** le site Web
die Webseite (n) **:** la page Web
das Passwort (¨er) **:** le mot de passe
sich verbinden (a, u) **:** se connecter
im Internet surfen : surfer sur Internet

herunter/laden (u, a, ä) **:** télécharger
der Link (s) **:** le lien

die E-Mail (s) **:** le mail
die E-Mail-Adresse (n) **:** l'adresse mail
die angehängte Datei : le fichier joint
die Suchmaschine (n) : le moteur de recherche

Un peu de conversation

- **Wo ist das nächste Internetcafé?**
  Où est le cyber-café le plus proche ?
- **Brauche ich ein Passwort für Ihr WLAN? – Ja, das Netz ist geschützt.**
  J'ai besoin d'un mot de passe pour votre WIFI ? – Oui, le réseau est protégé.
- **Seitdem ich einen neuen Computer habe, kann ich mich nicht mehr mit dem Internet verbinden.**
  Depuis que j'ai changé d'ordinateur, je n'arrive pas plus à me connecter à Internet.
- **Ich habe ihnen eine E-Mail geschickt, um einen Termin vorzuschlagen, aber sie haben immer noch nicht geantwortet.**
  Je leur ai envoyé un mail pour leur proposer un rendez-vous, mais ils ne m'ont toujours pas répondu.
- **Die Software ist kostenlos. Du kannst sie im Internet herunterladen.**
  Le logiciel est gratuit. Tu peux le télécharger sur Internet.
- **Auf dieser Seite kannst du jede Menge Musik kostenlos 'runterladen.**
  Sur ce site, tu peux télécharger tout plein de musique gratuitement.

Mini quiz

1 On vous dit au téléphone : *Entschuldigung, ich habe mich verwählt.* De quoi s'agit-il ?

2 Que signifie *der Anrufbeantworter* (*AB*) ?

3 Traduisez : « Je te rappelle demain. » [dans une conversation téléphonique]

4 À la fin d'un mail, on lit parfois *MFG*. Quel est le sens de cette abréviation ?

5 Vous avez besoin de donner le numéro de téléphone suivant à un correspondant allemand : 03 32 45 97 41. Comment se lit-il ?

Réponses

1 « Excusez-moi, je me suis trompé de numéro. » *Wählen* signifie « composer un numéro » ; le préfixe *ver-* indique un « raté ». *Sich verwählen* signifie « se tromper de numéro ». D'autres verbes sont formés de la même manière : *sich verlaufen* (se tromper de chemin), *sich verfahren* (se tromper de route).

2 Le répondeur téléphonique.

3 *Ich rufe dich morgen zurück.*

4 *Mit freundlichen Grüßen.* (formule de salutation formelle à la fin des lettres)

5 On énumère les chiffres. Pour éviter les ambiguïtés entre *zwei* (2) et *drei* (3), on dit souvent *zwo* pour *zwei* : *null-drei*, *drei-zwo*, *vier-fünf*, *neun-sieben*, *vier-eins*.

14 Les médias

Vous les connaissez. Savez-vous les prononcer ?

der Journalist ❖ **die Reportage** ❖ **die Zeitschrift** ❖ **das Radio empfangen**

LE MÉTIER DE JOURNALISTE

der Journalist (en, en) **:** le journaliste
der Redakteur (e) **:** le rédacteur
der Korrespondent (en, en) **:** le correspondant

die Medien : les médias
die Meinung (en) **:** l'opinion
die Nachricht (en) **:** l'information
der Bericht (e) **:** le compte rendu
das Interview (s) **:** l'interview
die Reportage (n) **:** le reportage

über (+ A) **informieren :** informer de
der Wetterbericht (e) **:** le bulletin météo
die Werbung (en) **:** la publicité
für etw. (A) **werben** (a, o, i) **:** faire de la publicité pour qqch.
der Werbespruch (¨e) **:** le slogan publicitaire
der Werbespot (s) **:** le spot publicitaire

LA PRESSE ÉCRITE

die Zeitung (en) **:** le journal
die Zeitschrift (en) **:** la revue
die Tageszeitung : le quotidien
die Wochenzeitung : l'hebdomadaire

die Titelseite (n) **:** la une
die Schlagzeile (n) **:** le gros titre

der Zeitungsartikel (-) **:** l'article
Vermischtes : les faits divers
die Anzeige (n) **:** la petite annonce
die Ausgabe (n) **:** l'édition
etw. (A) **abonnieren :** s'abonner à
der Zeitungskiosk : le kiosque à journaux

UN PEU DE CONVERSATION

- Stimmt das, was in der Zeitung steht?
  Est-ce que c'est vrai, ce qui est écrit dans le journal ?
- Ich finde, in dieser Zeitung ist zu viel Werbung.
  Je trouve qu'il y a trop de publicité dans ce journal.

- Ich habe dieses Wirtschaftsmagazin abonniert und bin damit sehr zufrieden.
  Je suis abonnée à ce magazine économique et j'en suis très contente.
- Ich höre keinen Wetterbericht mehr, er ist sowieso immer falsch.
  Je n'écoute plus la météo, ils se trompent tout le temps !
- Hast du dein Motorrad immer noch nicht verkauft? Du könntest doch eine Anzeige in der Stadtzeitung aufgeben.
  Tu n'as toujours pas vendu ta moto ? Tu pourrais passer une petite annonce dans le journal municipal.

LA RADIO ET LA TÉLÉVISION

der Sender (-) **:** la station, la chaîne
das Programm (e) **:** la chaîne, le programme
die Sendung (en) **:** l'émission
senden : diffuser
empfangen (i, a, ä) **:** capter
das Radio (s) **:** la radio
die Nachrichten : les informations [radio]
die Presseschau : la revue de presse
das Fernsehen : la télévision
der Fernseher (-) **:** le poste de télévision
fern/sehen (a, e, ie) **:** regarder la télévision
der Fernsehzuschauer (-) **:** le téléspectateur
der Bildschirm (e) **:** l'écran
die Tagesschau : le journal [télévisé]
die Fernsehdebatte (n) **:** le débat télévisé
der Film (e) **:** le film
übertragen (u, a, ä) **:** retransmettre

UN PEU DE CONVERSATION

- Woher weißt du das? – Ich habe es gestern im Radio gehört.
  Comment tu sais ça ? – Je l'ai entendu à la radio hier.
- In Deutschland gibt es Fernseh- und Rundfunkgebühren.
  En Allemagne, il y a une redevance télé et radio.
- Gibt es hier Fernsehempfang über Kabel oder Satellit?
  Est-ce qu'on peut recevoir ici la télévision par câble ou satellite ?
- Von welchem Sender wird das Fußballspiel übertragen?
  Le match de foot est retransmis sur quelle chaîne ?
- Seitdem er sich das Bein gebrochen hat und zu Hause bleibt, sitzt er den ganzen Tag vor dem Fernseher.
  Depuis qu'il s'est cassé la jambe et qu'il reste à la maison, il passe ses journées devant la télé.
- Im deutschen Fernsehen werden selten Filme im Originalton gesendet.
  À la télévision allemande, les films sont rarement en version originale.

MINI QUIZ

1 Les journaux allemands ont souvent une rubrique *Feuilleton*. Qu'y trouve-t-on ?

2 À la radio, en Allemagne, on peut souvent entendre des *Hörspiele*. De quoi s'agit-il ?

3 Traduisez les titres des journaux ou magazines allemands suivants : *die Zeit*, *die Welt*, *der Spiegel*, *die Süddeutsche Zeitung*.

4 Complétez les phrases suivantes avec le participe passé du verbe *senden* : *Er hat seiner Freundin einen Brief ... / Ab Donnerstag wird wieder auf UKW...*

5 Que signifie littéralement *fernsehen* ?

RÉPONSES

1 Des informations culturelles.

2 Il s'agit de pièces de théâtre radiophoniques.

3 *Die Zeit* : le temps, *die Welt* : le monde, *der Spiegel* : le miroir, *die Süddeutsche Zeitung* : le journal de l'Allemagne du sud.

4 *Er hat seiner Freundin einen Brief gesandt.* (Il a envoyé une lettre à son amie.) *Ab Donnerstag wird wieder auf UKW gesendet.* (À partir de jeudi, nous émettrons de nouveau en FM.) Lorsque *senden* a le sens d'« envoyer » (une lettre, par exemple), c'est un verbe fort et son participe passé est *gesandt*. Lorsque *senden* a le sens de « diffuser, émettre », c'est un verbe faible et son participe est *gesendet*.

5 « Voir à distance » (cf. « télé-vision » en français)

15 Le système éducatif

Vous les connaissez. Savez-vous les prononcer ?

das Studium ❖ **der Student** ❖ **das Buch / die Bücher** ❖ **das Fach / die Fächer**

L'ÉCOLE, LE COLLÈGE, LE LYCÉE

die Schule (n) **:** l'école [de l'école primaire au lycée]
die Grundschule : l'école primaire
das Gymnasium (Gymnasien) **:** le lycée (d'enseignement général)
der Schüler (-) **:** l'écolier
der Lehrer (-) **:** le professeur
die Klasse (n) **:** la classe
lehren : enseigner
der Unterricht (e) **:** le cours
unterrichten : faire cours
das Schuljahr : l'année scolaire
die Unterrichtsstunde (n) **:** l'heure de cours
der Stundenplan (¨e) **:** l'emploi du temps
der Schulhof (¨e) **:** la cour de l'école
die Pause (n) **:** la récréation
die (Schul)ferien : les vacances (scolaires)

UN PEU DE CONVERSATION

- Die Kinder waren heute Nachmittag in der Schule. Sie hatten Musikunterricht.
  Les enfants étaient à l'école cet après-midi. Ils avaient cours de musique.
- In welcher Klasse bist du? – In der dreizehnten. Ich mache dieses Jahr Abitur.
  En quelle classe es-tu ? – En treizième. Je passe mon bac cette année.
- In Deutschland gibt es zurzeit nur wenige Ganztagsschulen. Meistens geht die Schule nur bis Mittag.
  En Allemagne, il n'y a pour l'instant que peu d'écoles où l'on a cours toute la journée. Généralement, l'école ne dure que jusqu'à midi.

L'UNIVERSITÉ

die Universität (en) **:** l'université
die Hochschule (n) **:** l'école supérieure, l'université
das Studium (Studien) **:** les études supérieures
studieren : faire des études supérieures
das Stipendium (Stipendien) **:** la bourse
der Professor (en) **:** le professeur d'université

der Student (en, en) **:** l'étudiant
der Kurs (e) **:** le cours
die Vorlesung (en) **:** le cours magistral
das Seminar (e) **:** le séminaire
das Semester (-) **:** le semestre

der Hörsaal (¨e) **:** l'amphithéâtre
die Universitätsbibliothek (en) **:** la bibliothèque universitaire
die Mensa : le restaurant universitaire

UN PEU DE CONVERSATION

- Er studiert nicht an der Uni, sondern an einer Fachhochschule.
  Il ne fait pas ses études à la fac mais dans un IUT.
- Ich möchte Medizin studieren, aber meine Abinote reicht leider nicht aus!
  J'aimerais faire des études de médecine, mais mes résultats au bac sont insuffisants, malheureusement.
- Können Sie mir die Bewerbungsunterlagen zuschicken?
  Pouvez-vous m'envoyer le dossier de candidature ?
- Welche Möglichkeiten gibt es, ein Stipendium zu bekommen?
  Quelles sont les possibilités d'obtenir une bourse ?
- Kennst du den Professor Schmidt? – Ja, ich war letztes Semester in seiner Vorlesung.
  Tu connais le professeur Schmidt ? – Oui, j'ai suivi son cours au semestre dernier.

LES FOURNITURES SCOLAIRES

das Buch (¨er) **:** le livre
das Lehrbuch (¨er) **:** le manuel

das Heft (e) **:** le cahier
der Ordner (-) **:** le classeur
das Blatt (¨er) **:** la feuille

der Bleistift (e) **:** le crayon
der Füller (-) **:** le stylo-plume
der Kugelschreiber (-) **:** le stylo-bille

der Filzstift (e) **:** le feutre
der Textmarker (-) **:** le surligneur
das Lineal (e) **:** la règle
der Radiergummi (s) **:** la gomme
die Rechenmaschine (n) : la calculette
der Klebstift (e) : le bâton de colle
der Schulranzen (-) **:** le cartable

LE TRAVAIL SCOLAIRE ET UNIVERSITAIRE

das Fach (¨er) **:** la matière
ein Fach wählen :
choisir une matière

lesen (a, e, ie) **:** lire
schreiben (ie, ie) **:** écrire
rechnen : calculer

üben : s'exercer, faire des exercices
lernen : apprendre, réviser

auswendig : par cœur
die Aufgabe (n) **:** le devoir
das Referat (e) **:** l'exposé

zusammen/fassen : résumer
unterstreichen (i, i) **:** souligner
korrigieren : corriger

der Fehler (-) **:** l'erreur
falsch : faux

LES EXAMENS

die Prüfung (en) **:** l'examen
der Test (s) **:** le test
die Klausur (en) **:** le devoir sur table

schwer : difficile
schriftlich : (par) écrit
mündlich : (par) oral

die Note (n) **:** la note
das Ergebnis (se) **:** le résultat

eine Prüfung bestehen (a, a) **:**
réussir un examen
durch/fallen (ie, a, ä / ist) **:** échouer
[à un examen]

das Abitur : le baccalauréat
das Diplom (e) **:** le diplôme
sitzen bleiben (ie, ie) **:** redoubler
versetzt werden (u, o, i / ist) **:**
passer dans la classe supérieure

ungenügend : insuffisant
ausreichend : moyen
befriedigend : satisfaisant
gut : bien
sehr gut : très bien
ausgezeichnet : excellent

UN PEU DE CONVERSATION

- In der elften Klasse kann man bestimmte Fächer abwählen.
  En 11e [vers 17 ans], on peut arrêter certaines matières.
- In der Schule hatte ich Deutsch als Leistungskurs.
  Au lycée, je faisais allemand renforcé.
- In Mathe haben wir eine Klausur geschrieben und ich habe eine zwei bekommen.
  En maths, on a fait un devoir sur table et j'ai eu 2. [une bonne note]
- Wo werden die Ergebnisse angeschlagen?
  Où les résultats seront-ils affichés ?
- Die schriftlichen Prüfungen sind schon nächste Woche, die mündlichen erst in einem Monat.
  Les épreuves écrites ont lieu dès la semaine prochaine, les oraux seulement dans un mois.

MINI QUIZ

1 Quelle est la durée de la scolarité en Allemagne ?

2 Qu'est-ce qu'une *Ganztagsschule* ?

3 Traduisez : *Ich habe mich gestern an der Universität immatrikuliert.*

4 Retrouvez le sens des mots suivants : *die Abschlussprüfung, die Aufnahmeprüfung, die Fahrprüfung, die Wiederholungsprüfung*.

RÉPONSES

1 En Allemagne, la scolarité est en général de 13 ans. Mais il est de plus en plus question de la ramener à 12 ans.

2 *Die Ganztagsschule* est une école que les élèves fréquentent toute la journée (*den ganzen Tag*). Ce modèle est relativement récent et encore peu répandu en Allemagne, où, traditionnellement, les cours ne durent que jusqu'en début d'après-midi.

3 « Je me suis inscrit hier à l'université. » *sich immatrikulieren* est un faux-ami ! Il ne s'agit pas d'immatriculation de voitures, mais d'inscription à l'université. On pourrait dire aussi : *Ich habe mich gestern an der Universität eingeschrieben.*

4 L'examen de fin d'études (*abschließen* : conclure), l'examen d'admission, le concours d'entrée (*jdn aufnehmen* : admettre, accepter qqn), l'examen de permis de conduire (*fahren* : conduire), l'examen de rattrapage (*wiederholen* : répéter). Cf. Les noms composés, pp. 119-120

16 Les loisirs

Vous les connaissez. Savez-vous les prononcer ?

das Kapitel ❖ **der Comic** ❖ **die Band** ❖ **der Jazz** ❖ **der Clown** ❖ **joggen** ❖ **Ski fahren**

LA LECTURE

lesen (a, e, ie) **:** lire
erzählen : raconter
das Buch (¨er) **:** le livre
die Buchhandlung : la librairie
die Stadtbücherei (en) **:** la bibliothèque municipale
(sich) ein Buch aus/leihen (ie, ie) **:** emprunter un livre
der Autor (en) **:** l'auteur
der Schrifsteller (n) **:** l'écrivain
der Roman (e) **:** le roman
der Krimi (s) **:** le roman policier
die Fantastik : le (genre) fantastique
die Geschichte (n) **:** l'histoire
das Märchen (-) **:** le conte de fées
das Gedicht (e) **:** le poème
der Comic (s) **:** la bande dessinée
der Titel (-) **:** le titre
der Buchdeckel (-) **:** la couverture
das Kapitel (-) **:** le chapitre
die Seite (n) **:** la page
die Zeile (n) **:** la ligne
die Inhaltsverzeichnis : le sommaire

Un peu de conversation

- Hat dir das Buch gefallen? – Ja, es ist wirklich gut. Die Geschichte spielt im Deutschland der sechziger Jahre.
  Est-ce que le livre t'a plu ? – Oui, il est vraiment bien. L'histoire se passe dans l'Allemagne des années soixante.
- Ach, ich glaube, ich kenne die Geschichte. Sie erzählt von einer unglücklichen Liebe. Ist der Roman nicht verfilmt worden?
  Ah, je crois que je connais l'histoire. Elle raconte un amour malheureux. Le roman n'a-t-il pas été adapté au cinéma ?
- Ich habe mir in der Stadtbücherei drei Indien-Reiseführer ausgeliehen.
  J'ai emprunté trois guides touristiques pour l'Inde à la bibliothèque.

LA MUSIQUE

singen (a, u) **:** chanter
der Sänger (-) **:** le chanteur
die Stimme (n) **:** la voix
das Lied (er) **:** le chant, la chanson
der Schlager (-) **:** le tube
die Band (s) **:** le groupe
der Jazz : le jazz
der Rock : le rock
der/das Techno : la techno
die Blasmusik : la musique de fanfare
spielen : jouer
Musik hören : écouter de la musique
die CD (s) **:** le CD
die Note (n) **:** la note, [plur.] la partition
das (Musik)instrument (e) **:** l'instrument
das Klavier (e) **:** le piano
die Geige (n) **:** le violon
die Gitarre (n) **:** la guitare
die Flöte (n) **:** la flûte
die Trommel (n) **:** le tambour
das Schlagzeug : la batterie
das Cello (s) **:** le violoncelle
die Trompete (n) **:** la trompette
das Orchester (-) **:** l'orchestre
der Dirigent (en, en) **:** le chef d'orchestre

UN PEU DE CONVERSATION

- Du spielst aber gut! Wie lange spielst du denn schon Harfe? Übst du jeden Tag?
  Tu joues vraiment bien! Ça fait combien de temps que tu joues de la harpe? Tu en fais tous les jours?
- Kannst du Noten lesen? – Nein, um Gitarre zu spielen, muss man es nicht.
  Tu sais lire la musique? – Non, pour jouer de la guitare, on n'est pas obligé.
- Kannst du Bachs Präludium in c-Moll spielen? – Nein, ich kann das Stück nicht auswendig. Ich brauche die Noten.
  Tu peux jouer ce prélude de Bach en *do* mineur? – Non, je ne connais pas le morceau par cœur. Il me faut la partition.
- Wie finde ich einen guten Gitarrenlehrer? – Hast du schon bei der Musikschule angerufen?
  Comment trouver un bon professeur de guitare? – Tu as appelé l'école de musique?
- Mein Vater ist ein großer Jazzfan; er spielt sogar in einer Gruppe.
  Mon père est un grand fan de jazz; il fait même partie d'un groupe.
- Unser Sohn nimmt Trompetenunterricht und probt samstags im Jugendblasorchester.
  Notre fils prend des cours de trompette et répète le samedi dans la fanfare des jeunes.

LES SORTIES

aus/gehen (i, a / ist) **:** sortir

das Kino (s) **:** le cinéma
der Film (e) **:** le film
das Theater (-) **:** le théâtre
das Stück (e) **:** la pièce
die Inszenierung (en) **:**
la mise en scène
die Bühne : la scène
der Schauspieler (-) **:** l'acteur

die Oper (n) **:** l'opéra
das Konzert (e) **:** le concert
der Tanz (¨e) **:** la danse

tanzen : danser
der Zirkus (se) **:** le cirque
der Clown (s) **:** le clown
der Zauberer (-) **:** le magicien

die (Eintritts)karte (n) **:** le billet
Karten besorgen :
prendre des places
Karten vor/bestellen :
réserver des places
ausverkauft : complet

das Publikum : le public
(Beifall) klatschen : applaudir

UN PEU DE CONVERSATION

- Wann kommt der Film im Kino? – Demnächst, glaube ich. Ich bin gespannt!
  Le film sort quand au cinéma ? – Prochainement, je crois. Je suis impatient !
- Läuft der Film noch? – Ja, aber nur bis nächsten Mittwoch.
  Est-ce que le film passe encore ? – Oui, mais jusqu'à mercredi prochain seulement.
- Kommst du nun morgen mit uns ins Konzert oder gehst du lieber mit Paul ins Theater? – Ich weiß nicht, ich muss es mir noch überlegen.
  Tu viens au concert demain avec nous ou tu préfères aller au théâtre avec Paul ? – Je ne sais pas, il faut encore que je réfléchisse.
- Ich hätte gern drei Karten für „die Hochzeit des Figaros". Gibt es eine Ermäßigung für Senioren?
  Je voudrais trois places pour « Le mariage de Figaro ». Est-ce qu'il y a une réduction pour les seniors ?
- Gibt es noch Karten für die Vorstellung heute Abend? – Nein, alles ausverkauft.
  Y a-t-il encore des places pour la représentation de ce soir ? – Non, c'est complet.
- Das Publikum hat so lange Beifall geklatscht, bis der Pianist eine Zugabe gegeben hat!
  Le public a applaudi jusqu'à ce que le pianiste revienne sur scène jouer un dernier morceau.

LES MUSÉES

das Museum (Museen) **:** le musée
die Ausstellung (en) **:** l'exposition
in eine Ausstellung gehen (i, a / ist) **:** aller à une exposition
der Eintritt (e) **:** l'entrée
besichtigen : visiter
die Führung (en) **:** la visite guidée

die Kunst (¨e) **:** l'art
das Kunstwerk (e) **:** l'œuvre
das Gemälde (-) **:** le tableau
das Porträt (s) **:** le portrait
das Stillleben (-) **:** la nature morte
malen : peindre
der Maler (-) **:** le peintre
die Zeichnung (en) **:** le dessin [œuvre]
dar/stellen : représenter

die Skulptur (en) **:** la sculpture [œuvre]
der Bildhauer (-) **:** le sculpteur
die Statue (n) **:** la statue

UN PEU DE CONVERSATION

- Wie viel kostet der Eintritt bitte? – Normaltarif 12 Euro, 10 Euro für Senioren ab 65 Jahren, 7 Euro für Kinder und Jugendliche.
  Combien coûte l'entrée ? – 12 euros en tarif normal, 10 euros pour les plus de 65 ans, 7 euros pour les moins de 18 ans.
- Ich möchte wissen, ob die Ausstellung über Dinosaurier nachmittags geöffnet ist und bis wann. Ich möchte eine Führung buchen.
  Je voudrais savoir si l'exposition sur les dinosaures est ouverte l'après-midi et jusqu'à quelle heure. Je voudrais prendre une visite guidée.
- Ich möchte gern die Impressionisten-Ausstellung besuchen, aber ich habe gehört, dass sie sehr voll ist und dass man lange Schlange stehen muss.
  J'aimerais voir l'exposition sur les impressionnistes, mais j'ai entendu dire qu'il y a beaucoup de monde et qu'il faut faire la queue longtemps.

LES JEUX

das Spiel (e) **:** le jeu
der Spielautomat (en, en) **:** la machine à sous

gewinnen (a, o) **:** gagner
verlieren (o, o) **:** perdre
wetten : parier

Schach spielen : jouer aux échecs

das Kartenspiel (e) **:** le jeu de cartes
die Spielkarte (n) **:** la carte
die Karten mischen : mélanger les cartes
die Spielregel (n) **:** la règle du jeu
schummeln : tricher

das Videospiel (e) **:** le jeu vidéo
die Spielkonsole (n) **:** la console de jeu

das Rätsel (-) **:** l'énigme, la devinette
das Kreuzworträtsel (-) **:** les mots croisés

LE SPORT

der Sport (Sportarten) **:** le sport
Sport treiben (ie, ie) **:** faire du sport
trainieren : s'entraîner
Fußball spielen : jouer au foot
Tennis spielen : jouer au tennis
Ski fahren (u, a, ä / ist) **:** faire du ski
Rad fahren (u, a, ä / ist) **:** faire du vélo
schwimmen (a, o / ist, hat) **:** nager
paddeln : faire du canoë-kayak
segeln : faire de la voile
joggen : faire du jogging
turnen : faire de la gymnastique
reiten (i, i / ist, hat) **:** faire du cheval

UN PEU DE CONVERSATION

- **Wer ist dran? – Ich bin dran!**
  À qui le tour ? – C'est à moi !
- **Wer gibt? – Ich bin an der Reihe.**
  Qui distribue les cartes ? – C'est à moi de le faire.
- **Was machst du in deiner Freizeit? – Ich treibe viel Sport, Tennis und Fußball, je einmal in der Woche.**
  Que fais-tu pendant ton temps libre ? – Je fais beaucoup de sport, je fais du tennis et du foot une fois par semaine.
- **Trainierst du oft? – Ja, ich gehe drei Mal in der Woche ins Fitnessstudio.**
  Tu t'entraînes souvent ? – Oui, je vais trois fois par semaine dans une salle de musculation.
- **Interessierst du dich immer noch so für Fußball? – Nein, nicht mehr so sehr, aber gerade ist doch Weltmeisterschaft!**
  Tu t'intéresses toujours autant au foot ? – Non, plus autant qu'avant, mais en ce moment, c'est la coupe du monde !

MINI QUIZ

1 Comment désigne-t-on les notes de musique en allemand ?
2 Retrouvez le sens des mots suivants : *der Dokumentarfilm*, *der Zeichentrickfilm*, *der Kurzfilm*, *der Spielfilm*.
3 Que désigne *der Regisseur* ?
4 Prononcez le nom du célèbre compositeur allemand : *Johann Sebastian Bach*.
5 Traduisez : « Nous avons skié toute la journée. »

RÉPONSES

1 On désigne les notes de musique par des lettres de A à H : *das C* (do), *das D* (ré), *das E* (mi), *das F* (fa), *das G* (sol), *das H* (si bémol), *das A* (la), *das B* (si).
2 *Der Dokumentarfilm* : le film documentaire, *der Zeichentrickfilm* : le dessin animé, *der Kurzfilm* : le court-métrage, *der Spielfilm* : le film de fiction. Cf. Les noms composés, pp. 119-120
3 Le metteur en scène.
4 Cf. Vous les connaissez. Savez-vous les prononcer ? p. 255
5 *Wir sind den ganzen Tag Ski gefahren.*

17 Les voyages

Vous les connaissez. Savez-vous les prononcer ?

der Urlaub ❖ das Ausland ❖ entdecken ❖ der Campingplatz ❖ der Verkehr

PARTIR EN VOYAGE

die Ferien : les vacances
der Urlaub : les congés
die Reise (n) **:** le voyage
reisen (ist) **:** voyager
buchen : réserver [voyage, vol, hôtel]
das Reisebüro (s) **:** l'agence de voyage
die Pauschalreise (n) **:** le voyage organisé

das Ausland : l'étranger
der Tourist (en, en) **:** le touriste

der Koffer (-) **:** la valise
der Rucksack (¨e) **:** le sac à dos

weg/fahren (u, a, ä / ist) **:** partir
an/kommen (a, o / ist) **:** arriver

der Personalausweis (e) **:** la carte d'identité
der Reisepass (¨e) **:** le passeport
das Visum (Visen) **:** le visa

die Grenze (n) **:** la frontière
der Zoll : la douane

Geld wechseln : changer de l'argent
die Zeitverschiebung : le décalage horaire

UN PEU DE CONVERSATION

- Wann fahrt ihr weg? – Morgen früh, ich bin gerade am Packen.
  Vous partez quand ? – Demain matin, je suis en train de faire les bagages.
- Wir sind nicht sehr weit gefahren, wir hatten ja nur eine Woche Urlaub.
  Nous ne sommes pas partis très loin, nous n'avions qu'une semaine de vacances.
- Wir haben uns zu spät um eine Reservierung gekümmert; da war schon alles ausgebucht.
  Nous nous sommes occupés trop tard de la réservation ; tout était complet.
- Was kostet so eine Pauschalreise?
  Quel est le prix de ce genre de voyage organisé ?
- So... Die Führung ist jetzt zu Ende.
  C'est la fin de notre visite guidée.

- Braucht man für die Türkei einen Reisepass? – Nein, für die Einreise genügt ein Personalausweis.
On a besoin d'un passeport pour aller en Turquie ? – Non, la carte d'identité suffit pour entrer dans le pays.

SE LOGER, VISITER

die Sehenswürdigkeiten [plur.] **:** les curiosités
besichtigen : visiter
die Rundfahrt (en) **:** le circuit, la visite guidée
der Ausflug (¨e) **:** l'excursion
der Reiseführer (-) **:** le guide [personne, livre]
entdecken : découvrir
der Aufenthalt (e) **:** le séjour
das Hotel (s) **:** l'hôtel
das Zimmer (-) **:** la chambre
an/reisen (ist) **:** arriver
übernachten : passer la nuit
der Aufenthalt (e) **:** le séjour
die Vollpension : la pension complète
die Jugendherberge (n) **:** l'auberge de jeunesse
das Zelt (e) **:** la tente
das Wohnmobil (e) **:** le camping-car
der Campingplatz (¨e) **:** le camping

UN PEU DE CONVERSATION

- In Frankfurt sollten Sie eine Besichtigung des Goethe-Hauses einplanen.
À Francfort, vous devriez prévoir une visite de la maison de Goethe.
- Haben Sie ein Zimmer frei? – Ja, wir haben noch eins, allerdings zur Straße hin.
Avez-vous une chambre de libre ? – Oui, il nous en reste une, mais côté rue.
- Ist das Frühstück inbegriffen? – Ja, es gibt ein Frühstücksbuffet von 7.00 bis 10.00 Uhr.
Le petit déjeuner est-il compris ? – Oui, il y a un buffet, de 7h à 10h.
- Hätten Sie gerne ein Einzelzimmer oder ein Doppelzimmer? – Ein Doppelzimmer mit zwei Einzelbetten.
Vous voudriez une chambre simple ou une chambre double ? – Une chambre double avec deux lits simples.

SE DÉPLACER EN VOITURE

das Auto (s) / **der Wagen** (-) **:** la voiture
fahren (u, a, ä / ist) **:** rouler, aller [vi]
fahren (u, a, ä / hat) **:** conduire [vt]
die Landstraße (n) **:** la route (nationale)
die Autobahn (en) **:** l'autoroute
der Stau (s) **:** l'embouteillage
trampen : faire du stop
tanken : prendre de l'essence
der Führerschein (e) **:** le permis de conduire

VOYAGER EN TRAIN

der Zug (¨e) **:** le train

der Fahrplan (¨e) **:** les horaires
die Fahrkarte (n) **:** le billet
die Hin- und Rückfahrt :
l'aller-retour

der Bahnhof (¨e) **:** la gare
der Bahnsteig (e) **:** le quai
das Gleis (e) **:** la voie
der Wagen (-) **:** la voiture
das Abteil (e) **:** le compartiment

der Speisewagen (-) **:**
le wagon-restaurant

der Schaffner (-) **:** le contrôleur
der reservierte Platz (¨e) **:**
la place réservée

aus/steigen (ie, ie / ist) **:**
descendre [du train]
um/steigen (ie, ie / ist) **:**
prendre une correspondance

PRENDRE L'AVION, LE BATEAU

das Flugzeug (e) **:** l'avion
fliegen (o, o / ist) **:** prendre l'avion

der Flug (¨e) **:** le vol
der Flughafen (¨) **:** l'aéroport
das Flugticket (s) **:** le billet
ein/checken : faire l'enregistrement
der Boardkarte :
la carte d'embarquement

starten (ist) **:** décoller
landen (ist) **:** atterrir

das Schiff (e) **:** le bateau
das Segelboot (e) **:** le voilier
der Passagier (e) **:** le passager
die Kreuzfahrt (en) **:** la croisière

seekrank werden (u, o, i / ist) **:**
avoir le mal de mer

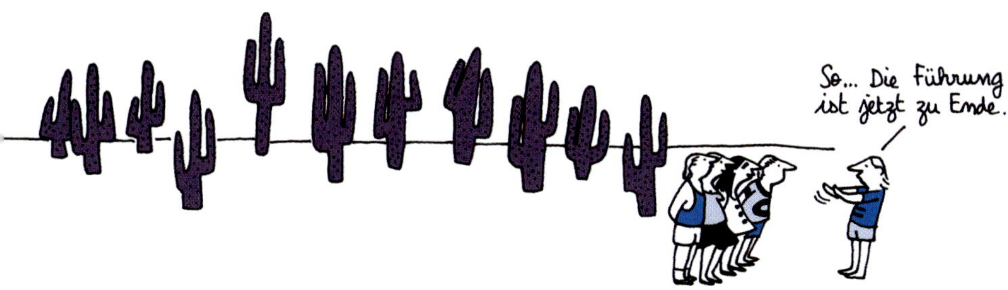

Un peu de conversation

- **Ich fahre lieber Autobahn. In Deutschland ist es übrigens gebührenfrei.**
  Je préfère prendre l'autoroute. D'ailleurs, en Allemagne, c'est gratuit.
- **Ich habe gehört, die Züge hätten Verspätung. Können Sie mir sagen, wann der Zug aus Berlin ankommt?**
  J'ai entendu dire que les trains avaient du retard. Pouvez-vous me dire à quelle heure arrive le train en provenance de Berlin ?
- **Hält der Zug in Heidelberg? – Nein, er fährt durch.**
  Est-ce que le train s'arrête à Heidelberg ? – Non, il ne s'arrête pas.
- **Auf Gleis 3 fährt ein der ICE von Freiburg nach Köln. Bitte von der Bahnsteigkante zurücktreten.**
  Voie 3, l'ICE en provenance de Fribourg et à destination de Cologne entre en gare. Éloignez-vous de la bordure du quai s'il vous plaît.
- **Wie viel kostet eine einfache Fahrt zweiter Klasse nach Berlin? Gibt es eine Ermäßigung für Kinder unter vier Jahren?**
  Quel est le prix d'un aller simple en deuxième classe pour Berlin ?
  Y a-t-il une réduction pour les enfants de moins de quatre ans ?
- **Ich möchte einen Flug nach Chile buchen, möglichst einen Direktflug.**
  J'aimerais réserver un vol pour le Chili, un vol direct si possible.

Mini quiz

1 Traduisez : « Il est en vacances en ce moment. »
2 Retrouvez la différence entre *in dem Land* et *auf dem Land.*
3 Traduisez : *Haben Sie etwas zu verzollen?*
4 Retrouvez le sens des mots suivants : *der Nachtzug*, *der Schnellzug*, *der Regionalzug* (ou : *Nahverkehrszug*), *der Fernverkehrszug*, *der Bummelzug*.
5 Comment s'appelle l'équivalent allemand du TGV ?
6 Traduisez le verbe « aller » dans les phrases suivantes :
« Tu vas en ville en tram ou en voiture ? »
« Il va aux États-Unis la semaine prochaine. »

Réponses

1 *Er ist zurzeit in Urlaub.*
2 *In dem Land* : dans ce pays, *im Ausland* : à l'étranger, *auf dem Land* : à la campagne. Employé avec *in*, *Land* signifie « pays ». Avec *auf*, *Land* signifie « campagne ».
3 « Avez-vous quelque chose à déclarer ? »
4 *Der Nachtzug* : le train de nuit, *der Schnellzug* : le train rapide, *der Regionalzug* (ou *Nahverkehrszug*) : le train régional (*nah* : proche), *der Fernverkehrszug* : le train grandes lignes (*fern* : loin, lointain), *der Bummelzug* : le tortillard (*bummeln* : flâner). Cf. Les noms composés, pp. 119-120
5 *Der ICE* (*Intercity-Express*).
6 *Fährst du mit der Straßenbahn oder mit dem Auto in die Stadt?* (*fahren* : aller avec un véhicule) *Er fliegt nächste Woche in die USA.* (*fliegen* : aller en avion). *Gehen* signifie « aller à pied » ou « partir pour s'installer un certain temps à un endroit ».

18 Le monde du travail

Vous les connaissez. Savez-vous les prononcer ?

der Beruf ❖ **die Arbeit** ❖ **die Stelle** ❖ **die Firma** ❖ **der Kollege**

LA VIE ÉCONOMIQUE

die Wirtschaft : l'économie
der Markt (¨e) **:** le marché
das Wachstum : la croissance
die Konjunktur (en) **:** la conjoncture
die wirtschaftliche Entwicklung : le développement économique
die Kaufkraft : le pouvoir d'achat
die Börse (n) **:** la bourse
die Wirtschaftskrise (n) **:** la crise économique
die Inflation : l'inflation
die Steuer (n) **:** l'impôt, la taxe

LA VIE PROFESSIONNELLE

der Beruf (e) **:** la profession, le métier
die Arbeit (en) **:** le travail
der Job (s) [fam.] **:** le boulot
der Arbeitsplatz (¨e) **:** l'emploi
die Stelle (n) **:** le poste
der Arbeitsvertrag (¨e) **:** le contrat de travail
die Halbzeitarbeit : le travail à mi-temps
die Vollzeitarbeit : le travail à temps plein
die Überstunden : les heures supplémentaires
der Feiertag (e) **:** le jour férié
der Lohn (¨e) **:** le salaire
der Mindestlohn (¨e) **:** le salaire minimum
arbeiten : travailler
verdienen : gagner de l'argent
versetzt werden (u, o, i / ist) **:** être muté
befördert werden (u, o, i / ist) **:** avoir une promotion
die Fernarbeit : le télétravail

DANS L'ENTREPRISE

die Firma (Firmen) **:** l'entreprise
das Büro (s) **:** le bureau
die Abteilung (en) **:** le département, le service
die Fabrik (en) **:** l'usine
der Arbeitgeber (-) **:** l'employeur
der Arbeitnehmer (-) **:** le salarié
der Mitarbeiter (-) **:** l'employé
der Arbeiter (-) **:** l'ouvrier
die Führungskraft (¨e) **:** le cadre
der Kollege (n, n) **:** le collègue
die Gewerkschaft (en) **:** le syndicat
verhandeln : négocier
fordern : demander, revendiquer
verlangen : exiger

UN PEU DE CONVERSATION

- Heute komme ich wahrscheinlich erst gegen 19 Uhr aus dem Büro.
  Aujourd'hui je ne sortirai sans doute du bureau que vers 19 heures.
- Er wird nicht gut bezahlt und muss auch noch Überstunden machen.
  Il n'est pas bien payé et en plus il faut qu'il fasse des heures supplémentaires.
- Hast du eine unbefristete Stelle?
  Tu as un CDI ?
- Nur in Ausnahmefällen darf am Sonntag gearbeitet werden.
  Le travail du dimanche n'est autorisé que dans des cas exceptionnels.
- Nach zwanzig Jahren in derselben Firma ist er mit 60 in Rente gegangen.
  Après vingt années au sein de la même entreprise, il est parti à la retraite à 60 ans.

LA RECHERCHE D'EMPLOI

die Arbeitslosigkeit : le chômage
seine Stelle verlieren (o, o) **:** perdre son emploi
jdn entlassen (ie, a, ä) **:** licencier qqn
arbeitslos sein : être au chômage
eine Stelle suchen : chercher un emploi
das Arbeitsamt (¨er) **:** l'agence pour l'emploi
die Stellenanzeige (n) **:** l'offre d'emploi
sich bewerben (a, o, i) **:** postuler
die Bewerbung (en) **:** la candidature
der Lebenslauf (¨e) **:** le curriculum vitae
die Berufserfahrung : l'expérience professionnelle
das Praktikum (Praktika) **:** le stage
eingestellt werden (u, o, i/ist) **:** être embauché

UN PEU DE CONVERSATION

- **Wurde dein Vater entlassen? – Nein, er hat bloß die Stelle gewechselt.**
  Ton père a été licencié ? – Non, il a simplement changé de poste.
- **Im Moment bin ich auf Arbeitssuche. Ich habe schon mehrere Bewerbungen geschickt. Aber bis jetzt habe ich nur Absagen bekommen.**
  En ce moment, je suis à la recherche d'un travail. J'ai déjà envoyé plusieurs dossiers de candidature. Mais jusqu'à présent je n'ai reçu que des réponses négatives.
- **Bekommst du Arbeitslosengeld? – Ja, aber nur bis März.**
  Tu touches une allocation-chômage ? – Oui, mais seulement jusqu'en mars.
- **Ich habe mich erst vor zwei Wochen um eine Stelle als Verkäuferin beworben und wurde schon zu einem Bewerbungsgespräch eingeladen.**
  J'ai postulé il y a seulement deux semaines à un poste de vendeuse, et j'ai déjà été convoquée pour un entretien.
- **In seiner Firma wurden seit einem Jahr viele Stellen gestrichen.**
  Dans son entreprise, on a supprimé beaucoup d'emplois depuis un an.

MINI QUIZ

1 Retrouvez les formes de travail que décrivent les mots suivants : *die Schwarzarbeit*, *die Heimarbeit*, *die Teilzeitarbeit*, *die Schichtarbeit*.

2 Quel est le pluriel de *Studium*, *Stipendium* et *Praktikum* ?

3 Comment dit-on « les chômeurs » en allemand ?

RÉPONSES

1 *Die Schwarzarbeit* : le travail au noir, *die Heimarbeit* : le travail à domicile, *die Teilzeitarbeit* : le travail à temps partiel, *die Schichtarbeit* : les trois-huit. Cf. Les noms composés, pp. 119-120

2 *Studien*, *Stipendien* et *Praktika*.

3 *Die Arbeitslosen*. C'est un adjectif substantivé.

19 La vie en société

Vous les connaissez. Savez-vous les prononcer ?

das Privileg ❖ die Armut ❖ das Vorurteil ❖ der Mord ❖ der Terror

LES DROITS ET LES INÉGALITÉS

das Recht (auf + A) **:** le droit à
die Gleichheit : l'égalité
die Freiheit : la liberté
integriert sein : être intégré

der Unterschied (e) **:** la différence
das Privileg (ien) **:** le privilège
benachteiligt sein : être désavantagé
ungerecht : injuste

unterdrücken : opprimer
verfolgen : persécuter
diskriminiert werden (u, o, i / ist) **:** subir une discrimination

das Vorurteil (e) **:** le préjugé
der Rassismus : le racisme

die Armut : la pauvreté
obdachlos : sans-abri

LES MOUVEMENTS SOCIAUX

die Arbeiterbewegung (en) **:** le mouvement ouvrier
die Friedensbewegung (en) **:** le mouvement pacifiste
die Frauenbewegung (en) **:** le mouvement féministe
die Lesben- und Schwulenbewegung : le mouvement homosexuel (gay et lesbien)

der Streik (s) **:** la grève
streiken : faire grève
für/gegen (+ A) **kämpfen :** se battre pour/contre
demonstrieren : manifester
die Demonstration (en) **:** la manifestation
die Parole (n) **:** le slogan

der Krawall (e) **:** la bagarre, l'émeute
der Aufstand (¨e) **:** le soulèvement

UN PEU DE CONVERSATION

- **Immer mehr Leute leben unterhalb der Armutsgrenze.**
  De plus en plus de personnes vivent en dessous du seuil de pauvreté.
- **Aus Angst vor Übergriffen schlafen manche Obdachlose lieber auf der Straße als in Notunterkünften.**
  Certains SDF préfèrent dormir dans la rue plutôt que dans des centres d'accueil par peur des agressions.
- **Wie steht es um die Gleichberechtigung der Frau in unserer Gesellschaft? – Ach, die Frauen sind immer noch nicht gleichberechtigt.**
  Où en sommes-nous de l'égalité des femmes dans notre société ?
  – Oh, les femmes n'ont toujours pas les mêmes droits (que les hommes).
- **Die Frauen verdienen oft bei gleicher Arbeit und bei gleicher Qualifikation weniger als Männer und sie arbeiten oft (in) Teilzeit.**
  Souvent, pour un même travail et à qualification égale, les femmes gagnent moins que les hommes et elles travaillent souvent à temps partiel.
- **Viele Menschen werden wegen ihrer Hautfarbe oder ihrer sexuellen Ausrichtung diskriminiert.**
  Beaucoup de personnes subissent des discriminations du fait de la couleur de leur peau ou de leur orientation sexuelle.
- **Haben Schüler mit Migrationshintergrund die gleichen Erfolgschancen wie andere?**
  Les élèves issus de l'immigration ont-ils les mêmes chances de réussir que les autres ?

LA CRIMINALITÉ

die Gewalt : la violence
das Verbrechen (-) **:** le crime

das Opfer (-) **:** la victime
der Dieb (e) **:** le voleur
stehlen (a, o, ie) **:** voler
in ein(em) Haus ein/brechen (a, o, i / ist) **:** cambrioler une maison

die Droge (n) **:** la drogue
der Drogenhändler (-) **:** le trafiquant de drogue

die Prostitution : la prostitution
der Mord (e) **:** le meurtre

überfallen (ie, a, ä) **:** agresser
ermorden : assassiner
vergewaltigen : violer

jdm drohen : menacer qqn
jdn erpressen : faire du chantage à qqn

der Terrorist (en, en) **:** le terroriste
der Terroranschlag (¨e) **:** l'attentat
die Bombe (n) **:** la bombe

jdn entführen : enlever qqn
die Geisel (n) **:** l'otage [homme ou femme]

LA POLICE ET LA JUSTICE

die Polizei : la police
der Polizist (en, en) **:** le policier
jdn an/zeigen :
porter plainte contre qqn
jdn an/klagen : accuser qqn
unter Verdacht stehen (a, a) **:**
être soupçonné
jdn verhaften : arrêter qqn
das Urteil (e) **:** le jugement
der Richter (-) **:** le juge
der Prozess (e) **:** le procès
der Anwalt (¨e) **:** l'avocat
der Zeuge (n, n) **:** le témoin
der Angeklagte [adj. subst.] **:** l'accusé
schuldig : coupable
jdn zu (+ D) **verurteilen :**
condamner qqn à
die Strafe (n) **:** la peine
das Gefängnis (se) **:** la prison
der Gefangene [adj. subst.] **:**
le prisonnier
aus dem Gefängnis entlassen
werden (u, o, i / ist) **:** être libéré

UN PEU DE CONVERSATION

- Beim Nachbarn wurde am Wochenende eingebrochen.
  Mon voisin a été cambriolé ce week-end.
- Bei einem Terroranschlag auf die US-Botschaft sind mindestens zehn Menschen ums Leben gekommen.
  Un attentat contre l'ambassade américaine a fait au moins dix morts.
- Der Angeklagte wurde schuldig gesprochen und zu einer Haftstrafe auf Bewährung verurteilt.
  L'accusé a été déclaré coupable et condamné à une peine de prison avec sursis.
- Oppositionnelle, die seit Jahren im Gefängnis saßen, wurden auf Druck der internationalen Öffentlichkeit freigelassen.
  Des opposants qui se trouvaient en prison depuis des années ont été libérés sur la pression de l'opinion internationale.

LA SOLIDARITÉ

solidarisch : solidaire
der Sozialstaat : l'État social
der Wohlfahrtsstaat :
l'État providence
die Sozialversicherung :
la sécurité sociale
die Sozialhilfe : l'aide sociale
teilen : partager
jdn verteidigen : défendre qqn
jdn vor etw. (D) **schützen :**
protéger qqn contre qqch.
etw. spenden :
faire un don de qqch.
etw. fördern : soutenir qqch.
jdn unterstützen : soutenir qqn
das Obdachlosenheim (e) **:**
le centre d'accueil pour SDF
der Ehrenamtliche [adj. subst.] **:**
le bénévole [dans une association]
die Jugendherberge (n) **:**
l'auberge de jeunesse

UN PEU DE CONVERSATION

- Immer mehr Leute sind auf die Sozialhilfe angewiesen.
  De plus en plus de personnes dépendent de l'aide sociale.
- Wir bitten um Spenden für das Lateinamerika-Projekt.
  Nous faisons appel à vos dons pour le projet « Amérique latine ».
- Die Stadt fördert jetzt sieben weitere Jugendprojekte.
  La ville finance sept nouveaux projets pour les jeunes.
- Diese gemeinnützige Organisation wurde vor zehn Jahren gegründet. Ihre Aufgabe ist es, bedürftige Kinder und ihre Familien zu unterstützen.
  Cet organisme d'intérêt général a été fondé il y a dix ans. Sa mission est d'aider les enfants dans le besoin et leurs familles.

MINI QUIZ

1 Donnez l'équivalent en français des mots suivants : *die Freiheitsstrafe, die Todesstrafe, die Geldstrafe, die Höchststrafe.*

2 Lorsque vous vous installez dans une commune en Allemagne, vous devez effectuer une démarche administrative : *eine polizeiliche Anmeldung*. De quoi il s'agit ?

3 Retrouvez le sens des adjectifs suivants (*der Feind* : l'ennemi) : *ausländerfeindlich, frauenfeindlich, menschenfeindlich, kirchenfeindlich.*

RÉPONSES

1 *Die Freiheitsstrafe* : la peine de prison, *die Todesstrafe* : la peine de mort, *die Geldstrafe* : l'amende, *die Höchststrafe* : la peine maximale.
Cf. Les noms composés, pp. 119-120

2 Il s'agit d'une inscription obligatoire sur les registres communaux. Toute personne qui s'installe dans une commune allemande est tenue de l'effectuer dans la semaine qui suit son arrivée. L'attestation peut vous être demandée comme justificatif de domicile.

3 *Ausländerfeindlich* : xénophobe, *frauenfeindlich* : misogyne, *menschenfeindlich* : misanthrope, *kirchenfeindlich* : anticlérical.
Cf. Les noms composés, pp. 119-120

20 La politique

Vous les connaissez. Savez-vous les prononcer ?

die Demokratie ❖ **die Monarchie** ❖ **der König** ❖ **das Regime** ❖ **die Politik** ❖ **der Politiker**

LES SYSTÈMES ET RÉGIMES POLITIQUES

der Staat (en) **:** l'État
die Demokratie (n) **:** la démocratie
die Republik (en) **:** la république
die Verfassung (en) **:** la constitution
der Bürger (-) **:** le citoyen
die Monarchie (n) **:** la monarchie
der König (e) **:** le roi
die Diktatur (en) **:** la dictature
der Diktator (en) **:** le dictateur
das Regime (s) **:** le régime autoritaire
autoritär : autoritaire
die Ideologie : l'idéologie
die Macht : le pouvoir
die Meinungsfreiheit : la liberté d'opinion
der Oppositionnelle [adj. subst.] **:** l'opposant
der Widerstand : la résistance

LES PARTIS POLITIQUES ET LES ÉLECTIONS

die Politik (en) **:** la politique
der Politiker (-) / **die Politikerin** (nen) **:** l'homme / la femme politique
die Partei (en) **:** le parti
die konservative Partei : le parti conservateur
die Rechtspartei (en) **:** le parti de droite
die Linkspartei (en) **:** le parti de gauche
sozialistisch : socialiste
kommunistisch : communiste
liberal : libéral
die Wahl (en) **:** l'élection
wählen : élire
Kandidat sein : être candidat
das Wahllokal (e) **:** le bureau de vote
der Stimmzettel (-) **:** le bulletin de vote
die Stimme (n) **:** la voix
die Mehrheit (en) **:** la majorité
die Umfrage (n) **:** le sondage
der Anhänger (-) **:** le sympathisant

UN PEU DE CONVERSATION

- **Weißt du schon, welche Partei du am Sonntag wählen wirst?**
  Tu sais pour quel parti tu vas voter dimanche ?
- **Online-Umfragen sind nicht immer repräsentativ, da sie nur die Meinung von Personen widerspiegeln, die Zugang zum Internet haben.**
  Les sondages sur Internet ne sont pas toujours représentatifs car ils ne reflètent que l'opinion des personnes qui y ont accès.
- **Ein Drittel der Befragten sagt: „Ich weiß noch nicht, wen ich wählen werde." oder „Ich gehe gar nicht wählen."**
  Un tiers des personnes interrogées déclare : « Je ne sais pas pour qui je voterai. » ou « Je n'irai pas voter. »
- **Wie oft darf der Präsident wieder gewählt werden?**
  Combien de fois le Président peut-il être réélu ?
- **CDU und SPD haben dafür gestimmt. Die Grünen und die Linkspartei haben sich enthalten.**
  La CDU et le SPD ont voté pour. Les Verts et le parti de gauche se sont abstenus.
- **Warum ist die Wahlbeteiligung bei Europawahlen so niedrig?**
  Pourquoi la participation est-elle si faible aux élections européennes ?

LE POUVOIR LÉGISLATIF ET EXÉCUTIF

das Parlament (e) **:** le Parlement
der Bundestag : le Parlement fédéral
der Landtag : le Parlement régional

sitzen (a, e) **:** siéger [député]
die Koalition (en) **:** la coalition
der/die Abgeordnete [adj. subst.] **:** le député, la députée
das Gesetz (e) **:** la loi

die Regierung (en) **:** le gouvernement
regieren : gouverner

der Bundeskanzler (-) **:** le chancelier fédéral
der Staatschef (s) **:** le chef d'État
der Minister (-) **:** le ministre

der Bürgermeister (-) **:** le maire
der Stadtrat : le conseil municipal
das Mitglied des Stadtrats : le conseiller municipal

Un peu de conversation

- **Bei den Bundestagswahlen hat die Partei schlecht abgeschnitten.**
  Aux élections législatives, le parti a fait un mauvais score.
- **Wurde das Gesetz über die Rentenreform verabschiedet?**
  La loi sur la réforme des retraites a-t-elle été adoptée ?
- **Das umstrittene Burka-Gesetz wird voraussichtlich Anfang 2011 in Kraft treten.**
  Il est prévu que la loi controversée sur la burqa entre en vigueur début 2011.
- **Im Juli wurde eine Reihe von Maßnahmen zur Steuersenkung beschlossen.**
  En juillet, une série de mesures de réduction fiscale a été décidée.
- **Im Parlament wurde über den Antrag der SPD-Fraktion, die Regelsätze für die Sozialhilfe zu erhöhen, abgestimmt.**
  Le parlement a voté sur la motion du groupe socialiste proposant d'augmenter le montant de l'aide sociale.

Mini quiz

1 Retrouvez le sens des mots suivants : *der Wahlkampf*, *der Wahlspruch*, *das Wahllokal*, *der erste Wahlgang*, *das Wahlergebnis*.

2 Quels partis désignent les sigles suivants : *CDU*, *SPD*, *FDP*, *CSU* ?

3 En Allemagne, les coalitions de gouvernement portent, par exemple, les noms suivants : *große Koalition*, *Ampelkoalition*, *Jamaika-Koalition*. À quoi correspondent-ils ?

Réponses

1 *Der Wahlkampf* : la campagne électorale, *der Wahlspruch* : le slogan électoral, *das Wahllokal* : le bureau de vote, *der erste Wahlgang* : le premier tour, *das Wahlergebnis* : le résultat des élections. Cf. Les noms composés, pp.119-120

2 *Die CDU* (*christlich-demokratische Union*, union chrétienne-démocrate) : le parti conservateur, *die SPD* (*die sozialdemokratische Partei Deutschlands*) : le parti socialiste, *die FDP* (*die Freie Demokratische Partei* : les libéraux, *die CSU* (*die christlich-soziale Union*) : l'union sociale démocrate, le parti conservateur en Bavière (au niveau fédéral, il forme avec la *CDU* un seul groupe parlementaire : *CSU-CDU-Fraktion*).

3 On parle de *große Koalition* (grande coalition) quand le *SPD* (parti socialiste) et la *CDU* (parti conservateur) sont contraints à faire alliance pour gouverner. *Ampelkoalition* (coalition « feu tricolore ») désigne une alliance des verts, du *FDP* (symbolisé par la couleur jaune) et des socialistes (couleur rouge). *Jamaika-Koalition* (coalition jamaïcaine) doit son nom aux couleurs du drapeau jamaïcain ; elle rassemble la *CDU* (couleur noire), le *FDP* (couleur jaune) et les Verts.

21 Les relations internationales

Vous les connaissez. Savez-vous les prononcer ?

das Land ❖ das Asyl ❖ die Diplomatie ❖ diplomatisch ❖ der Frieden

LES INÉGALITÉS

das Entwicklungsland (¨er) **:** le pays en voie de développement
das Schwellenland (¨er) **:** le pays émergent
das Industrieland (¨er) **:** le pays industrialisé
die Dritte Welt : le tiers-monde
die Hungersnot (¨e) **:** la famine
die Armut : la pauvreté
rückständig : en retard
die Entwicklungshilfe (n) **:** l'aide au développement
die Schulden erlassen (ie, a, ä) **:** annuler la dette
die Zusammenarbeit : la coopération

▸ LA VIE EN SOCIÉTÉ P. 292

LES RELATIONS COMMERCIALES ET LA MONDIALISATION

die Welt : le monde
der Weltmarkt : le marché mondial
der Welthandel : le commerce mondial
der faire Handel : le commerce équitable
global : mondialisé
die Globalisierung : la mondialisation
der Zoll : la douane
die Zölle ab/schaffen : supprimer les droits de douane
der Rohstoff (e) **:** la matière première
der Wettbewerb : la concurrence
die Wettbewerbsfähigkeit : la compétitivité
exportieren : exporter
importieren : importer
die Produktion ins Ausland verlagern : délocaliser la production à l'étranger
die Billiglohnländer : les pays à faible salaire

LA DÉMOGRAPHIE ET LES MIGRATIONS

das Land (¨er) **:** le pays
die Bevölkerung (en) **:** la population
die Überbevölkerung : la surpopulation
wachsen (u, a, ä / ist) **:** croître
die Auswanderung : l'émigration
die Einwanderung : l'immigration
das Asyl : l'asile
der Asylbewerber (-) **:** le demandeur d'asile
der Flüchtling (e) **:** le réfugié
jdn ab/schieben (o, o) **:** reconduire qqn à la frontière
der Illegale [adj. subst.] **:** le clandestin, le sans-papier
die Aufenthaltserlaubnis (se) **:** le permis de séjour

UN PEU DE CONVERSATION

- **Die Weltbevölkerung wird in den nächsten Jahrzehnten weiter wachsen. Nach jüngsten Prognosen der Vereinten Nationen werden 2050 9 Milliarden Menschen auf der Erde leben.**
  La population mondiale continuera de croître dans les prochaines décennies. Selon des estimations récentes des Nations unies, il y aura 9 milliards d'êtres humains sur la Terre en 2050.
- **Nach dem Fall der Berliner Mauer sind viele Deutschrussen nach Deutschland ausgewandert.**
  Après la chute du Mur de Berlin, beaucoup de Russes d'origine allemande ont émigré en Allemagne.
- **In Afrika ist die Lebenserwartung aufgrund von Aids stark gesunken.**
  En Afrique, l'espérance de vie a fortement diminué en raison du sida.
- **Entwicklungsländer sind am stärksten vom Klimawandel bedroht.**
  Les pays en voie de développement sont les plus menacés par le changement climatique.
- **Immer mehr Dienstleistungen werden ins Ausland verlagert.**
  De plus en plus de services sont délocalisés à l'étranger.

LES RELATIONS DIPLOMATIQUES

die Diplomatie : la diplomatie
die Beziehung (en) **:** la relation
die Botschaft (en) **:** l'ambassade
das Konsulat (e) **:** le consulat
die Verhandlung (en) **:** la négociation
der Vertrag (¨e) **:** le traité
das Abkommen (-) **:** l'accord
das Bündnis (se) **:** l'alliance
die Großmacht (¨e) **:** la grande puissance
einen Staat an/erkennen (a, a) **:** reconnaître un État
das Ultimatum (Ultimaten) **:** l'ultimatum
die UNO : l'O.N.U.
die Vereinten Nationen : les Nations unies
die NATO : l'O.T.A.N.
der internationale Währungsfonds (IWF) : le Fonds monétaire international (F.M.I.)

LES CONFLITS

der Feind (e) **:** l'ennemi
der Konflikt (e) **:** le conflit
der Krieg (e) **:** la guerre
den Krieg erklären : déclarer la guerre
aus/brechen (a, o, i/ist) **:** éclater [guerre]
der Überfall auf (+ A) **:** l'attaque, l'invasion de
erobern : conquérir
kämpfen : se battre
besetzen : occuper
befreien : libérer
der Sieg (e) **:** la victoire
die Niederlage (n) **:** la défaite
die Armee (n) **:** l'armée
der Soldat (en, en) **:** le soldat
auf (+ A) **schießen** (o, o) **:** tirer sur
der Panzer (-) **:** le char
die Rakete (n) **:** le missile
Minen legen : poser des mines
Bomben ab/werfen (a, o, i) **:** larguer des bombes
die Waffe (n) **:** l'arme
der Geheimdienst (e) **:** les services secrets

LA PAIX

der Frieden : la paix
der Friedensvertrag (¨e) **:** le traité de paix
die Waffen nieder/legen : déposer les armes
der Waffenstillstand : l'armistice
die Kapitulation : la capitulation
sich versöhnen : se réconcilier
die Friedensverhandlungen : les pourparlers de paix
die Reparationen : les réparations
die Entspannung : la détente
der Pazifist (en, en) **:** le pacifiste

UN PEU DE CONVERSATION

- Nichtregierungsorganisationen (NRO) haben sich als bedeutende Akteure in der internationalen Entwicklungszusammenarbeit etabliert.
  Les organisations non gouvernementales (ONG) sont devenues des acteurs importants de la coopération internationale en faveur du développement.
- Vor mehr als dreizig Jahren haben die Vereinigten Staaten und der Iran ihre diplomatischen Beziehungen abgebrochen.
  Cela fait plus de trente ans que les États-Unis et l'Iran ont rompu leurs relations diplomatiques.
- Wer hat eigentlich wem den Krieg erklärt?
  Qui a déclaré la guerre à qui au juste ?
- Der zweite Weltkrieg begann mit dem Überfall auf Polen am 1. September 1939.
  La Deuxième Guerre mondiale a commencé avec l'invasion de la Pologne le 1er septembre 1939.

- **Im Januar 1963 wurde der deutsch-französische Freundschaftsvertrag unterzeichnet, der die Aussöhnung zwischen beiden Völkern besiegelte.**
  En janvier 1963 fut signé le traité d'amitié franco-allemande, qui a scellé la réconciliation entre les deux peuples.

MINI QUIZ

1 Trouvez de quels types de guerres il s'agit : *der Bürgerkrieg, der Glaubenskrieg, der Kolonialkrieg, der Befreiungskrieg, der Weltkrieg, der kalte Krieg.*

2 Prononcez à voix haute *Diplomatie* et *diplomatisch.*

3 Quel nom porte aujourd'hui l'armée allemande ?

4 Retrouvez le sens des mots suivants : *der Wehrdienst, der Zivildienst.*

5 Traduisez : « La Première Guerre mondiale a éclaté en 1914. »

RÉPONSES

1 *Der Bürgerkrieg* : la guerre civile, *der Glaubenskrieg* : la guerre de religion, *der Kolonialkrieg* : la guerre coloniale, *der Befreiungskrieg* : la guerre de libération, *der Weltkrieg* : la guerre mondiale, *der kalte Krieg* : la guerre froide.
Cf. Les noms composés, pp. 119-120

2 Cf. Vous les connaissez. Savez-vous les prononcer ?, p. 292.
Attention au déplacement d'accent (*Diplomatie, diplomatisch*).

3 *Die Bundeswehr.*

4 *Der Wehrdienst* : le service militaire, *der Zivildienst* : le service civil.

5 *Der erste Weltkrieg ist (im Jahre) 1914 ausgebrochen.* (ou : *brach... aus*).

Conjugaison

Abréviations utilisées

sing. : singulier
plur. : pluriel
pers. : personne

SEIN, HABEN, WERDEN

1 SEIN

▸ Grammaire pp. 12-14

Formes non personnelles

	INFINITIF	PARTICIPE PRÉSENT	PARTICIPE PASSÉ
	sein	seiend	gewesen

Indicatif

	PRÉSENT	PRÉTÉRIT
ich	bin	war
du	bist	warst
er/sie/es	ist	war
wir	sind	waren
ihr	seid	wart
sie/Sie	sind	waren
	PARFAIT	**FUTUR**
ich	bin … gewesen	werde … sein
du	bist … gewesen	wirst … sein
er/sie/es	ist … gewesen	wird … sein
wir	sind … gewesen	werden … sein
ihr	seid … gewesen	werdet … sein
sie/Sie	sind … gewesen	werden … sein

Subjonctifs

	SUBJONCTIF I	
	PRÉSENT	**PASSÉ**
ich	sei	sei … gewesen
du	seist	seist … gewesen
er/sie/es	sei	sei … gewesen
wir	seien	seien … gewesen
ihr	seiet	seiet … gewesen
sie/Sie	seien	seien … gewesen
	SUBJONCTIF II	
	PRÉSENT	**PASSÉ**
ich	wäre*	wäre … gewesen
du	wärest*	wärest … gewesen
er/sie/es	wäre*	wäre … gewesen
wir	wären	wären … gewesen
ihr	wäret*	wäret … gewesen
sie/Sie	wären	wären … gewesen

* En langue parlée, le « e » est généralement élidé : ich wär', du wärst, er/sie/es wär', ihr wärt'

Impératif

2e pers. du sing.	sei!
1re pers. du plur.	seien wir!
2e pers. du plur.	seid!
forme de politesse	seien Sie!

2 HABEN

▸ GRAMMAIRE PP. 15-17

Formes non personnelles

	INFINITIF	PARTICIPE PRÉSENT	PARTICIPE PASSÉ
	haben	habend	gehabt

Indicatif

	PRÉSENT	PRÉTÉRIT
ich	habe	hatte
du	hast	hattest
er/sie/es	hat	hatte
wir	haben	hatten
ihr	habt	hattet
sie/Sie	haben	hatten

	PARFAIT	FUTUR
ich	habe … gehabt	werde … haben
du	hast … gehabt	wirst … haben
er/sie/es	hat … gehabt	wird … haben
wir	haben … gehabt	werden … haben
ihr	habt … gehabt	werdet … haben
sie/Sie	haben … gehabt	werden … haben

Subjonctifs

SUBJONCTIF I

	PRÉSENT	PASSÉ
ich	habe	habe … gehabt
du	habest	habest … gehabt
er/sie/es	habe	habe … gehabt
wir	haben	haben … gehabt
ihr	habet	habet … gehabt
sie/Sie	haben	haben … gehabt

SUBJONCTIF II

	PRÉSENT	PASSÉ
ich	hätte	hätte … gehabt
du	hättest	hättest … gehabt
er/sie/es	hätte	hätte … gehabt
wir	hätten	hätten … gehabt
ihr	hättet	hättet … gehabt
sie/Sie	hätten	hätten … gehabt

Impératif

2e pers. du sing.	hab(e)!
1re pers. du plur.	haben wir!
2e pers. du plur.	habt!
forme de politesse	haben Sie!

3 WERDEN

▸ GRAMMAIRE PP. 18-19

Formes non personnelles

	INFINITIF	PARTICIPE PRÉSENT	PARTICIPE PASSÉ
	werden	werdend	geworden [verbe plein] worden [auxiliaire]

Indicatif

	PRÉSENT	PRÉTÉRIT
ich	werde	wurde
du	wirst	wurdest
er/sie/es	wird	wurde
wir	werden	wurden
ihr	werdet	wurdet
sie/Sie	werden	wurden
	PARFAIT	**FUTUR**
ich	bin ... geworden	werde ... werden
du	bist ... geworden	wirst ... werden
er/sie/es	ist ... geworden	wird ... werden
wir	sind ... geworden	werden ... werden
ihr	seid ... geworden	werdet ... werden
sie/Sie	sind ... geworden	werden ... werden

Subjonctifs

	SUBJONCTIF I	
	PRÉSENT	**PASSÉ**
ich	werde	sei ... geworden
du	werdest	seist ... geworden
er/sie/es	werde	sei ... geworden
wir	werden	seien ... geworden
ihr	werdet	seiet ... geworden
sie/Sie	werden	seien ... geworden
	SUBJONCTIF II	
	PRÉSENT	**PASSÉ**
ich	würde	wäre ... geworden
du	würdest	wärest ... geworden
er/sie/es	würde	wäre ... geworden
wir	würden	wären ... geworden
ihr	würdet	wäret ... geworden
sie/Sie	würden	wären ... geworden

Impératif

2e pers. du sing.	werde!
1re pers. du plur.	werden wir!
2e pers. du plur.	werdet!
forme de politesse	werden Sie!

LES VERBES MODAUX ET *WISSEN*

Les verbes modaux n'ont pas d'impératif.

Leur participe présent est totalement inusité.
Ils ont **deux formes de participe passé** :
– l'une, en *ge-* + *-t*, est utilisée quand le verbe n'a pas d'infinitif complément : *Was hat er gewollt?* (Que voulait-il ?)
– l'autre, identique à l'infinitif, est utilisée quand le verbe a un infinitif complément : *Er hat Paul sprechen wollen.* (Il a voulu parler à Paul.)

4 *DÜRFEN*

▸ GRAMMAIRE PP. 33-42

Indicatif

	PRÉSENT	PRÉTÉRIT	FUTUR
ich	darf	durfte	werde ... dürfen
du	darfst	durftest	wirst ... dürfen
er/sie/es	darf	durfte	wird ... dürfen
wir	dürfen	durften	werden ... dürfen
ihr	dürft	durftet	werdet ... dürfen
sie/Sie	dürfen	durften	werden ... dürfen
	PARFAIT	PLUS-QUE-PARFAIT	
ich	habe ... gedurft	hatte ... gedurft	
du	hast ... gedurft	hattest ... gedurft	
er/sie/es	hat ... gedurft	hatte ... gedurft	
wir	haben ... gedurft	hatten ... gedurft	
ihr	habt ... gedurft	hattet ... gedurft	
sie/Sie	haben ... gedurft	hatten ... gedurft	

Subjonctifs

	SUBJONCTIF I		
	PRÉSENT	PASSÉ	FUTUR
ich	dürfe	habe ... gedurft	werde ... dürfen
du	dürfest	habest ... gedurft	werdest ... dürfen
er/sie/es	dürfe	habe ... gedurft	werde ... dürfen
wir	dürfen	haben ... gedurft	werden ... dürfen
ihr	dürfet	habet ... gedurft	werdet ... dürfen
sie/Sie	dürfen	haben ... gedurft	werden ... dürfen
	SUBJONCTIF II		
	PRÉSENT	PASSÉ	FUTUR
ich	dürfte	hätte ... gedurft	würde ... dürfen
du	dürftest	hättest ... gedurft	würdest ... dürfen
er/sie/es	dürfte	hätte ... gedurft	würde ... dürfen
wir	dürften	hätten ... gedurft	würden ... dürfen
ihr	dürftet	hättet ... gedurft	würdet ... dürfen
sie/Sie	dürften	hätten ... gedurft	würden ... dürfen

5 *KÖNNEN*

▸ GRAMMAIRE PP. 33-42

Indicatif

	PRÉSENT	PRÉTÉRIT	FUTUR
ich	kann	konnte	werde ... können
du	kannst	konntest	wirst ... können
er/sie/es	kann	konnte	wird ... können
wir	können	konnten	werden ... können
ihr	könnt	konntet	werdet ... können
sie/Sie	können	konnten	werden ... können
	PARFAIT	**PLUS-QUE-PARFAIT**	
ich	habe ... gekonnt	hatte ... gekonnt	
du	hast ... gekonnt	hattest ... gekonnt	
er/sie/es	hat ... gekonnt	hatte ... gekonnt	
wir	haben ... gekonnt	hatten ... gekonnt	
ihr	habt ... gekonnt	hattet ... gekonnt	
sie/Sie	haben ... gekonnt	hatten ... gekonnt	

Subjonctifs

	SUBJONCTIF I		
	PRÉSENT	**PASSÉ**	**FUTUR**
ich	könne	habe ... gekonnt	werde ... können
du	könnest	habest ... gekonnt	werdest ... können
er/sie/es	könne	habe ... gekonnt	werde ... können
wir	können	haben ... gekonnt	werden ... können
ihr	könnet	habet ... gekonnt	werdet ... können
sie/Sie	können	haben ... gekonnt	werden ... können
	SUBJONCTIF II		
	PRÉSENT	**PASSÉ**	**FUTUR**
ich	könnte	hätte ... gekonnt	würde ... können
du	könntest	hättest ... gekonnt	würdest ... können
er/sie/es	könnte	hätte ... gekonnt	würde ... können
wir	könnten	hätten ... gekonnt	würden ... können
ihr	könntet	hättet ... gekonnt	würdet ... können
sie/Sie	könnten	hätten ... gekonnt	würden ... können

6 MÖGEN

▸ GRAMMAIRE PP. 33-42

Indicatif

	PRÉSENT	PRÉTÉRIT	FUTUR
ich	mag	mochte	werde … mögen
du	magst	mochtest	wirst … mögen
er/sie/es	mag	mochte	wird … mögen
wir	mögen	mochten	werden … mögen
ihr	mögt	mochtet	werdet … mögen
sie/Sie	mögen	mochten	werden … mögen

	PARFAIT	PLUS-QUE-PARFAIT
ich	habe … gemocht	hatte … gemocht
du	hast … gemocht	hattest … gemocht
er/sie/es	hat … gemocht	hatte … gemocht
wir	haben … gemocht	hatten … gemocht
ihr	habt … gemocht	hattet … gemocht
sie/Sie	haben … gemocht	hatten … gemocht

Subjonctifs

SUBJONCTIF I

	PRÉSENT	PASSÉ	FUTUR
ich	möge	habe … gemocht	werde … mögen
du	mögest	habest … gemocht	werdest … mögen
er/sie/es	möge	habe … gemocht	werde … mögen
wir	mögen	haben … gemocht	werden … mögen
ihr	möget	habet … gemocht	werdet … mögen
sie/Sie	mögen	haben … gemocht	werden … mögen

SUBJONCTIF II

	PRÉSENT	PASSÉ	FUTUR
ich	möchte	hätte … gemocht	würde … mögen
du	möchtest	hättest … gemocht	würdest … mögen
er/sie/es	möchte	hätte … gemocht	würde … mögen
wir	möchten	hätten … gemocht	würden … mögen
ihr	möchtet	hättet … gemocht	würdet … mögen
sie/Sie	möchten	hätten … gemocht	würden … mögen

7 MÜSSEN

▸ GRAMMAIRE PP. 33-42

Indicatif

	PRÉSENT	PRÉTÉRIT	FUTUR
ich	muss	musste	werde … müssen
du	musst	musstest	wirst … müssen
er/sie/es	muss	musste	wird … müssen
wir	müssen	mussten	werden … müssen
ihr	müsst	musstet	werdet … müssen
sie/Sie	müssen	mussten	werden … müssen

	PARFAIT	PLUS-QUE-PARFAIT
ich	habe … gemusst	hatte … gemusst
du	hast … gemusst	hattest … gemusst
er/sie/es	hat … gemusst	hatte … gemusst
wir	haben … gemusst	hatten … gemusst
ihr	habt … gemusst	hattet … gemusst
sie/Sie	haben … gemusst	hatten … gemusst

Subjonctifs

SUBJONCTIF I

	PRÉSENT	PASSÉ	FUTUR
ich	müsse	habe … gemusst	werde … müssen
du	müssest	habest … gemusst	werdest … müssen
er/sie/es	müsse	habe … gemusst	werde … müssen
wir	müssen	haben … gemusst	werden … müssen
ihr	müsset	habet … gemusst	werdet … müssen
sie/Sie	müssen	haben … gemusst	werden … müssen

SUBJONCTIF II

	PRÉSENT	PASSÉ	FUTUR
ich	müsste	hätte … gemusst	würde … müssen
du	müsstest	hättest … gemusst	würdest … müssen
er/sie/es	müsste	hätte … gemusst	würde … müssen
wir	müssten	hätten … gemusst	würden … müssen
ihr	müsstet	hättet … gemusst	würdet … müssen
sie/Sie	müssten	hätten … gemusst	würden … müssen

8 SOLLEN

▸ GRAMMAIRE PP. 33-42

Indicatif

	PRÉSENT	PRÉTÉRIT	FUTUR
ich	soll	sollte	werde ... sollen
du	sollst	solltest	wirst ... sollen
er/sie/es	soll	sollte	wird ... sollen
wir	sollen	sollten	werden ... sollen
ihr	sollt	solltet	werdet ... sollen
sie/Sie	sollen	sollten	werden ... sollen
	PARFAIT	**PLUS-QUE-PARFAIT**	
ich	habe ... gesollt	hatte ... gesollt	
du	hast ... gesollt	hattest ... gesollt	
er/sie/es	hat ... gesollt	hatte ... gesollt	
wir	haben ... gesollt	hatten ... gesollt	
ihr	habt ... gesollt	hattet ... gesollt	
sie/Sie	haben ... gesollt	hatten ... gesollt	

Subjonctifs

	SUBJONCTIF I		
	PRÉSENT	**PASSÉ**	**FUTUR**
ich	solle	habe ... gesollt	werde ... sollen
du	sollest	habest ... gesollt	werdest ... sollen
er/sie/es	solle	habe ... gesollt	werde ... sollen
wir	sollen	haben ... gesollt	werden ... sollen
ihr	sollet	habet ... gesollt	werdet ... sollen
sie/Sie	sollen	haben ... gesollt	werden ... sollen
	SUBJONCTIF II		
	PRÉSENT	**PASSÉ**	**FUTUR**
ich	sollte	hätte ... gesollt	würde ... sollen
du	solltest	hättest ... gesollt	würdest ... sollen
er/sie/es	sollte	hätte ... gesollt	würde ... sollen
wir	sollten	hätten ... gesollt	würden ... sollen
ihr	solltet	hättet ... gesollt	würdet ... sollen
sie/Sie	sollten	hätten ... gesollt	würden ... sollen

9 WOLLEN

▸ GRAMMAIRE PP. 33-42

Indicatif

	PRÉSENT	PRÉTÉRIT	FUTUR
ich	will	wollte	werde … wollen
du	willst	wolltest	wirst … wollen
er/sie/es	will	wollte	wird … wollen
wir	wollen	wollten	werden … wollen
ihr	wollt	wolltet	werdet … wollen
sie/Sie	wollen	wollten	werden … wollen

	PARFAIT	PLUS-QUE-PARFAIT
ich	habe … gewollt	hatte … gewollt
du	hast … gewollt	hattest … gewollt
er/sie/es	hat … gewollt	hatte … gewollt
wir	haben … gewollt	hatten … gewollt
ihr	habt … gewollt	hattet … gewollt
sie/Sie	haben … gewollt	hatten … gewollt

Subjonctifs

SUBJONCTIF I

	PRÉSENT	PASSÉ	FUTUR
ich	wolle	habe … gewollt	werde … wollen
du	wollest	habest … gewollt	werdest … wollen
er/sie/es	wolle	habe … gewollt	werde … wollen
wir	wollen	haben … gewollt	werden … wollen
ihr	wollet	habet … gewollt	werdet … wollen
sie/Sie	wollen	haben … gewollt	werden … wollen

SUBJONCTIF II

	PRÉSENT	PASSÉ	FUTUR
ich	wollte	hätte … gewollt	würde … wollen
du	wolltest	hättest … gewollt	würdest … wollen
er/sie/es	wollte	hätte … gewollt	würde … wollen
wir	wollten	hätten … gewollt	würden … wollen
ihr	wolltet	hättet … gewollt	würdet … wollen
sie/Sie	wollten	hätten … gewollt	würden … wollen

10 WISSEN

Formes non personnelles

	INFINITIF	PARTICIPE PRÉSENT	PARTICIPE PASSÉ
	wissen	wissend	gewusst

Indicatif

	PRÉSENT	PRÉTÉRIT	FUTUR
ich	weiß	wusste	werde … wissen
du	weißt	wusstest	wirst … wissen
er/sie/es	weiß	wusste	wird … wissen
wir	wissen	wussten	werden … wissen
ihr	wisst	wusstet	werdet … wissen
sie/Sie	wissen	wussten	werden … wissen

	PARFAIT	PLUS-QUE-PARFAIT
ich	habe … gewusst	hatte … gewusst
du	hast … gewusst	hattest … gewusst
er/sie/es	hat … gewusst	hatte … gewusst
wir	haben … gewusst	hatten … gewusst
ihr	habt … gewusst	hattet … gewusst
sie/Sie	haben … gewusst	hatten … gewusst

Subjonctifs

SUBJONCTIF I

	PRÉSENT	PASSÉ	FUTUR
ich	wisse	habe … gewusst	werde … wissen
du	wissest	habest … gewusst	werdest … wissen
er/sie/es	wisse	habe … gewusst	werde … wissen
wir	wissen	haben … gewusst	werden … wissen
ihr	wisset	habet … gewusst	werdet … wissen
sie/Sie	wissen	haben … gewusst	werden … wissen

SUBJONCTIF II

	PRÉSENT	PASSÉ	FUTUR
ich	wüsste	hätte … gewusst	würde … wissen
du	wüsstest	hättest … gewusst	würdest … wissen
er/sie/es	wüsste	hätte … gewusst	würde … wissen
wir	wüssten	hätten … gewusst	würden … wissen
ihr	wüsstet	hättet … gewusst	würdet … wissen
sie/Sie	wüssten	hätten … gewusst	würden … wissen

Impératif

2e pers. du sing.	wisse!
2e pers. du plur.	wisst!

11 *FRAGEN* (DEMANDER)

Formes non personnelles

	INFINITIF	PARTICIPE PRÉSENT	PARTICIPE PASSÉ
	fragen	fragend	gefragt

Indicatif

	PRÉSENT	PRÉTÉRIT	FUTUR
ich	frage	fragte	werde ... fragen
du	fragst	fragtest	wirst ... fragen
er/sie/es	fragt	fragte	wird ... fragen
wir	fragen	fragten	werden ... fragen
ihr	fragt	fragtet	werdet ... fragen
sie/Sie	fragen	fragten	werden ... fragen
	PARFAIT	**PLUS-QUE-PARFAIT**	
ich	habe ... gefragt	hatte ... gefragt	
du	hast ... gefragt	hattest ... gefragt	
er/sie/es	hat ... gefragt	hatte ... gefragt	
wir	haben ... gefragt	hatten ... gefragt	
ihr	habt ... gefragt	hattet ... gefragt	
sie/Sie	haben ... gefragt	hatten ... gefragt	

▸ GRAMMAIRE PP. 20-26

Subjonctifs

	SUBJONCTIF I		
	PRÉSENT	**PASSÉ**	**FUTUR**
ich	frage	habe ... gefragt	werde ... fragen
du	fragest	habest ... gefragt	werdest ... fragen
er/sie/es	frage	habe ... gefragt	werde ... fragen
wir	fragen	haben ... gefragt	werden ... fragen
ihr	fraget	habet ... gefragt	werdet ... fragen
sie/Sie	fragen	haben ... gefragt	werden ... fragen
	SUBJONCTIF II		
	PRÉSENT	**PASSÉ**	**FUTUR**
ich	fragte	hätte ... gefragt	würde ... fragen
du	fragtest	hättest ... gefragt	würdest ... fragen
er/sie/es	fragte	hätte ... gefragt	würde ... fragen
wir	fragten	hätten ... gefragt	würden ... fragen
ihr	fragtet	hättet ... gefragt	würdet ... fragen
sie/Sie	fragten	hätten ... gefragt	würden ... fragen

▸ GRAMMAIRE PP. 27-32

Impératif

2e pers. du sing.	frag(e)!
1re pers. du plur.	fragen wir!
2e pers. du plur.	fragt!
forme de politesse	fragen Sie!

LES VERBES FORTS : CONJUGAISON

La voyelle du radical des verbes forts peut changer au présent (singulier), au prétérit et/ou au participe passé. ▸ CONJUGAISON PP. 318-319

12 *SPRECHEN* (PARLER) : série *e - a - o*

Formes non personnelles

	INFINITIF	PARTICIPE PRÉSENT	PARTICIPE PASSÉ
	sprechen	sprechend	gesprochen

Indicatif

	PRÉSENT	PRÉTÉRIT	FUTUR
ich	spreche	sprach	werde … sprechen
du	sprichst	sprachst	wirst … sprechen
er/sie/es	spricht	sprach	wird … sprechen
wir	sprechen	sprachen	werden … sprechen
ihr	sprecht	spracht	werdet … sprechen
sie/Sie	sprechen	sprachen	werden … sprechen
	PARFAIT	**PLUS-QUE-PARFAIT**	
ich	habe … gesprochen	hatte … gesprochen	
du	hast … gesprochen	hattest … gesprochen	
er/sie/es	hat … gesprochen	hatte … gesprochen	
wir	haben … gesprochen	hatten … gesprochen	
ihr	habt … gesprochen	hattet … gesprochen	
sie/Sie	haben … gesprochen	hatten … gesprochen	

Subjonctifs

	SUBJONCTIF I		
	PRÉSENT	**PASSÉ**	**FUTUR**
ich	spreche	habe … gesprochen	werde … sprechen
du	sprechest	habest … gesprochen	werdest … sprechen
er/sie/es	spreche	habe … gesprochen	werde … sprechen
wir	sprechen	haben … gesprochen	werden … sprechen
ihr	sprechet	habet … gesprochen	werdet … sprechen
sie/Sie	sprechen	haben … gesprochen	werden … sprechen
	SUBJONCTIF II		
	PRÉSENT	**PASSÉ**	**FUTUR**
ich	spräche	hätte … gesprochen	würde … sprechen
du	sprächest	hättest … gesprochen	würdest … sprechen
er/sie/es	spräche	hätte … gesprochen	würde … sprechen
wir	sprächen	hätten … gesprochen	würden … sprechen
ihr	spräch(e)t	hättet … gesprochen	würdet … sprechen
sie/Sie	sprächen	hätten … gesprochen	würden … sprechen

Impératif

2e pers. du sing.	sprich!
1re pers. du plur.	sprechen wir!
2e pers. du plur.	sprecht!
forme de politesse	sprechen Sie!

13 *GEBEN* (DONNER) : série *e-a-e*

Formes non personnelles

	INFINITIF	PARTICIPE PRÉSENT	PARTICIPE PASSÉ
	geben	gebend	gegeben

Indicatif

	PRÉSENT	PRÉTÉRIT	FUTUR
ich	gebe	gab	werde … geben
du	gibst	gabst	wirst … geben
er/sie/es	gibt	gab	wird … geben
wir	geben	gaben	werden … geben
ihr	gebt	gabt	werdet … geben
sie/Sie	geben	gaben	werden … geben
	PARFAIT	**PLUS-QUE-PARFAIT**	
ich	habe … gegeben	hatte … gegeben	
du	hast … gegeben	hattest … gegeben	
er/sie/es	hat … gegeben	hatte … gegeben	
wir	haben … gegeben	hatten … gegeben	
ihr	habt … gegeben	hattet … gegeben	
sie/Sie	haben … gegeben	hatten … gegeben	

Subjonctifs

	SUBJONCTIF I		
	PRÉSENT	**PASSÉ**	**FUTUR**
ich	gebe	habe … gegeben	werde … geben
du	gebest	habest … gegeben	werdest … geben
er/sie/es	gebe	habe … gegeben	werde … geben
wir	geben	haben … gegeben	werden … geben
ihr	gebet	habet … gegeben	werdet … geben
sie/Sie	geben	haben … gegeben	werden … geben
	SUBJONCTIF II		
	PRÉSENT	**PASSÉ**	**FUTUR**
ich	gäbe	hätte … gegeben	würde … geben
du	gäb(e)st	hättest … gegeben	würdest … geben
er/sie/es	gäbe	hätte … gegeben	würde … geben
wir	gäben	hätten … gegeben	würden … geben
ihr	gäb(e)t	hättet … gegeben	würdet … geben
sie/Sie	gäben	hätten … gegeben	würden … geben

Impératif

2e pers. du sing.	gib!
1re pers. du plur.	geben wir!
2e pers. du plur.	gebt!
forme de politesse	geben Sie!

14 *SCHREIBEN* (ÉCRIRE) : série *ei - ie - ie*

Formes non personnelles

	INFINITIF	PARTICIPE PRÉSENT	PARTICIPE PASSÉ
	schreiben	schreibend	geschrieben

Indicatif

	PRÉSENT	PRÉTÉRIT	FUTUR
ich	schreibe	schrieb	werde ... schreiben
du	schreibst	schriebst	wirst ... schreiben
er/sie/es	schreibt	schrieb	wird ... schreiben
wir	schreiben	schrieben	werden ... schreiben
ihr	schreibt	schriebt	werdet ... schreiben
sie/Sie	schreiben	schrieben	werden ... schreiben

	PARFAIT	PLUS-QUE-PARFAIT
ich	habe ... geschrieben	hatte ... geschrieben
du	hast ... geschrieben	hattest ... geschrieben
er/sie/es	hat ... geschrieben	hatte ... geschrieben
wir	haben ... geschrieben	hatten ... geschrieben
ihr	habt ... geschrieben	hattet ... geschrieben
sie/Sie	haben ... geschrieben	hatten ... geschrieben

Subjonctifs

SUBJONCTIF I

	PRÉSENT	PASSÉ	FUTUR
ich	schreibe	habe ... geschrieben	werde ... schreiben
du	schreibest	habest ... geschrieben	werdest ... schreiben
er/sie/es	schreibe	habe ... geschrieben	werde ... schreiben
wir	schreiben	haben ... geschrieben	werden ... schreiben
ihr	schreibet	habet ... geschrieben	werdet ... schreiben
sie/Sie	schreiben	haben ... geschrieben	werden ... schreiben

SUBJONCTIF II

	PRÉSENT	PASSÉ	FUTUR
ich	schriebe	hätte ... geschrieben	würde ... schreiben
du	schriebest	hättest ... geschrieben	würdest ... schreiben
er/sie/es	schriebe	hätte ... geschrieben	würde ... schreiben
wir	schrieben	hätten ... geschrieben	würden ... schreiben
ihr	schriebet	hättet ... geschrieben	würdet ... schreiben
sie/Sie	schrieben	hätten ... geschrieben	würden ... schreiben

Impératif

2e pers. du sing.	schreib(e)!
1re pers. du plur.	schreiben wir!
2e pers. du plur.	schreibt!
forme de politesse	schreiben Sie!

15 *FLIEGEN* (VOLER) : série *ie-o-o*

Formes non personnelles

	INFINITIF	PARTICIPE PRÉSENT	PARTICIPE PASSÉ
	fliegen	fliegend	geflogen

Indicatif

	PRÉSENT	PRÉTÉRIT	FUTUR
ich	fliege	flog	werde … fliegen
du	fliegst	flogst	wirst … fliegen
er/sie/es	fliegt	flog	wird … fliegen
wir	fliegen	flogen	werden … fliegen
ihr	fliegt	flogt	werdet … fliegen
sie/Sie	fliegen	flogen	werden … fliegen

	PARFAIT	PLUS-QUE-PARFAIT
ich	bin … geflogen	war … geflogen
du	bist … geflogen	warst … geflogen
er/sie/es	ist … geflogen	war … geflogen
wir	sind … geflogen	waren … geflogen
ihr	seid … geflogen	wart … geflogen
sie/Sie	sind … geflogen	waren … geflogen

Subjonctifs

SUBJONCTIF I

	PRÉSENT	PASSÉ	FUTUR
ich	fliege	sei … geflogen	werde … fliegen
du	fliegest	seist … geflogen	werdest … fliegen
er/sie/es	fliege	sei … geflogen	werde … fliegen
wir	fliegen	seien … geflogen	werden … fliegen
ihr	flieget	seiet … geflogen	werdet … fliegen
sie/Sie	fliegen	seien … geflogen	werden … fliegen

SUBJONCTIF II

	PRÉSENT	PASSÉ	FUTUR
ich	flöge	wäre … geflogen	würde … fliegen
du	flögest	wär(e)st … geflogen	würdest … fliegen
er/sie/es	flöge	wäre … geflogen	würde … fliegen
wir	flögen	wären … geflogen	würden … fliegen
ihr	flög(e)t	wär(e)t … geflogen	würdet … fliegen
sie/Sie	flögen	wären … geflogen	würden … fliegen

Impératif

2e pers. du sing.	flieg(e)!
1re pers. du plur.	fliegen wir!
2e pers. du plur.	fliegt!
forme de politesse	fliegen Sie!

16 *FINDEN* (TROUVER) : série *i - a - u*

Formes non personnelles

	INFINITIF	PARTICIPE PRÉSENT	PARTICIPE PASSÉ
	finden	findend	gefunden

Indicatif

	PRÉSENT	PRÉTÉRIT	FUTUR
ich	finde	fand	werde … finden
du	findest*	fand(e)st*	wirst … finden
er/sie/es	findet*	fand	wird … finden
wir	finden	fanden	werden … finden
ihr	findet*	fandet*	werdet … finden
sie/Sie	finden	fanden	werden … finden

* Un *-e-* intercalaire se glisse entre le radical et la marque de personne lorsque le radical se termine par *d* ou *t*.

	PARFAIT	PLUS-QUE-PARFAIT
ich	habe … gefunden	hatte … gefunden
du	hast … gefunden	hattest … gefunden
er/sie/es	hat … gefunden	hatte … gefunden
wir	haben … gefunden	hatten … gefunden
ihr	habt … gefunden	hattet … gefunden
sie/Sie	haben … gefunden	hatten … gefunden

Subjonctifs

	SUBJONCTIF I		
	PRÉSENT	PASSÉ	FUTUR
ich	finde	habe … gefunden	werde … finden
du	findest	habest … gefunden	werdest … finden
er/sie/es	finde	habe … gefunden	werde … finden
wir	finden	haben … gefunden	werden … finden
ihr	findet	habet … gefunden	werdet … finden
sie/Sie	finden	haben … gefunden	werden … finden

	SUBJONCTIF II		
	PRÉSENT	PASSÉ	FUTUR
ich	fände	hätte … gefunden	würde … finden
du	fändest	hättest … gefunden	würdest … finden
er/sie/es	fände	hätte … gefunden	würde … finden
wir	fänden	hätten … gefunden	würden … finden
ihr	fändet	hättet … gefunden	würdet … finden
sie/Sie	fänden	hätten … gefunden	würden … finden

Impératif

2e pers. du sing.	finde!
1re pers. du plur.	finden wir!
2e pers. du plur.	findet!
forme de politesse	finden Sie!

LISTE DES PRINCIPAUX VERBES FORTS

INFINITIF	PRÉSENT	PRÉTÉRIT	PARFAIT	
anfangen	fängt… an	fing… an	angefangen	commencer
befehlen	befiehlt	befohl	befohlen	ordonner
beginnen	beginnt	begann	begonnen	commencer
betrügen	betrügt	betrog	betrogen	tromper
bewerben (sich)	bewirbt (sich)	bewarb (sich)	(sich) beworben	être candidat
bieten	bietet	bot	geboten	offrir, proposer
bitten	bittet	bat	gebeten	demander, prier de
bleiben	bleibt	blieb	geblieben (ist)	rester
einladen	lädt… ein	lud… ein	eingeladen	inviter
empfangen	empfängt	empfing	empfangen	accueillir
empfehlen	empfiehlt	empfahl	empfohlen	recommander
empfinden	empfindet	empfand	empfunden	ressentir
erschrecken	erschrickt	erschrak	erschrocken (ist)	s'effrayer
essen	isst	aß	gegessen	manger
fahren	fährt	fuhr	gefahren (ist)	aller [en véhicule]
fallen	fällt	fiel	gefallen (ist)	tomber
finden	findet	fand	gefunden	trouver
fliegen	fliegt	flog	geflogen (ist)	voler [oiseau]
fliehen	flieht	floh	geflohen (ist)	fuir, se sauver
fressen	frisst	fraß	gefressen	manger [animal]
frieren	friert	fror	gefroren (ist)	geler
geben	gibt	gab	gegeben	donner
gehen	geht	ging	gegangen (ist)	aller [à pied]
gelingen	gelingt	gelang	gelungen (ist)	réussir
geschehen	geschieht	geschah	geschehen (ist)	se produire
gewinnen	gewinnt	gewann	gewonnen	gagner
greifen	greift	griff	gegriffen	saisir, attraper
halten	hält	hielt	gehalten	tenir ; s'arrêter
hängen	hängt	hing	gehangen	être suspendu
heißen	heißt	hieß	geheißen	s'appeler
helfen	hift	half	geholfen	aider
kommen	kommt	kam	gekommen (ist)	venir
lassen	lässt	ließ	gelassen	laisser
laufen	läuft	lief	gelaufen (ist)	courir
leiden	leidet	litt	gelitten	souffrir
lesen	liest	las	gelesen	lire
liegen	liegt	lag	gelegen	être couché
lügen	lügt	log	gelogen	mentir
nehmen	nimmt	nahm	genommen	prendre
raten	rät	riet	geraten	conseiller
reißen	reißt	riss	gerissen	arracher, déchirer

INFINITIF	PRÉSENT	PRÉTÉRIT	PARFAIT	
reiten	reitet	ritt	geritten	aller à cheval
rufen	ruft	rief	gerufen	appeler, crier
scheinen	scheint	schien	geschienen	briller; sembler
schießen	schießt	schoss	geschossen	tirer [sur qqch.]
schließen	schließt	schloss	geschlossen	fermer; conclure
schneiden	schneidet	schnitt	geschnitten	couper
schreiben	schreibt	schrieb	geschrieben	écrire
schreien	schreit	schrie	geschrien	crier, hurler
schreiten	schreitet	schritt	geschritten (ist)	marcher
schweigen	schweigt	schwieg	geschwiegen	se taire
schwimmen	schwimmt	schwamm	geschwommen (ist)	nager, flotter
sehen	sieht	sah	gesehen	voir
singen	singt	sang	gesungen	chanter
sitzen	sitzt	saß	gesessen	être assis
sprechen	spricht	sprach	gesprochen	parler
springen	springt	sprang	gesprungen (ist)	sauter
stehen	steht	stand	gestanden	être debout
stehlen	stiehlt	stahl	gestohlen	voler, dérober
steigen	steigt	stieg	gestiegen (ist)	monter
sterben	stirbt	starb	gestorben (ist)	mourir
streiten	streitet	stritt	gestritten	se disputer
tragen	trägt	trug	getragen	porter
treffen	trifft	traf	getroffen	atteindre; rencontrer
trinken	trinkt	trank	getrunken	boire
tun	tut	tat	getan	faire [abstrait]
vergessen	vergisst	vergaß	vergessen	oublier
verlieren	verliert	verlor	verloren	perdre, égarer
verschwinden	verschwindet	verschwand	verschwunden (ist)	disparaître
verstehen	versteht	verstand	verstanden	comprendre
wachsen	wächst	wuchs	gewachsen (ist)	croître, grandir
waschen	wäscht	wusch	gewaschen	laver
werden	wird	wurde	geworden (ist)	devenir
werfen	wirft	warf	geworfen	jeter, lancer
ziehen	zieht	zog	gezogen	tirer, traîner

NOTEZ BIEN

Les verbes dérivés de verbes forts sont eux-mêmes forts : *umfallen* (tomber à la renverse) se conjugue comme *fallen* : *fällt um*, *fiel um*, *ist umgefallen*.

17 *BRINGEN* (APPORTER)

Formes non personnelles

	INFINITIF	PARTICIPE PRÉSENT	PARTICIPE PASSÉ
	bringen	bringend	gebracht

Indicatif

	PRÉSENT	PRÉTÉRIT	FUTUR
ich	bringe	brachte	werde ... bringen
du	bringst	brachtest	wirst ... bringen
er/sie/es	bringt	brachte	wird ... bringen
wir	bringen	brachten	werden ... bringen
ihr	bringt	brachtet	werdet ... bringen
sie/Sie	bringen	brachten	werden ... bringen

	PARFAIT	PLUS-QUE-PARFAIT
ich	habe ... gebracht	hatte ... gebracht
du	hast ... gebracht	hattest ... gebracht
er/sie/es	hat ... gebracht	hatte ... gebracht
wir	haben ... gebracht	hatten ... gebracht
ihr	habt ... gebracht	hattet ... gebracht
sie/Sie	haben ... gebracht	hatten ... gebracht

Subjonctifs

	SUBJONCTIF I		
	PRÉSENT	PASSÉ	FUTUR
ich	bringe	habe ... gebracht	werde ... bringen
du	bringest	habest ... gebracht	werdest ... bringen
er/sie/es	bringe	habe ... gebracht	werde ... bringen
wir	bringen	haben ... gebracht	werden ... bringen
ihr	bringet	habet ... gebracht	werdet ... bringen
sie/Sie	bringen	haben ... gebracht	werden ... bringen

	SUBJONCTIF II		
	PRÉSENT	PASSÉ	FUTUR
ich	brächte	hätte ... gebracht	würde ... bringen
du	brächtest	hättest ... gebracht	würdest ... bringen
er/sie/es	brächte	hätte ... gebracht	würde ... bringen
wir	brächten	hätten ... gebracht	würden ... bringen
ihr	brächtet	hättet ... gebracht	würdet ... bringen
sie/Sie	brächten	hätten ... gebracht	würden ... bringen

Impératif

2e pers. du sing.	bring(e)!
1re pers. du plur.	bringen wir!
2e pers. du plur.	bringt!
forme de politesse	bringen Sie!

LISTE DES VERBES FAIBLES IRRÉGULIERS

INFINITIF	PRÉSENT	PRÉTÉRIT	PARFAIT	
brennen	brennt	brannte	gebrannt	brûler
denken	denkt	dachte	gedacht	penser
kennen	kennt	kannte	gekannt	connaître
nennen	nennt	nannte	genannt	nommer
rennen	rennt	rannte	gerannt	courir
senden	sendet	sandte	gesandt	envoyer [plus rarement : *sendete, gesendet*]
wenden*	wendet	wandte, wendete	gewandt, gewendet	tourner
bringen	bringt	brachte	gebracht	apporter

* *Wenden* est régulier ou irrégulier selon le sens qu'il a :
→ *Das Auto hat gewendet.* (La voiture a fait demi-tour.)
→ *Er hat sich an mich gewandt.* (Il s'est adressé à moi.)

18 *SICH FREUEN* (SE RÉJOUIR)

Formes non personnelles

	INFINITIF	PARTICIPE PRÉSENT	PARTICIPE PASSÉ
	sich freuen	sich freuend	sich gefreut [*haben*]

Indicatif

	PRÉSENT	PRÉTÉRIT	FUTUR
ich	freue mich	freute mich	werde mich freuen
du	freust dich	freutest dich	wirst dich freuen
er/sie/es	freut sich	freute sich	wird sich freuen
wir	freuen uns	freuten uns	werden uns freuen
ihr	freut euch	freutet euch	werdet euch freuen
sie/Sie	freuen sich	freuten sich	werden sich freuen
	PARFAIT	**PLUS-QUE-PARFAIT**	
ich	habe mich gefreut	hatte mich gefreut	
du	hast dich gefreut	hattest dich gefreut	
er/sie/es	hat sich gefreut	hatte sich gefreut	
wir	haben uns gefreut	hatten uns gefreut	
ihr	habt euch gefreut	hattet euch gefreut	
sie/Sie	haben sich gefreut	hatten sich gefreut	

Subjonctifs

	SUBJONCTIF I		
	PRÉSENT	**PASSÉ**	**FUTUR**
ich	freue mich	habe mich gefreut	werde mich freuen
du	freuest dich	habest dich gefreut	werdest dich freuen
er/sie/es	freue sich	habe sich gefreut	werde sich freuen
wir	freuen uns	haben uns gefreut	werden uns freuen
ihr	freuet euch	habet euch gefreut	werdet euch freuen
sie/Sie	freuen sich	haben sich gefreut	werden sich freuen
	SUBJONCTIF II		
	PRÉSENT	**PASSÉ**	**FUTUR**
ich	freute mich	hätte mich gefreut	würde mich freuen
du	freutest dich	hättest dich gefreut	würdest dich freuen
er/sie/es	freute sich	hätte sich gefreut	würde sich freuen
wir	freuten uns	hätten uns gefreut	würden uns freuen
ihr	freutet euch	hättet euch gefreut	würdet euch freuen
sie/Sie	freuten sich	hätten sich gefreut	würden sich freuen

Impératif

2e pers. du sing.	freu(e) dich!
1re pers. du plur.	freuen wir uns!
2e pers. du plur.	freut euch!
forme de politesse	freuen Sie sich!

LA CONJUGAISON AU PASSIF

19 PASSIF EN *WERDEN* (= PASSIF ACTION)

▸ GRAMMAIRE PP. 43-45

retten (secourir, sauver) → gerettet werden (être secouru)

Indicatif

	PRÉSENT	PRÉTÉRIT	FUTUR
ich	werde gerettet	wurde gerettet	werde gerettet werden
du	wirst gerettet	wurdest gerettet	wirst gerettet werden
er/sie/es	wird gerettet	wurde gerettet	wird gerettet werden
wir	werden gerettet	wurden gerettet	werden gerettet werden
ihr	werdet gerettet	wurdet gerettet	werdet gerettet werden
sie/Sie	werden gerettet	wurden gerettet	werden gerettet werden
	PARFAIT	**PLUS-QUE-PARFAIT**	
ich	bin gerettet worden	war gerettet worden	
du	bist gerettet worden	warst gerettet worden	
er/sie/es	ist gerettet worden	war gerettet worden	
wir	sind gerettet worden	waren gerettet worden	
ihr	seid gerettet worden	wart gerettet worden	
sie/Sie	sind gerettet worden	waren gerettet worden	

Subjonctifs

	SUBJONCTIF I		
	PRÉSENT	**PASSÉ**	**FUTUR**
ich	werde gerettet	sei gerettet worden	werde gerettet werden
du	werdest gerettet	seist gerettet worden	werdest gerettet werden
er/sie/es	werde gerettet	sei gerettet worden	werde gerettet werden
wir	werden gerettet	seien gerettet worden	werden gerettet werden
ihr	werdet gerettet	seiet gerettet worden	werdet gerettet werden
sie/Sie	werden gerettet	seien gerettet worden	werden gerettet werden
	SUBJONCTIF II		
	PRÉSENT	**PASSÉ**	**FUTUR**
ich	würde gerettet	wäre gerettet worden	würde gerettet werden
du	würdest gerettet	wär(e)st gerettet worden	würdest gerettet werden
er/sie/es	würde gerettet	wäre gerettet worden	würde gerettet werden
wir	würden gerettet	wären gerettet worden	würden gerettet werden
ihr	würdet gerettet	wär(e)t gerettet worden	würdet gerettet werden
sie/Sie	würden gerettet	wären gerettet worden	würden gerettet werden

20 PASSIF EN *SEIN* (= PASSIF ÉTAT)

▸ GRAMMAIRE P. 46

retten (secourir, sauver) → gerettet sein (être sauvé)

Indicatif

	PRÉSENT	PRÉTÉRIT	FUTUR
ich	bin gerettet	war gerettet	werde gerettet sein
du	bist gerettet	warst gerettet	wirst gerettet sein
er/sie/es	ist gerettet	war gerettet	wird gerettet sein
wir	sind gerettet	waren gerettet	werden gerettet sein
ihr	seid gerettet	wart gerettet	werdet gerettet sein
sie/Sie	sind gerettet	waren gerettet	werden gerettet sein

Remarque :
Le parfait et le plus-que-parfait sont inusités au passif : *er/sie/es ist/war gerettet gewesen.*

Subjonctifs

SUBJONCTIF I

	PRÉSENT	PASSÉ	FUTUR [rare]
ich	sei gerettet	-	werde gerettet sein
du	seist gerettet	-	werdest gerettet sein
er/sie/es	sei gerettet	-	werde gerettet sein
wir	seien gerettet	-	werden gerettet sein
ihr	seiet gerettet	-	werdet gerettet sein
sie/Sie	seien gerettet	-	werden gerettet sein

SUBJONCTIF II

	PRÉSENT	PASSÉ	FUTUR [rare]
ich	wäre gerettet	-	würde gerettet sein
du	wär(e)st gerettet	-	würdest gerettet sein
er/sie/es	wäre gerettet	-	würde gerettet sein
wir	wären gerettet	-	würden gerettet sein
ihr	wär(e)t gerettet	-	würdet gerettet sein
sie/Sie	wären gerettet	-	würden gerettet sein

Remarque :
Le passé des subjonctifs I et II est inusité au passif :
er sei gerettet gewesen, er wäre gerettet gewesen.

Index

A

B

C

D

E

M

N

O

P

Q

R

S

T

U

V

W

Y

Z

Cet ouvrage est composé
en Meta Pro pour les titres
et le texte d'explication,
Schneidler pour les exemples,
Stone Sans pour les lexiques
et Tarzana pour les notes

Achevé d'imprimer en Italie
par Rotolito Lombarda
Dépôt légal n° 94524-3/02 – OCTOBRE 2011